Die Grundausgabe wurde erarbeitet von:
Ansgar Batzner, Dr. Heiner Böttger, Rudolf Dill, Erwin Geitner,
Dagmar Holzmann-Witschas, Brigitte Stiefenhofer, Wolfgang Würker.
Weitere Beiträge von:
Martin Bannert, Christoph Kasseckert, Adelheid Kaufmann, Claus-Peter Lippert, Stephanie Lüthgens,
Petra Shaqiri, Alexandra Waschner

Hinweise:
 Zeichen für Schreibaufgabe

 Zeichen für Aufgaben, die mit dem Computer bearbeitet werden können

 Zeichen für Seitenverweise

Im Lehrerband werden verschiedene Arbeitsblätter,
Spielvorlagen und Übungszirkel als Kopiervorlagen angeboten.
Darauf verweist der Vermerk Copy.

© 2004 Westermann Schulbuchverlag GmbH, Braunschweig
www.westermann.de

Das Werk und seine Teile sind urheberrechtlich geschützt. Jede Nutzung in anderen als den gesetzlich
zugelassenen Fällen bedarf der vorherigen schriftlichen Einwilligung des Verlages.
Hinweis zu § 52 a UrhG: Weder das Werk noch seine Teile dürfen ohne eine solche Einwilligung
gescannt und in ein Netzwerk eingestellt werden. Dies gilt auch für Intranets von Schulen
und sonstigen Bildungseinrichtungen.

Druck A ^{54321} / Jahr 2008 07 06 05 04

Alle Drucke der Serie A sind im Unterricht parallel verwendbar.

Verlagslektorat: Heiko Judith
Herstellung: Denis Steinwachs, Braunschweig 2004
Einbandillustration: Ute Ohlms, Grafik Design, Braunschweig
Druck und Bindung: westermann druck GmbH, Braunschweig

ISBN 3-14-**123247**-4

Mit eigenen Worten 7M

Hauptschule Bayern

Bearbeitet von:
Heiner Böttger, *Nürnberg*
Markus Drexl, *Lauf/Pegnitz*
Traute Himburg, *München*
Andrea Lottes, *Ulm*
Gertrud Rehm, *Weißenhorn-Attenhofen*
Beate Rohrmüller, *Wasserburg*
Gabi Schönenberger, *München*
Brigitte Stiefenhofer, *Lindau*

westermann

Inhaltverzeichnis

Thematische Einheiten

7–13	**Ich bin ich!**
7	Gute Tage – schlechte Tage
9	Mädchen ... Jungen ...
10	Den ersten Schritt machen
11	Freundschaften
13	Ich will ich sein
14–16	**Konflikte gemeinsam lösen**
14	Konflikte sachlich besprechen
16	Absprachen durch Verträge sichern
17–20	**Mit dem Handy in die Schuldenfalle?**
17	Wann benützt ihr das Handy?
18	Fast geschenkt – oder?
20	Mach den „Handyführerschein"!
21–27	**Erkundungen auf eigene Faust**
21	Eine Erkundung planen
22	Telefonisch Kontakt aufnehmen
24	Vor Ort Fragen stellen
26	Informationen festhalten
27	Eine Erkundung auswerten
28–37	**Projekt: Computer**
28	Projektwünsche vorschlagen
30	Projektangebot auswählen
31	Projektangebot A: Schreiben am Computer
32	Texte mit dem Computer schreiben
33	Texte gestalten
34	Projektangebot B: Im Internet surfen
35	Screenshots anlegen
36	Ergebnisse präsentieren
37	Arbeitsrückschau

Methodentraining

38-41	**Selbstständig Informationen suchen**
38	Wie finde ich Informationen?
39	Was Lexika (nicht) leisten
40	Erfolgreich im Internet suchen
42–44	**Informationen aus Texten entnehmen**
42	Texte erschließen
44	Texte auswerten
45	**Begriffe nachschlagen**
45	Bedeutungen im Wörterbuch nachschlagen
46	**Informationen aus Schaubildern entnehmen**
46	Jungen – Mädchen: (k)ein Unterschied?
47–49	**Informationen mündlich präsentieren**
47	Mit dem Körper sprechen
48	Gestik und Mimik einsetzen
49	Die Stimme „aufwärmen"
50–54	**Gruppentraining**
50	Jeder wird Experte
53	Gemeinsam ein Plakat gestalten
54	Plakate in einer Galerie präsentieren
55–60	**Training: Diskutieren**
55	Regeln können helfen
56	Sprache kann verletzen
58	Zielgerichtet diskutieren
60	Gesprächsleitung übernehmen

Inhaltsverzeichnis

Sprechen und Spielen

61–63	**Gesprächssituationen richtig einschätzen**	
61	Den richtigen Ton treffen	
62	Eine Bitte vorbringen	
63	Im Rollenspiel üben	

64–65	**Miteinander sprechen**	
64	Klassenklima: Erzählen von eigenen Empfindungen	

66–73	**Ein Referat vorbereiten und halten**
66	Informationen zu einem Thema suchen
67	Informationen auswählen und aufbereiten
70	Anschauliche Aussagen und Bilder sammeln
71	Den Vortrag vorbereiten
72	Das Referat halten

74–75	**Kreativ mit Sprache umgehen**
74	Erzählspiele
75	Mit allen Sinnen beschreiben

76–79	**Rollen sprechen und darstellen**
76	Lesen mit verteilten Rollen
77	Einen Sketch entwickeln
79	Einen Sketch einüben

Mit Texten und Medien umgehen

80–83	**Lesetraining**
80	Sich konzentrieren – genau hinsehen
81	Ungewohnte Schriftbilder lesen
83	Genau lesen und kombinieren

84–85	**Lebendig vorlesen**
84	Richtig betonen
85	Stimmungen ausdrücken

86–89	**Sachtexte lesen und verstehen**
86	Angst vor Spinnen?
88	Ferien im Weltraum

90–94	**Erzählungen erschließen**
90	Ein türkisches Märchen
92	Der Rollstuhl
94	Sprachliche Mittel untersuchen

95–97	**Die Kurzgeschichte**
95	Mehr als eine kurze Geschichte

98–103	**Gedichtwerkstatt: Balladen**
98	Geschichten in Gedichten
101	Balladen wirkungsvoll vortragen
102	Chansons – moderne Balladen?

104–108	**Das Buch des Monats**
104	Lesen ist toll
105	Wo findet man interessante Bücher?
106	Bücher wirkungsvoll präsentieren

109–113	**Jugendzeitschriften untersuchen**
109	Welche Jugendzeitschriften lest ihr?
110	Themen in Jugendzeitschriften
112	Texte in Jugendzeitschriften

114–115	**Einen Kultur-Kalender entwickeln**
114	Was ist ein Kultur-Kalender?
115	Einen eigenen Kultur-Kalender entwickeln

Inhaltsverzeichnis

Schreiben

116–123	**Erzählwerkstatt**
116	Eine Erzählung planen und schreiben
118	Texte überarbeiten
120	Zu einem Bild erzählen
122	Es war einmal und passiert auch noch heute
124–125	**Vorgänge beschreiben**
124	Texte mit ClipArts gestalten
126–129	**Unterrichtsergebnisse zusammenfassen**
126	1. Stichpunkte erstellen
127	2. Eine Stoffsammlung anlegen
128	3. Eine Zusammenfassung schreiben
129	4. Eine Übersicht erstellen
130–133	**Sich mit Sachtexten auseinander setzen**
130	Den Text kennen lernen
132	Fragen zum Text beantworten
134–135	**Literarische Texte zusammenfassen**
134	Was ist wichtig?
136–137	**Literarische Texte erschließen**
136	Fragen zum Text beantworten
138–141	**Ein Anliegen vorbringen**
138	Ein Anliegen für euch?
139	Einen Antrag schriftlich formulieren
140	Ein Anliegen im Brief vorbringen
142–143	**Schreibabsicht und Adressatenbezug**
142	Sport auf dem Pausenhof?
144–147	**Freies Schreiben**
144	Nach einem Cluster schreiben
147	Schreiben an bestimmten Orten
148–151	**Texte sprachlich überarbeiten**
148	Wiederholungen vermeiden
149	Gleichförmige Sätze vermeiden
150	Bandwurmsätze vermeiden
151	Mit der Checkliste Texte sprachlich überarbeiten

Sprache untersuchen

152–155	**Wortarten wiederholen**
152	Unsere Wortartenpalette
154	Wörter nach Wortarten bestimmen
156–157	**Pronomen**
156	Demonstrativpronomen
157	Relativpronomen
158–165	**Formen des Verbs**
158	Was drückt das Präsens aus?
159	Mündlich berichten im Perfekt
160	Schriftlich berichten: Präteritum und Plusquamperfekt
161	Futur
162	Aktiv und Passiv
164	Verbformen im Überblick
165	Partizipformen als Adjektive
166–172	**Satzglieder**
166	Satzglieder ermitteln
167	Subjekt und Prädikat
168	Objekte
169	Viele Prädikate verlangen Objekte
170	Adverbialien: Wann und Wo?
171	Adverbialien: Warum und Wie?
172	Mit Adverbialien Texte überarbeiten
173–177	**Sätze verknüpfen**
173	Die Satzreihe
174	Das Satzgefüge
176	Satzreihen und Satzgefüge im Vergleich
177	Relativsätze
178–182	**Wortbildung**
178	Wörter zusammensetzen
180	Wörter ableiten
182	In der K. liegt die W.
183	**Internationale Fremdwörter**
183	Was soll das bedeuten?
184–185	**Sprachliche Bilder**
184	Anschaulich vergleichen

186	Redensarten
186	Redensarten auf der Spur

187	Sprichwörter
187	Sprichwörtlich

Rechtschreiben

188–190	Mit dem Wörterbuch arbeiten
188	Der Nachschlag-Parcours zum Wiederholen
190	Ein Wörterbuch bietet viele Informationen

192	Rechtschreibstrategien
192	Welche Strategien gibt es?

193–194	Mitsprechwörter
193	Wörter sprechen, abhören, schreiben
194	Wörter mit lang gesprochenem Vokal

195–202	Nachdenkwörter
195	Wörter mit *ie*
196	Wörter mit Doppelkonsonanten
198	Wörter mit *ck* und Wörter mit *tz*
200	Wörter mit *ss*/Wörter mit *ß*
202	*End-/end-* oder *Ent-/ent-*

203–211	Nachdenken: Groß- und Kleinschreibung
203	Nomen schreibt man groß
204	Wenn Verben als Nomen gebraucht werden
206	Wenn Adjektive als Nomen gebraucht werden
208	Schreiben von Eigennamen
209	Zeitangaben
210	Schreibweisen mit *Mal/mal*
211	Doppelschreibungen

212–213	Nachdenken: Zusammenschreibung
212	Ausdrücke aus Nomen und Verb
213	Ausdrücke aus Verb und Verb

214–215	Nachdenken: Das oder dass?
214	Wann schreibt man *das*?
215	Wann schreibt man *dass*?

216–219	Merkwörter
216	Lang gesprochenes (i) als *i*
217	Wörter mit *h* nach langem Vokal
218	Fachbegriffe und Fremdwörter üben

220–223	Zeichen setzen
220	Kommasetzung in Satzreihen
221	Kommasetzung in Satzgefügen
223	Zeichensetzung bei der wörtlichen Rede

224	Wörter trennen
224	Aufpassen am Zeilenende

225	Rechtschreibprüfung am Computer
225	Aufpassen bei der Rechtschreibprüfung

226-227	Mein Wortschatz
226	Sammle deine Fehlerwörter
227	Wörter nach Themen aufschreiben

228	Aufgaben für Rechtschreibübungen
228	Selbstständig mit Fehlerwörtern üben

229	Diktate einmal anders
229	Dosendiktat
	Partnerdiktat
	Diktierkreisel
	Wörterlistendiktat
	Laufdiktat

230	Kurze Übungsdiktate

Anhang

231–232	Grundwissen Literatur

233–236	Grundwissen Grammatik

237–238	Stichwortverzeichnis

239-240	Quellenverzeichnis

Ich bin ich!

Gute Tage – schlechte Tage

1 a) Welche Stimmungen geben diese Bilder wieder? Sprecht darüber.
b) Welches der Bilder spricht euch besonders an? Begründet eure Wahl.

2 Was macht euch glücklich, was bedrückt euch zurzeit? Stellt das, was euch bewegt, in einem Profilbild dar. Lest dazu den Tipp.

3 a) Sprecht in Partnerarbeit über eure Aufzeichnungen.
b) Sprecht im Gesprächskreis darüber, woran ihr Spaß habt und was euch bedrückt.

Ärger mit Uta
meine Frisur
zu wenig Taschengeld
gute Noten in Mathe
Mona
nette Freunde

TIPP
Stimmungen im Profilbild wiedergeben
1. Zeichne auf einem DIN-A4-Blatt das ungefähre Profil deines Kopfes auf.
2. Schreibe nun in das Profil die Dinge, die dich zurzeit glücklich machen.
3. Notiere anschließend drumherum, was dich momentan bedrückt oder was dich „nervt".
4. Schreibe nur auf, was du von dir preisgeben magst.

7.1.1 Beim Erzählen eigene Beobachtungen, Eindrücke und Empfindungen differenziert ausdrücken

Ich bin ich!

4 Es gibt verschiedene Möglichkeiten, mit Problemen umzugehen. Was haltet ihr von folgenden Vorschlägen?

> Wenn ich Probleme habe, möchte ich allein sein, um darüber nachzudenken. Ich gehe dann meistens in mein Zimmer und will nicht gestört werden.

> Ich gehe immer spazieren. Oftmals fange ich auch an zu laufen. Dann schreie ich meine Wut hinaus und renne, bis ich nicht mehr kann.

> Ich versuche mit jemandem zu reden, gehe zu meiner Freundin oder so.

> Ich versuche mich abzulenken, indem ich ein spannendes Video anschaue oder im Internet surfe.

5 Was macht ihr, wenn es euch schlecht geht? Welche Tipps habt ihr für eine solche Situation?
a) Befragt euch dazu gegenseitig im Doppelkreis. Die Anleitung hierzu findet ihr im Tipp auf Seite 64.
b) Wertet eure Ergebnisse aus:
– Welche Tipps waren ähnlich?
– Welche Anregungen waren neu?

6 a) Wie du dich fühlst, wenn du Probleme hast, und wie du damit umgehst, kannst du auch in einem Rondell zum Ausdruck bringen. Lies dazu den Tipp.
b) Schreibe anschließend ein Rondell.

TIPP

So fertigst du ein Rondell an:
Ein Rondell ist ein Gedicht, das aus sieben Versen besteht. Die Verse müssen sich nicht reimen. Der wichtigste Vers, mit dem das Gedicht endet, kommt dreimal vor.
So gehst du vor:
1. Schreibe zu einer Überschrift fünf Sätze auf einzelne Papierstreifen.
2. Überlege, welcher Satz dir am wichtigsten ist. Schreibe diesen noch zweimal auf.
3. Bringe die Papierstreifen in eine neue, dir sinnvoll erscheinende Reihenfolge. Schon ist dein Rondell fertig!

Probleme

Probleme habe ich fast jeden Tag.
Probleme hat jeder.
Am liebsten bin ich dann allein.
Manchmal hilft mir auch mein bester Freund.
Probleme hat jeder.
Das ist mein Problem.
Probleme hat jeder.

Mädchen ... Jungen ...

1 a) Welche Eigenschaften passen deiner Meinung nach nur zu Jungen bzw. nur zu Mädchen? Welche treffen sowohl auf Jungen als auch auf Mädchen zu?
Schreibt sie in drei Gruppen auf.

Mädchen	Jungen	beide
...	...	...

b) Vergleicht in der Klasse eure Tabellen.
c) Begründet eure Zuordnungen.

2 Was denkst du über Mädchen bzw. über Jungen? Schreibe zu den einzelnen Buchstaben Worte oder Sätze auf, die deine Meinung über das jeweilige Geschlecht wiedergeben. Die Ausgangsbuchstaben müssen nicht am Wortanfang stehen.

3 Stell dir vor, du wachst morgens auf und stellst fest, dass du dich in einen Jungen bzw. in ein Mädchen verwandelt hast.
Schreibe auf, was du an diesem Tag erlebst.
Du kannst auch den folgenden Text fortsetzen.

> Es war an einem Freitagmorgen. Als ich kurz nach dem Aufstehen in den Spiegel blickte, traute ich meinen Augen kaum: Offenbar hatte ich mich über Nacht in ein Mädchen verwandelt. An diesem Morgen verzichtete ich auf das Frühstück. Um meinen Eltern nicht unter die Augen treten zu müssen, machte ich mich gleich auf den Schulweg. Doch schon nach wenigen Minuten traten die ersten Schwierigkeiten auf ...

```
            MUTIG SIND VIELE
MANCHE AUCH ÄNGSTLICH
            DAS AUSSEHEN IST WICHTIG
            C
            H
            E
            N
```

```
    JEDERZEIT ZU SPÄSSEN AUFGELEGT
       UND ZU WITZEN BEREIT
    GERNE ÄRGERN SIE UNS MÄDCHEN
            G
            E
            N
```

Den ersten Schritt machen

1
a) Beschreibt die Bildfolge.
b) Sucht Gründe, warum die beiden Personen nicht ins Gespräch kommen.
c) Wie könnte man in dieser Situation ein Gespräch beginnen?
d) Erarbeitet in Partnerarbeit zu dieser Situation ein Rollenspiel und führt es vor.

2 Auch ein Mädchen kann einen Jungen ansprechen. Was denkt ihr darüber?
Diskutiert zielgerichtet. Lest den Tipp auf Seite 58.

3 Vergleicht das Gedicht unten mit der Bildfolge oben. Welche Gemeinsamkeiten bzw. Unterschiede stellt ihr fest?

4 Wie könnte sich die Person fühlen, an die dieses Gedicht gerichtet ist? Stell dir vor, sie würde in einem Gedicht antworten. Schreibe aus ihrer Sicht ein Gegengedicht. So könntest du beginnen:

> Schade, dass du dich nicht traust ...
> Ich mag, wie du schaust
> und wie du mich ansiehst.

Ob ich ihr sag, dass ich sie mag ...
Christine von dem Knesebeck

Ich mag, wie sie lacht
und wie sie schaut.
Was sie auch macht,
was sie auch tut,
ich sehe sie an
und es geht mir gut.
Ob ich ihr sag,
dass ich sie mag?

Ich möchte laut singen,
ich möchte laut pfeifen,
möchte hoch oben
nach Sternen greifen.
Wär es nicht schön,
zusammen zu sein?
Wär es nicht schön,
mit ihr zu gehn?
Ob ich ihr sag,
dass ich sie mag?

Ich möchte laut singen,
möchte vor Freude
am liebsten zerspringen.
Wohin ich schau:
Die Welt steht Kopf
– alles ist neu.
Ob ich ihr sag,
dass ich sie mag?

Ich mag, wie sie lacht
und wie sie schaut,
was sie auch macht,
was sie auch tut.
Sie sieht mich an
und ich fühl mich gut.
Wär es nicht schön,
mit ihr zu gehn?
Sie sieht mich an
und ich fühl mich gut.
Ob ich ihr sag,
dass ich sie mag?

Ich bin ich!

Freundschaften

1 a) Im Folgenden sind Auszüge aus dem Jugendbuch „Svenja hat's erwischt" von Christian Bieniek abgedruckt. Lest euch die Texte aufmerksam durch.
b) Stellt Vermutungen darüber an, um welches Thema es in dem Buch hauptsächlich geht.
c) Welche Einstellung hat Svenja zunächst Jungen gegenüber? Woran wird deutlich, dass sich diese Einstellung verändert? Woran könnte das liegen?

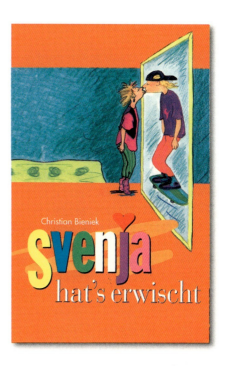

A „Du bist ja nur neidisch, du Giftzwerg."
Ich schaue nur schnell aus dem Fenster und sage mir: Sie meint es nicht so. Komisch, dass nicht mal meine beste Freundin ihre Fantasie etwas mehr anstrengt, wenn sie mich ärgern will. Immer heißt es gleich Zwerg, Floh oder Ameise. Kann sich denn keiner einmal was Neues einfallen lassen? An der nächsten Haltestelle gibt es plötzlich lautes Gepolter. Es hört sich an, als ob eine Horde Elefanten einsteigt.
Aber es sind nur ein paar Jungs. Sie lassen sich ganz hinten auf den letzten Bänken nieder und albern herum. Dabei brüllen sie sich so an, als wären sie alle schwerhörig. „Kennen wir die nicht?", fragt Lilli. „Die sind doch aus unserer Parallelklasse."
Ich drehe mich kurz um und sage dann achselzuckend: „Keine Ahnung."
Für mich sehen alle Jungs ziemlich gleich aus. Sie tragen Jeans und Turnschuhe und sind furchtbar laut. Sie schubsen uns morgens in die Bahn, sie schubsen uns vormittags auf dem Schulhof, sie schubsen uns mittags in der Bahn – aber wenn man mal am Nachmittag einen von ihnen alleine auf der Straße trifft, dann kriegt er den Mund nicht auf und tut so, als hätte er es wahnsinnig eilig. Jungs sind blöd. Und ich kann einfach nicht verstehen, dass meine Kusine Mona so von ihnen schwärmt; fast so wie Lilli von den Pferden.

B Gleich wird sie mir bestimmt was von einem Jungen vorschwärmen. An ihren leuchtenden Augen hab ich längst erkannt, dass sie mal wieder verknallt ist.
„Er heißt Pascal", beginnt sie kurz darauf. „Ist das nicht ein süßer Name? Er ist im selben Fußballverein wie Lukas. Bis jetzt habe ich ihn erst zweimal gesehen. Pascal ist unheimlich süß!"
[…]
Süß ist Monas Lieblingswort. Wahrscheinlich findet sie sogar ein Glas Essig süß.
„Meinst du, du kriegst die Telefonnummer raus?", fragt sie mich nägelkauend. „Ich kann mich bei Lukas nicht danach erkundigen, sonst muss ich mir irgendwelche dummen Sprüche anhören. Du bist doch jetzt Detektivin."
„Wie heißt er denn mit Nachnamen?"
„Keine Ahnung, sonst könnte ich auch selbst im Telefonbuch nachgucken. Außerdem muss ich unbedingt wissen, ob er gerade eine Freundin hat. Was verlangst du dafür?"
„25 Euro", fordere ich dreist. Mona bekommt jede Menge Taschengeld und hat mehr auf dem Sparbuch als meine Eltern.
„Einverstanden", sagt sie nach kurzem Nachdenken.

Ich bin ich!

C Natürlich stehe ich pünktlich um fünf vor zwölf zusammen mit Hugo hinter dem Jan-Wellem-Denkmal, von wo aus ich das Rathaus genau beobachten kann, ohne dabei gesehen zu werden. Ich weiß nicht genau, was zwischen den beiden ablaufen wird. Ich weiß nur, dass ich nichts davon verpassen will. Zuerst taucht Mona auf. Sie hat eine bunte Bluse an und einen weißen Rock, auf dem Hugos Pfoten wunderschöne Spuren hinterlassen könnten. Sie ist geschmückt wie ein Weihnachtsbaum: zwei Armbänder, drei Ringe, eine Halskette und zwei Ohrringe. Es fehlt nur noch der silberne Reißverschluss für ihren Mund. Im Umkreis von zwei Kilometern kann man riechen, dass sie im Parfüm ihrer Mutter gebadet hat. Von weitem sehen ihre langen blonden Haare so toll aus, dass sie damit in einem Werbespot für Shampoo auftreten könnte. Hoffentlich nimmt Pascal sie gleich genauer in Augenschein; dann wird er sehen, dass sie Spliss hat.

Mona hat wohl noch nicht gefrühstückt, weil sie dauernd an ihren Nägeln knabbert, während sie auf Pascal wartet. Eigentlich wär's nicht übel, wenn er gar nicht käme. Andererseits freue ich mich darauf, ihn wiederzusehen – und das, obwohl er doch seit gestern für mich gestorben ist. Ich halte nach allen Seiten Ausschau. Und da kommt er endlich angeschlendert, die Hände in den Hosentaschen. Mein Herz klopft ein bisschen schneller. [...]

D Mit einem Auge beobachte ich, wie sich Mona und Pascal gegenüberstehen und miteinander reden. Pascal hat wieder die Hände in den Taschen und sieht abwechselnd auf seine Schuhe und hinüber zum Rhein. Mona ist viel gesprächiger als er. Ihr Schmuck glitzert in der Sonne. Ich balle wütend die Fäuste, weil ich an meine blöden Plastikohrringe denken muss. Monas Eltern haben viel mehr Geld als meine. Und außerdem ist sie auch schöner, größer und älter als ich. Ist das nicht alles reichlich ungerecht verteilt?

Das Gespräch zwischen den beiden versiegt allmählich. Ihnen fällt wohl nichts mehr ein. Mona fummelt an ihren Haaren, während Pascal wieder anfängt mit seinen Füßen zu zappeln. Irgendwas liegt in der Luft. Plötzlich hören sie wie auf Kommando gleichzeitig damit auf, in der Gegend herumzugucken, und lächeln sich an. Noch nie habe ich Monas Augen so glänzen sehen. Pascal zieht langsam die Hände aus den Taschen. Erst hängen sie in der Luft herum, aber dann nähern sie sich zielstrebig Monas Schultern. Als er sie berührt, grinst Mona ihn wieder an wie eine Irre. Höchste Zeit, dass Hugo und ich rein zufällig um die Ecke biegen. [...]

2 a) Leider verraten uns die Textabschnitte nicht, wie das Zusammentreffen der drei Jugendlichen endet. Denkt euch in Dreiergruppen einen Schluss aus und schreibt ihn auf.
b) Ihr könnt die Fortsetzung auch in Dialogform aufschreiben und den Schluss der Klasse vorspielen.

3 a) Christian Bieniek, der diese Erzählung geschrieben hat, ist ein bekannter Jugendbuchautor. Kennt ihr andere Texte von ihm? Berichtet darüber oder bringt sie mit.
b) Sucht im Internet, ob ihr Hinweise über das Leben von Christian Bieniek und über seine Werke findet. Lest dazu den Tipp auf Seite 40.

7.2.3 Zugang zu literarischen Texten finden/Informationen über den Autor einholen

Ich bin ich!

Ich will **ich** sein

1 a) Lest euch das Gedicht „my own song" aufmerksam durch.
  b) Wer könnte das „ich" in dem Gedicht sein? Begründet eure Vermutungen.
  c) An wen könnte sich das „ich" wenden?
  d) Was will dieses „ich" zum Ausdruck bringen?
  e) Haltet ihr das „ich" für egoistisch? Begründet.

2 Vielleicht gehen euch solche Gedanken auch durch den Kopf. Erweitert das Gedicht, indem ihr einige Sätze begründet, z. B.:

> ich will nicht sein
> so wie ihr mich wollt
> denn ich möchte eigene Wege gehen ...

3 a) Wählt euch eine Strophe aus und bereitet diese in Partnerarbeit für einen Vortrag vor. Lest dazu die Checkliste unten.
  b) Kennzeichnet auf einer Folie, die ihr über die Seite legt, Pausen, Betonungen und Hinweise zur Tonlage. Achtet dabei auf die vom Autor durch Schrägdruck hervorgehobenen Wörter.
  c) Überlegt, wie ihr die sich wiederholenden Zeilen sprechen wollt.

CHECKLISTE

Lebendig und anschaulich vorlesen
1. Plane angemessene Sprechpausen ein (Kennzeichnung: / für kurze Pause, // für lange Pause).
2. Betone besonders wichtige Wörter. (Kennzeichnung durch Unterstreichen).
3. Passe die Tonlage der jeweiligen Situation an. Beachte dabei Lesetempo, Lautstärke und Stimmung.
4. Prüfe, ob du deinen Lesevortrag durch Mimik und Gestik unterstützen kannst. Lies dazu die Info auf Seite 48.

my own song
ernst jandl

ich will nicht sein
so wie ihr mich wollt
ich will nicht ihr sein
so wie ihr mich wollt
ich will nicht sein wie ihr
so wie ihr mich wollt
ich will nicht sein wie ihr seid
so wie ihr mich wollt
ich will nicht sein wie ihr sein wollt
so wie ihr mich wollt

nicht wie ihr mich wollt
wie ich sein will will ich sein
nicht wie ihr mich wollt
wie ich bin will ich sein
nicht wie ihr mich wollt
wie *ich* will ich sein
nicht wie ihr mich wollt
ich will *ich* sein
nicht wie ihr mich wollt will ich sein
ich will *sein*

Konflikte gemeinsam lösen

Konflikte **sachlich** besprechen

Die Konfliktlösungstreppe

Stufe 1:
Versucht zuerst, das Problem oder den Konflikt genau zu beschreiben:
– Was ist passiert?
– Wer ist beteiligt?
– Worin liegt das Problem?

Stufe 2:
– Tauscht in aller Ruhe eure Meinungen aus.
– In der Diskussion darf jeder seinen Standpunkt vertreten.
– Beachtet die Gesprächsregeln!

Stufe 3:
– Sammelt verschiedene Vorschläge zur Lösung des Problems.
– ACHTUNG:
Nur ernst gemeinte und positive Vorschläge helfen wirklich!

Konflikte gemeinsam besprechen

1 Schaut euch die Abbildungen auf der Seite 14 an.
a) Was ist passiert? Äußert eure Vermutungen.
b) Worin liegt das Problem?
Tauscht eure Meinungen über den Vorfall aus.

2 a) Die Überlegungen, die ihr in Aufgabe 1 angestellt habt, entsprechen der Stufe 1 und 2 der Konfliktlösungstreppe.
Lest dazu die Info.
b) Welche Aufgaben müssen in den folgenden Stufen bewältigt werden, um einen Konflikt gemeinsam zu lösen? Sprecht darüber.

3 a) Wie könnte dieses Problem gelöst werden? Sammelt in Kleingruppen Vorschläge.
b) Prüft die Lösungsvorschläge:
– Inwieweit werden sie den Wünschen der Schüler gerecht?
– Inwieweit sind sie auch für den Lehrer annehmbar?
c) Stimmt über die beste Lösungsmöglichkeit ab.
d) Ihr könnt die Gesprächsleitung selbst übernehmen. Lest dazu die Info auf Seite 60.

INFO

Stufe 4:
– Ihr müsst euch für einen Vorschlag entscheiden.
– Am besten ist es, wenn alle einem Vorschlag zustimmen können.
 Wenn nicht mindestens zwei Drittel der Klasse und der Lehrer zustimmen, solltet ihr zur Stufe 3 zurückkehren und eine andere Lösung suchen.
– Entwerft einen Vertrag, in dem alle wichtigen Vereinbarungen festgehalten werden.
– Alle Schüler und Lehrer müssen den Vertrag unterschreiben.

Stufe 5:
Überprüft zu einem späteren Zeitpunkt den Erfolg eurer Lösung. Alle Beteiligten kommen nochmals zusammen und beraten:
– Sind wir zufrieden mit der Lösung?
– Wie hat sich unsere Entscheidung ausgewirkt?
– Wurde der Konflikt gelöst?
– Was können wir nächstes Mal besser machen?

Absprachen durch **Verträge** sichern

1 In Stufe 4 der Konfliktlösungstreppe wird vorgeschlagen, einen Vertrag zu vereinbaren.
  a) Was stellt ihr euch darunter vor?
  b) Vergleicht eure Vorstellungen mit der Info.
  c) Welche Vorteile kann ein Vertrag als Ergebnis einer gemeinsamen Konfliktlösung haben?

2 a) Wie ein solcher Vertrag aussehen könnte, seht ihr in dem Entwurf rechts. Sprecht darüber.
  b) Formuliert in Gruppen alle Punkte aus, zu denen sich die Klasse und der Lehrer im Vertrag verpflichten sollten.
  c) Überlegt auch, was geschehen soll, wenn gegen die Abmachungen verstoßen wird. Auch diese Vereinbarungen sollten im Vertrag verankert werden.
  d) Vergleicht und besprecht eure Ergebnisse.

3 Schreibt nun euren Vertrag. Zur Ausgestaltung lässt sich sehr gut der Computer einsetzen.

4 Warum ist es wichtig, dass alle Vertragspartner den Vertrag unterzeichnen?

5 Überlegt euch Konfliktfälle in eurer Klasse, die ihr in gleicher Weise regeln könnt.

Vertrag

Dieser Vertrag wird geschlossen, um eine reibungslose Klassenfahrt zu gewährleisten.

Die Klasse 7c verpflichtet sich während der Klassenfahrt zu folgenden Punkten:
• Kein Schüler / keine Schülerin wird ...
• Alle Klassenmitglieder ...
• ...

Der Klassenleiter Herr Hain verpflichtet sich zu folgenden Punkten:
• Er ist bereit ...
• ...

Bei einem Verstoß gegen die Absprachen sind folgende Konsequenzen vorgesehen:
• ...

Ort, Datum:

Dem Vertrag stimmen durch ihre Unterschrift zu:

Schülerinnen und Schüler: Klassenleiter:

Konflikte gemeinsam lösen

INFO

Ein Vertrag – was ist das?
Ein Vertrag enthält Vereinbarungen, die von zwei oder mehreren Vertragspartnern ausgehandelt worden sind. Mit ihrer Unterschrift bestätigen die Vertragspartner, dass sie mit diesen Vereinbarungen einverstanden sind und alle damit verbundenen Verpflichtungen einhalten werden. Verträge können auf eine bestimmte Zeit befristet oder für eine unbefristete Zeitdauer abgeschlossen werden.

Mit dem Handy in die Schuldenfalle?

Wie benützt ihr das Handy?

Mit dem Handy in die Schuldenfalle
Auf allen Schulhöfen in den Pausen das gleiche Bild: Überall stehen Schüler allein und schauen konzentriert auf ihr Handy oder sie blicken abwesend in die Ferne, das Handy am Ohr. Wer heute als Teenager kein Handy hat, ist „out". Besonders die SMS-Nachrichten stehen bei den Kids hoch im Kurs. Doch das „Simsen" und Telefonieren mit dem Handy kostet Geld. Viele Jugendliche machen daher Schulden, wie eine eine Studie des deutschen Instituts für Jugendforschung zeigt …

1 Habt ihr schon einmal wegen eurem Handy Schulden gemacht? Erzählt.

2 a) Um mehr über den Gebrauch eures Handys herauszufinden, füllt den Fragebogen rechts anonym aus (also ohne Angabe des Namens). Verwendet dazu Copy 1. Lest vorher die Fragen und klärt Unklarheiten im Gespräch.
b) Wertet die Umfrage in Gruppen aus. Jede Gruppe übernimmt die Auswertung eines Abschnitts (siehe die gepunkteten Linien) und erstellt eine Strichliste.
c) Jede Gruppe stellt ihr Ergebnis anhand einer Folie der Klasse vor.
d) Was stellt ihr bei der Auswertung fest? Über welche Ergebnisse seid ihr erstaunt?

3 a) Was macht das Handy so teuer? Sprecht über eure Erfahrungen.
b) Wie lässt sich beim Benutzen eines Handys Geld sparen?

A das Telefonieren
B das Simsen
C das Herunterladen von Klingeltönen, Logos oder Spielen
D das Verschicken von Fotos

Kreuze die Angaben an, die für dich zutreffen.
1. Handybesitzer   ja ○   nein ○
2. Vertragshandy   ja ○   nein ○
3. Kartenhandy   ja ○   nein ○
4. Ausgaben im Monat
   5 bis 10 € ○   11 bis 20 € ○
   21 bis 40 € ○   mehr als 40 € ○

- -

5. Hast du schon einmal für Handykosten (Anschaffung, Rechnung, Karte, Zubehör, Klingeltöne, Logos ...) Schulden gemacht?
   ja ○   nein ○
6. Wenn ja:
   bei Eltern ○   bei Freunden ○
7. Wenn ja, in welcher Höhe?
   0-5 € ○   6-10 € ○   11-15 € ○   über 15 € ○

- -

8. Wofür benutzt du dein Handy am meisten?
   Telefonieren ○   Simsen ○   Spiele ○   MMS ○
9. Mit wem telefonierst du am meisten?
   Eltern ○   Freund(in) ○   sonstige Bekannte ○
10. Wie oft telefonierst du täglich mit dem Handy?
    0-3mal ○   4-6mal ○   über 7mal ○
11. Wie lange dauert in der Regel ein Gespräch?
    1-3 Min. ○   mehr als 3 Min. ○

- -

12. Mit wem simst du am meisten?
    Eltern ○   Freund(in) ○   sonstige Bekannte ○
13. Wie viele SMS verschickst du täglich?
    0-3 ○   4-6 ○   mehr als 7 ○

- -

14. Wie viele Spiele sind auf deinem Handy?
    0-3 ○   4-6 ○   mehr als 7 ○
15. Lädst du dir gerne neue Spiele, Logos, Klingeltöne auf dein Handy?   ja ○   nein ○

- -

16. Wofür benutzt du dein Handy am häufigsten? Kreuze höchstens drei Angaben an.
    – Über Schulthemen sprechen ○
    – Eltern benachrichtigen ○
    – Treffen mit vereinbaren ○
    – Mit Freunden reden ○
    – Persönliche Probleme besprechen ○
    – Sonstiges:_____

MIt dem Handy in die Schuldenfalle?

Fast geschenkt – oder?

1,– [1)]

ohne Vertrag 329,– €

Easy Tarif
- Anschluss gratis
- 360 freie SMS
- nur 7,95 € Grundgebühr/mtl.

Besonderheiten:
- Farbdisplay
- Standby: bis zu 320 Std.
- Sprechzeit: bis zu 6 Std.
- polyphone Klingeltöne

NEU! Bestellen Sie jetzt einfach und bequem auch per Telefon unter der Bestellhotline
0 18 04 – 52 47*

[1)] Dieses Angebot gilt vom 02.01.–31.01., solange der Vorrat reicht, nur bei gleichzeitigem Abschluss eines Kartenvertrages mit 24-monatiger Laufzeit. Mtl. Grundgebühr 7,95 € im Easy-Tarif sowie Minutenpreise für Verbindungen ins nat. Festnetz zwischen 0,09 € und 0,49 €, außer bei Sonderrufnummern und Auskunftsdienste. 5,- € mtl. Mindestumsatz. Die 360 freien SMS (ergeben sich aus 15 SMS pro Monat über die 24-monatige Vertragslaufzeit) sind nur gültig bei Versand über die Kurzmitteilungszentrale, Klingeltöne, Logos, Fax-Messaging und SMS-Sonderdienste ausgenommen. Mtl. SMS, die nicht genutzt werden, können nicht in die Folgemonate übernommen werden. Irrtümer und Druckfehler vorbehalten.
* 0,12 €/Min. aus dem dt. Festnetz

1 Was ist die Absicht dieser Anzeige? Bezieht in eure Überlegungen den Text, das Bild und die Gestaltung ein.

2 Ein tolles Angebot! Nur ein Euro und das Handy gehört euch. Was meint ihr dazu?

3 Was erfahrt ihr auf den ersten Blick über SMS, Grundgebühr und Gesprächsgebühren?

4 a) Auf den zweiten Blick fallen euch weitere Angaben auf. Lest dazu die Info rechts.
b) Worum geht es in dem Kleingedruckten? Auf der folgenden Seite findet ihr diesen Text vergrößert abgedruckt. Lest ihn.

INFO

Das „Kleingedruckte"
In Werbeanzeigen und Kaufverträgen findest du oft wichtige Zusatzinformationen in einer kleinen Schrift gedruckt. Diese Angaben nennt man das „Kleingedruckte". Es handelt sich meistens um Hinweise, unter welchen Bedingungen ein Angebot oder ein Vertrag gilt. Häufig sind die Hersteller gesetzlich verpflichtet, diese Angaben in die Werbung aufzunehmen. Wer sich also genau informieren will, muss das Kleingedruckte lesen.

Mit dem Handy in die Schuldenfalle?

1) Dieses Angebot gilt vom 02.01. - 31.01., solange der Vorrat reicht, nur bei gleichzeitigem Abschluss eines Kartenvertrages mit 24-monatiger Laufzeit. Mtl. Grundgebühr 7,95 € im Easy-Tarif sowie Minutenpreise für Verbindungen ins nat. Festnetz zwischen 0,09 € und 0,49 €, außer bei Sonderrufnummern und Auskunftsdiensten. 5,-- € mtl. Mindestumsatz. Die 360 freien SMS (ergeben sich aus 15 SMS pro Monat über die 24-monatige Vertragslaufzeit) sind nur gültig bei Versand über die Kurzmitteilungszentrale, Klingeltöne, Logos, Fax-Messaging und SMS-Sonderdienste ausgenommen. Mtl. SMS, die nicht genutzt werden, können nicht in die Folgemonate übernommen werden. Irrtümer und Druckfehler vorbehalten.
* 0,12 €/Min. aus dem dt. Festnetz

4 a) Laut Angebot hast du 360 freie SMS. Gilt das pro Tag oder pro Woche? Lies dazu die Vergrößerung des Kleingedruckten oben. Unterstreiche auf einer Folie oder auf der Copy 1 rot, was du zu dieser Frage erfährst.
b) Welche der folgenden Aussagen sind richtig? Begründe deine Entscheidung anhand des Textes.

> A Du hast 15 SMS im Monat frei und das ein ganzes Jahr lang.
> B Zwei Jahre lang darfst du monatlich 15 kostenlose SMS versenden.
> C Solange du das Handy hast, darfst du jede Woche 15 SMS kostenfrei versenden.
> D Wenn der Vertrag nach zwei Jahren abgelaufen ist, hast du auch keine kostenlosen SMS mehr.

6 a) Neben der monatlichen Grundgebühr und der Preise für Gespräche wird noch eine weitere Geldangabe genannt. Unterstreiche diese ebenfalls.
b) Was bedeutet diese Zusatzinformation für dich als Käufer? Überprüfe die folgenden Aussagen und entscheide, was richtig ist.

> A Ich bin verpflichtet, jeden Monat für 5 € zu telefonieren.
> B Meine monatlichen Kosten betragen mindestens 12,95 €.
> C Selbst wenn ich einen Monat gar nicht telefonieren würde, müsste ich trotzdem 5 € zur monatlichen Grundgebühr dazuzahlen.
> E Wenn ich viel telefoniere, bekomme ich mindestens 5 € gutgeschrieben.

5 a) Unterstreiche rot, was ein Gespräch mit einem Freund von einer Minute Dauer mindestens bzw. höchstens kostet!
b) Was bezahlst du, wenn du im teuersten Tarif drei Minuten und fünf Sekunden telefonierst?
c) Gelten diese Preise auch, wenn du einen Freund in Italien anrufen willst? Einen Hinweis findest du im Text.
d) Die angegebenen Preise gelten nicht für alle Telefonnummern. Welche sind davon ausgeschlossen? Was weißt du über deren Preise?

7 a) Warum ist das Kleingedruckte so klein gedruckt? Tauscht eure Meinungen aus.
b) Entwerft einen Slogan für ein Plakat, der knapp formuliert, was man beim Lesen von Anzeigen berücksichtigen sollte.
c) Gestaltet das Plakat mit passenden Beispielen aus Werbeanzeigen.

Mit dem Handy in die Schuldenfalle?

Mache den „Handyführerschein"!

1. in das eigene Netz.   in ein anderes Netz   sind teurer als   Anrufe

2. angegeben.   als   teurer   oft   ist   Logos   und   Klingeltönen   von   Herunterladen   Das

3. zurück,   nie   ist.   Rufe   Telefonnummer   dir   eine   unbekannt   die

4. tsiB ud mi dnalsuA, tslhazeb ud eid efurnA renied ednuerF tim.

5. Kostenüberblick.   den   Kartenhandys   erleichtern

6. gesundheitsschädigend.   sind   Handystrahlen   bewusst: dir   Sei

7. Vi★l   sims★n   kost★t   vi★l !

8. einer   Schütze   vor   Pinnummer.   Zugriff   dein   mit   fremdem   Handy

9. essaL nied ydnaH ieb lhatsbeiD trofos .nerreps

10. Händ★   w★g   von   S★rvi★enumm★rn,   si★   sind   imm★r   t★u★r.

11. D★nk★   n★cht   ★mm★r   gl★★ch,   d★ss   d★   ★tw★s   W★cht★g★s   verpasst. Sch★lt★   d★s   H★ndy   auch   m★l   aus !

---

1 Löse die verschiedenen Geheimschriften und finde die wichtigsten Regeln heraus. Gestalte in deinem Heft einen Merkeintrag mit Regeln, die du am wichtigsten findest.

2 Rechts siehst du zwei Anfänge von Geschichten. Bestimmt kannst du eine davon weiter erzählen. Versuche in deiner Erzählung die „Handy-Sucht" übertrieben darzustellen.
Lies die Tipps auf Seite 116 und 119.

> Ein Handy erzählt
> Schon wieder muss ich in den alten Jeans Bereitschaft schieben. Da kommt ein Anruf! Soll ich mich tot stellen, also Nachricht „Akku leer" senden? ...

> Der Tag, als mein Handy streikte
> Ein wundervoller Tag: Tom will sich mit mir verabreden! Er hat es mir heute in der Pause fest versprochen. Seitdem ich zu Hause bin, kann ich fast an nichts Anderes denken. Ist mein Handy auch an? ...

Erkundung auf eigene Faust

Eine Erkundung planen

In diesem Schuljahr werdet ihr selbstständig einen Arbeitsplatz erkunden.
Unter welchen Aspekten man einen Arbeitsplatz betrachten kann (z.B. Arbeitsort, Art der Tätigkeiten, Arbeitsbelastungen), das werdet ihr im Fach Arbeitslehre besprechen. Wie man eine Erkundung vorbereitet, erfahrt ihr in dieser Einheit.

1 Welche Arbeitsplätze kennst du schon?
Berichte über dir bekannte Arbeitsplätze (z.B. bei der Post, im Supermarkt, im Krankenhaus, in der Autowerkstatt).

2 Wo könnt ihr einen Arbeitsplatz erkunden?
a) Welche Betriebe, Unternehmen, Behörden in eurer Region kommen dafür in Frage?
b) Welche Arbeitsplätze kann man in diesen Betrieben erkunden?
Tauscht eure Kenntnisse aus und befragt eure Eltern, Verwandten oder Bekannten.

3 Erstellt eine Liste wie unten vorgegeben.
Wenn ihr in einer größeren Gemeinde lebt, ist es sinnvoll, in Gruppen zu arbeiten.

Firma	Adresse/Telefon	Arbeitsplätze
Krause & Müller	Münchener Allee 25 0821/497625	Sachbearbeiter/in Verkäufer/in
☆☆☆	☆☆☆	☆☆☆

4 Welchen Arbeitsplatz möchtest du erkunden?
Begründe deinen Wunsch.

5 a) Ihr habt euch entschieden, die Erkundung in einem bestimmten Betrieb vorzunehmen. Wie stellt man am besten den ersten Kontakt her?
b) Unten werden drei Möglichkeiten aufgezeigt. Wann ist welche Form der Kontaktaufnahme sinnvoll?
c) Welche Möglichkeit wirst du wählen? Begründe deine Entscheidung.

6 Anregungen für die mündliche Kontaktaufnahme erhaltet ihr auf den folgenden Seiten. Wie man formal richtig einen Brief schreibt, erfahrt ihr auf den Seiten 140–141.

Möglichkeiten der Kontaktaufnahme

Persönliches Gespräch

Telefongespräch

Brief/Fax/E-Mail

Erkundung auf eigene Faust

Telefonisch Kontakt aufnehmen

1 Sicherlich ist für euch das erste Gespräch nicht einfach. Nennt die Gründe.

2 Sprecht darüber, welche Fragen in dem ersten Gespräch geklärt werden sollten.

3 Das Gespräch wird dir leichter fallen, wenn du dir deine Fragen notiert hast.
In der Abbildung unten siehst du zwei Beispiele.
a) Untersuche, wie sie aufgebaut sind.
b) Welche Vorteile hat ein ausformulierter Notizzettel?

4 Lege für dein Gespräch einen Notizzettel an.
Entscheide, ob du deine Fragen in Stichworten oder ausformuliert aufschreibst.

```
Telefonnummer: (0 80 92) 2 34 99
Datum: 15.10.
Ansprechpartner: Herr Klose

Kassettenrekorder? _____ ✩✩✩

Besondere Kleidung? _____ ✩✩✩

Kamera? _____ ✩✩✩

Informationsmaterial? _____ ✩✩✩
```

```
Telefonnummer: (0 80 92) 2 34 99
Datum: 15.10.
Ansprechpartner: Herr Klose

- Könnte ich bei Ihnen einen Arbeitsplatz
  erkunden?
         ✩✩✩
- Wann wäre das möglich?
         ✩✩✩
- Darf ich einen Kassettenrekorder zur
  Aufnahme von Gesprächen mitbringen?
         ✩✩✩
```

TIPP

So bereitest du ein Telefongespräch vor:
1. Überlege genau, was du fragen willst.
2. Lege dir einen Notizzettel an.
3. Schreibe deine Fragen in Form von Stichworten auf oder formuliere die Fragen aus.
4. Notiere am Kopf des Zettels die Telefonnummer und den Namen des Ansprechpartners (wenn du ihn schon kennst).
5. Überlege dir eine sinnvolle Abfolge deiner Fragen.
6. Lass genügend Raum zum Notieren der Antworten.
7. Schreibe die Antworten direkt nach dem Gespräch auf.
Wenn du über ein Telefon mit Lautsprecherfunktion verfügst, könnt ihr auch zu zweit anrufen: Einer von euch führt das Gespräch und der andere notiert die Antworten.

Erkundung auf eigene Faust

5 a) Welcher Gesprächsbeginn ist am besten? Begründet eure Meinung.
b) Welche Fehler wurden bei den anderen Beispielen gemacht?

6 Auch dein Gegenüber könnte Fragen an dich stellen. Welche könnten das sein?
a) Besprecht für jede Frage im Rahmen rechts die Antwortmöglichkeiten.
b) Sammelt weitere Fragen und sucht dazu angemessene Antworten.

1. Worüber willst du Informationen sammeln?
2. Welche Bereiche unseres Betriebes interessieren dich am meisten?
3. Augenblicklich passt es uns sehr schlecht. Kannst du die Erkundung auch in drei Wochen durchführen?
4. Bist du versichert, wenn dir bei der Arbeitsplatzerkundung etwas passiert?

7 Was macht ihr in folgenden Situationen:

A Ihr kennt noch keinen Ansprechpartner in der Firma; es meldet sich die Telefonvermittlung: „Hier Firma Meyer und Co. Was kann ich für Sie tun?"
B Die Ansprechpartnerin ist zur Zeit nicht erreichbar: „Frau Huber ist nicht im Hause. Kann ich etwas ausrichten?"
C Es meldet sich nur der Anrufbeantworter: „... bitte sprechen Sie nach dem Signalton!"

Überlegt in Gruppen, wie ihr auf diese Situationen am besten reagiert. Schreibt die Antworten auf.

8 Bereitet euch in Gruppen mit einem Rollenspiel auf euer Gespräch vor: Einer spielt den Anrufer; ein anderer spielt die Rolle des Gesprächspartners im Betrieb; ein dritter Schüler beobachtet und hilft, wenn einer den Faden verloren hat.

TIPP
Was tun, wenn sich nur der Anrufbeantworter meldet?
– Grüße, sage deinen Namen und die Schule bzw. Klasse, der du angehörst. (Guten Tag, hier ist ...)
– Nenne dein Anliegen (Ich wollte anfragen, ...) und kündige an, dass du zu einem anderen Zeitpunkt noch einmal anrufst.

Vor Ort Fragen stellen

1 Während eurer Erkundung habt ihr Gelegenheit Fragen zu stellen. Wie viele Informationen ihr bekommt, hängt auch von der Art eurer Fragen ab.
Vergleicht die folgenden Gesprächsbeispiele.

2 Aus welchem Gespräch könnt ihr mehr Informationen entnehmen?
a) Worin unterscheiden sich die Fragen?
b) In beiden Beispielen sind am Schluss nur die Anworten abgedruckt. Wie lauten die zugehörigen Fragen?

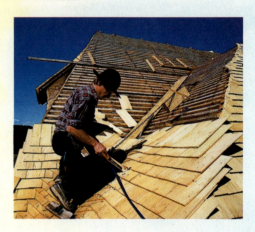

Schülerin: Muss man als Zimmerer Berechnungen durchführen?
Handwerker: Ja, fast jede Woche.
Schülerin: Ist man in der Ausbildung überwiegend in der Werkhalle beschäftigt?
Handwerker: Nein.
Schülerin: Gibt es verwandte Berufe zum Beruf des Zimmermanns?
Handwerker: Ja, einige.
Schülerin: … ?
Handwerker: Ja, sehr gut sogar.

Schüler: Welche Berechnungen muss man als Zimmermann durchführen?
Handwerker: Trotz Computer und CAD muss man immer noch viele Berechnungen durchführen: zur Statik, für Flächenberechnungen und Winkelberechnungen sowie für den Einkauf von Waren, für die Buchführung auch Zins- und Prozentrechnungen.
Schüler: Wo ist der Auszubildende überwiegend beschäftigt?
Handwerker: Arbeit ist eigentlich immer da, bei schlechtem Wetter werden Balken gehauen, es wird gehobelt oder Aufrisse werden gezeichnet, bei gutem Wetter ist man natürlich draußen auf der Baustelle.

Schüler: Welche verwandten Berufe gibt es zum Beruf des Zimmermanns?
Handwerker: Der Zimmermann gehört zu den Bauberufen, ebenso wie Maurer oder Estrichleger. Verwandt ist er natürlich mit den anderen Holz verarbeitenden Berufen wie Holztechniker oder Tischler.
Schüler: … ?
Handwerker: In den letzten Jahren hat sich die Nachfrage nach unseren Produkten sehr positiv entwickelt. Durch die Zunahme im Holzhausbau ist der Beruf des Zimmermanns sicherlich ein Beruf mit Zukunft.

Erkundung auf eigene Faust

3 a) Lies die unten stehende Info.
b) Formuliere die folgenden Entscheidungsfragen in Ergänzungsfragen um.

> 1. Haben Sie auch weibliche Auszubildende?
> 2. Haben Sie Zweigwerke?
> 3. Haben Sie heute mehr Arbeitsplätze als vor fünf Jahren?
> 4. Braucht man bestimmte körperliche Voraussetzungen für den Beruf des ...?
> 5. Muss man gut in Mathematik sein, um den Beruf der ... zu erlernen?
> 6. Haben Sie Schichtarbeit?
> 7. Gibt es Aufstiegsmöglichkeiten in dem Beruf des ...?

4 Oft enthalten die Antworten auf deine Fragen Fachwörter, die du nicht verstehst. Formuliere zu folgenden Fachwörtern geeignete Nachfragen. Lies dazu den Tipp.

> Kalkulation – Marketing – EAN-Code – PPS-System – CNC-Maschinen

5 a) Wie kann man sich höflich erkundigen?
b) Formuliere zu folgenden Situationen höfliche Fragen:
1. Du fragst beim Pförtner nach deinem Ansprechpartner.
2. Du findest die angegebene Zimmernummer nicht.
3. Du erkundigst dich, ob du Fotos machen darfst.

INFO

Entscheidungsfragen
Entscheidungsfragen erfordern als Antwort meist nur *ja, nein* oder *vielleicht*. Entscheidungsfragen beginnen mit einem Verb oder Hilfsverb. Beispiel: *Dauert die Ausbildung zum Meister lange?*
Antwort: *Ja.*

Ergänzungsfragen
Ergänzungsfragen fordern den Gesprächspartner auf, seine Antwort durch eine genauere Erläuterung zu ergänzen.
Du erkennst diese Fragen an dem Fragepronomen (Wer ..., Warum ..., Wozu ..., Wie ..., Welche ..., Aus welchem Grund ...?).
Beispiel: *Wie lange dauert die Ausbildung zum Meister?*
Antwort: *In der Regel sieben Jahre.*

TIPP

So führst du ein Erkundungsgespräch:
1. **Stelle deine Fragen zum richtigen Zeitpunkt:**
   – Stelle deine Fragen, wenn es passend ist.
   – Stelle die Fragen in einer sinnvollen Reihenfolge.
   – Schließe erst ein Thema ab, bevor deine Fragen einen neuen Aspekt ansprechen.
2. **Frage bei Unklarheiten nach:**
   – Entschuldigen Sie, könnten Sie mir nochmal erklären ...?
   – Das Wort „------" kenne ich nicht. Was versteht man darunter?
   – Habe ich Sie richtig verstanden, wenn Sie sagen, dass ...?
3. **Formuliere deine Fragen höflich:**
   – Können Sie mir bitte sagen ...
   – Darf ich Sie fragen ...
   – Ich hätte noch eine Frage: ...
4. **Halte Blickkontakt zu deinem Gesprächspartner.**

Erkundung auf eigene Faust

Informationen **festhalten**

1 a) Während eurer Erkundungen erfahrt ihr sehr viel Neues. Im Folgenden werden drei Möglichkeiten aufgezeigt, wie man Informationen festhalten kann. Lest sie durch.
b) Diskutiert die Vor- und Nachteile dieser drei Möglichkeiten.

A: Notizzettel
Ihr geht mit leerem Block und Schreibzeug in den Betrieb und notiert alles, was wichtig und interessant erscheint.

- 14 Beschäftigte,
- der B. liegt an der Unterrother Straße,
- 1987 Neuentwicklung,
- Berufe: Tischler, Bürokauffrau ...
- lauter Arbeitsplatz,
- Arbeitsbeginn 7.30 Uhr

C: Der vorbereitete Fragezettel
Er enthält Fragen, die nach bestimmten Gesichtspunkten geordnet sind.

Welches sind die wichtigsten Tätigkeiten?
☆ ☆ ☆
☆ ☆ ☆
Welche Arbeitsmittel werden verwendet?
☆ ☆ ☆
☆ ☆ ☆
Welche Maschinen sind notwendig?
☆ ☆ ☆
☆ ☆ ☆

B: Der vorbereitete Stichwortzettel
Ihr habt im Fach Arbeitslehre überlegt, welche Gesichtspunkte ihr bei der Erkundung beachten wollt. Diese werden stichwortartig aufgeschrieben. In dem freien Raum werden die Informationen eingetragen.

Arbeit (überwiegend ausgeübte Tätigkeiten)
geistige A.: ☆☆☆☆☆☆☆☆☆☆☆☆
körperliche A.: ☆☆☆☆☆☆☆☆☆☆☆☆
Voraussetzungen: ☆☆☆☆☆☆☆☆☆
Arbeitsmittel: ☆☆☆☆☆☆☆☆☆☆
Werkstoffe: ☆☆☆☆☆☆☆☆☆☆
Maschinen: ☆☆☆☆☆☆☆☆☆☆

2 Bereitet einen Stichwortzettel oder einen Fragezettel vor. Berücksichtigt dabei den Tipp.

3 a) Welche anderen Möglichkeiten gibt es, Informationen festzuhalten?
b) Inwieweit lassen sie sich bei eurer Erkundung sinnvoll einsetzen?

TIPP
So bereitest du einen Stichwortzettel/Fragezettel vor:
1. Gliedere die Stichpunkte/Fragen nach Gesichtspunkten (Fragen zu den Arbeitsbedingungen, Fragen zu den Maschinen ...).
2. Plane genügend Platz für Notizen ein.
3. Lass am Schluss unter dem Stichwort „Sonstiges" Raum für weitere Notizen.

Erkundung auf eigene Faust

Eine Erkundung auswerten

1 Ihr habt unterschiedliche Arbeitsplätze erkundet. Im Fach Arbeitslehre lernt ihr die Berufe einzuordnen, z.B. nach Tätigkeitsbereichen:

> **Material verarbeiten:** Schmied, Bäcker ...
> **Bedienen und beraten:** Verkäuferin, Tankwart ...

a) Schreibt die unterschiedlichen Tätigkeitsbereiche an die Tafel.
b) Führt das Interviewkarussell durch. Lest den Tipp.
c) Überlegt nach jedem Interview: Zu welchem Tätigkeitsbereich gehört der erkundete Beruf? Tragt ihn in die entsprechende Zeile ein.

2 Eine andere Ordnungsmöglichkeit für Berufe seht ihr unten. Ihr könnt auch nach dieser Einteilung die erkundeten Beruf ordnen.

> **Berufe im Freien:**
> Gärtnerin, Forstwirt, Landwirtin, Fischwirt ...
>
> **Berufe mit viel Maschinenarbeit:**
> Industriemechaniker, Zerspanungsmechaniker ...
>
> **Berufe mit zahlreichen Kundenkontakten:**
> Hotelfachfrau, Metzgereifachverkäufer, Floristin ...

3 Sicherlich habt ihr viel notiert, vielleicht Fotos, Prospekte oder anderes Anschauungsmaterial mitgebracht.
Bei der Auswertung und Präsentation könnt ihr zwischen verschiedenen Möglichkeiten wählen:
– Vortrag (dazu erhaltet ihr Anregungen auf den Seiten 66–73),
– Wandplakat erstellen (Anregungen dazu findet ihr auf der Seite 53),
– in Zusammenarbeit mit Kunsterziehung könnt ihr aus den mitgebrachten Materialien eine Collage gestalten.

TIPP

So führt ihr ein Interviewkarussell durch:
1. Zunächst setzt ihr euch in Kleingruppen zu je 4–6 Schülern/Schülerinnen zusammen.
2. Eine Schülerin oder ein Schüler berichtet von der Erkundung.
3. Die anderen dürfen ihn/sie anschließend befragen.
4. Gemeinsam überlegt ihr, zu welchem Tätigkeitsbereich der vorgestellte Beruf gehört.
5. Dann wird gewechselt.
6. Jede Kleingruppe stellt den anderen die wichtigsten und interessantesten Informationen vor.

Projekt: Computer

Projektwünsche **vorschlagen**

1 a) Verfügt ihr über Material zum Computer, z.B. Computerspiele, Computer-Zeitschriften, Nachschlagewerke?
Bringt es mit und richtet in eurem Klassenzimmer eine Computerecke ein.
b) Erzählt den anderen, was ihr über die mitgebrachten Dinge schon wisst.
c) Haltet in Stichworten an der Tafel alle Begriffe fest, die mit Computern zu tun haben.

2 Welche Erfahrungen habt ihr im Umgang mit dem Computer? Berichtet.

3 Was interessiert euch am Computer? Womit möchtet ihr euch näher beschäftigen?
a) Sprecht in Gruppen darüber und formuliert Fragen, denen ihr gerne einmal nachgehen würdet.
b) Stellt eure Fragen vor. Schreibt sie an die Tafel.
c) Wie könnte man diese Fragen im Rahmen eines Projektes bearbeiten?

- Welche guten Computerspiele gibt es?
- Was versteht man unter einem Prozessor?
- Wozu braucht man eine Grafikkarte?
- Kann man vom Computerspielen süchtig werden?
- Was lernen wir in Informatik?
- Wo kann man die Grundbegriffe der Computersprache nachlesen?

Projekt: Computer

4 a) Lest euch die Info durch. Sprecht darüber, was ein Projekt ist.
b) Überlegt, in welcher Projektstufe ihr euch befindet und welche Aufgaben ihr jetzt lösen müsst.

5 Auf den folgenden Seiten werden euch zwei Projektangebote vorgestellt. Wenn ihr ein anderes Projekt verfolgen wollt, dann nutzt die in der Info gegebene Übersicht als Leitfaden.

INFO

Was ist ein Projekt?
In einem Projekt habt ihr die Möglichkeit in Gruppen ein Thema eingehend zu behandeln. Dabei sollte etwas entstehen, das auch in der Öffentlichkeit vorgestellt werden kann.

1. Projektstufe: Projektauswahl
– Welches Thema wollt ihr mit dem Projekt behandeln?
– In welche Projektangebote lässt sich das Thema gliedern?
– Wer arbeitet in welcher Projektgruppe?

2. Projektstufe: Arbeitsplanung
1. Ziele der Projektangebote in den Gruppen genau bestimmen:
   – Was ist das Ziel?
   – Wie soll das Ergebnis aussehen (Plakat, Kurzvortrag, Bericht in der Schülerzeitung, Informationsquiz)?
2. Arbeitsschritte überlegen:
   – Welche Informationen benötigt ihr?
   – Wie könnt ihr sie euch beschaffen?
   – Wie werden sie ausgewertet?
   – Was muss noch geleistet werden?
3. Arbeitsplan festlegen:
   – Wie viel Zeit steht euch zur Verfügung?
   – In welcher Reihenfolge wollt ihr die einzelnen Arbeitsschritte erledigen?
   – Wer übernimmt welche Aufgaben?
   – Haltet das Ergebnis eurer Planung in einem Arbeitsplan fest.

Arbeitsplan		
Was?	Wer?	Wann?
1. ☆ ☆	☆ ☆	☆ ☆
2. ☆ ☆	☆ ☆	☆ ☆
3. ☆ ☆	☆ ☆	☆ ☆

3. Projektstufe: Durchführung
1. Durchführung der geplanten Arbeitsschritte.
2. Während der Durchführung überprüfen, ob ihr den Zeitrahmen einhalten könnt.
3. Trefft euch in regelmäßigen Abständen in der Klasse und besprecht folgende Punkte:
   – Was haben die Gruppen erreicht?
   – Müssen Ziele einer Gruppe neu bestimmt werden?
   – Welche Konsequenzen hat das für das Gesamtprojekt?
   – Benötigt eine Gruppe Unterstützung?

4. Projektstufe: Präsentation der Ergebnisse
Die Präsentation der Ergebnisse der Arbeitsgruppen gliedert sich in zwei Schritte:
1. Die Arbeitsgruppen stellen ihre Ergebnisse gegenseitig vor. Die Ergebnisse werden besprochen, Verbesserungsvorschläge sind erwünscht.
2. Die Ergebnisse werden der Öffentlichkeit präsentiert.

5. Projektstufe: Arbeitsrückschau
– Habt ihr das Projektziel erreicht?
– Was lief besonders gut?
– Wo gab es Probleme?
– Was lässt sich beim nächsten Projekt besser machen?

Projekt: Computer

Projektangebot auswählen

Projektangebote	Projekt A Schreiben am Computer	Projekt B Internetrecherche	Projekt C Computerlexikon
Wer macht mit?	Karin, Mustafa, Birgitt	Sandra, Felix, Aysel	
Projektangebote	Projekt D ?	Projekt E ?	
Wer macht mit?			

1 In dieser Einheit wird ein „Tag der offenen Tür im Informatikraum" vorgeschlagen. An diesem Tag seid ihr die Experten, die an verschiedenen Stationen den Besuchern (Eltern, Mitschülerinnen und Mitschülern aus anderen Klassen) aufzeigen, was man mit einem Computer machen kann.
a) Schaut euch die Projektangebote an.
b) Was könnte man in Projekt A oder B machen? Sammelt eure Ideen stichwortartig.

2 a) Welche weiteren Projektangebote fallen euch ein? Auf Seite 28 habt ihr Fragen formuliert, denen ihr gerne einmal nachgehen würdet. Entwickelt aus diesen Fragen weitere Projektangebote, die sich am „Tag der offenen Tür" präsentieren lassen.
b) Schreibt eure Vorschläge an die Tafel.
c) Sammelt auch zu diesen Vorschlägen stichwortartig Ideen.
d) Bildet Arbeitsgruppen von drei bis fünf Personen. Zu einem Projektangebot können auch mehrere Gruppen arbeiten. Die Gruppen sollten sich aber absprechen. Lest den Tipp.

Projektangebot A: Schreiben am Computer
- selbstständig Texte am Computer schreiben
- eine Station vorbereiten, an der die Besucher eigene Texte am Computer schreiben
- Visitenkarten für Besucher am PC entwerfen und drucken
- ...

Projektangebot B: Im Internet surfen
- mit anderen Schulen Kontakt aufnehmen (E-Mail)
- Informationen über den Auftritt einer Rockband erfragen
- Internetangebote von einer Jugendzeitschrift aufrufen
- ...

TIPP
Das solltest du bei der Auswahl deines Projektes beachten:
Bevor du dich für eines dieser Projektangebote entscheidest, überlege genau, ob dich
– das Thema,
– das beabsichtigte Ergebnis und
– die Aktivitäten bzw. Arbeitsmethoden
   interessieren.
Ein Wechsel der Arbeitsgruppe während der Projektarbeit ist nicht möglich.

Projekt: Computer

Projektangebot A:
Schreiben am Computer

Einladung zum Sommerfest

Wann? am 15.05.
 von 10:00 bis 18:00 Uhr
Wo? im Schulhof

Es spielt die Schulband!

Getränke und Speisen sind
reichlich vorhanden.
Bringt eure Eltern und Geschwister mit.

Wir freuen uns auf euch!
Eure SMV

Der Zutritt zu diesem Raum ist nur Jugendlichen gestattet!

Erwachsene benötigen eine Sondergenehmigung!

1 Klärt das Ziel eurer Gruppenarbeit:
– Wollt ihr selbst Texte herstellen?
– Wollt ihr eine Station vorbereiten, an der ihr für Besucher Texte schreibt?
– Wollt ihr eine Station vorbereiten, an der die Besucher lernen, mit Hilfe des Computers eigene Texte zu schreiben?

2 Wenn ihr selbst Texte herstellen wollt:
Überlegt, in welchen Schritten ihr euer Ziel erreicht und macht euch einen Arbeitsplan.

Arbeitsplan

Was?	Wer?	Wann?	Wo?
1. Text entwerfen	☆	☆	☆
2. T. überarb.	☆	☆	☆
3. T. gestalt.	☆	☆	☆
4. …			

3 Wenn ihr eine Schreibstation für Besucher vorbereiten wollt:
  a) Überlegt, welche Schreibangebote ihr am Computer anbietet, zum Beispiel:
   – Herstellen von Visitenkarten,
   – Herstellen eines Briefkopfs auf Briefpapier,
   – kreative Texte (siehe Seite 32 oder 145),
  b) Listet alle notwendigen Arbeitsschritte auf.

Arbeitsschritte:
- Originale von Visitenkarten, Briefpapier, Einladungen als Beispiele besorgen
- Entwürfe vorbereiten, die für die Besucher schnell geändert werden können
- …

  c) Wer macht was, wann und wo?
  Legt für eure Gruppe einen Arbeitsplan an.

Wichtiger Hinweis für alle Gruppen:
Wenn ihr mit dem Computer Texte gestalten wollt und noch keine Erfahrungen habt, dann bearbeitet die folgenden zwei Seiten.
Auf den Seiten 122–123 findet ihr auch Hinweise, wie man Zeichen und Cliparts in Texte einfügen kann. Überlegt in eurer Gruppe, ob ihr die beiden Angebote in eure Projektarbeit einbeziehen möchtet.

Texte mit dem Computer schreiben

S
I
N
K   TREPPE
E   TREPPE
N   TREPPE
             TREPPE

1 Um zu lernen, wie man mit dem Computer schreibt, gestalte an deinem Computer die Wortbilder oben. Lies dazu den Tipp. Schreibe die Wortbilder untereinander. Lass zwischen den Bildern Platz.

2 a) Erfinde und gestalte Wortbilder für STUHL, LEITER, TREPPAUF, TREPPAB.
b) Denke dir weitere Wortbilder aus.

TIPP

Buchstaben/Wörter verschieben
Buchstaben oder Wörter lassen sich in einer Zeile mit Hilfe der Leertaste verschieben.
Für jeden Punkt wurde einmal die Leertaste gedrückt. Schneller geht es, wenn man die Tabulatortaste verwendet. Jeder Pfeil bedeutet, dass diese Taste einmal gedrückt wurde.

Markieren
Wenn man an einem Zeichen oder einer Textstelle etwas verändern will, z.B. eine andere oder größere Schrift, Farbe usw., muss die Stelle vorher mit gedrückter linker Maustaste markiert werden.

Schriftgröße wählen
Für die markierte Textstelle wurde hier die Schriftgröße 22 gewählt.

Schriftfarbe verändern
1. Markiere die Stelle.
2. Klicke das Farbprogramm an.
3. Klicke eine Farbe an.

4. Durch einen Mausklick in die weiße Fläche erscheint der markierte Text rot.

Texte gestalten

Verkaufe
Playstation One
+ Tasche + zusätzliches Minipad
+ Verlängerungskabel + 2 Memocards
Preis: 49 €
☎ 07361/2215678

**Suche
gebrauchte Inlineskates**
Schuhgröße 34/35
Preis: bis 25 €

Armin Wickert
Hauptstraße 3
73479 Ellwangen

1 a) Wenn du eine Anzeige gestalten willst, schreibe zuerst den Text auf und prüfe ihn mit dem Rechtschreibprogramm (siehe Seite 225).
b) Möchtest du Wörter durch eine größere Schrift hervorheben? Lies den Tipp auf Seite 32.
c) Es gibt noch weitere Möglichkeiten, deinen Text zu gestalten. Lies die Hinweise in den Tipps auf dieser Seite und probiere sie aus.

TIPP

Texte formatieren
Du kannst die mit dem Computer geschriebene Schrift ganz unterschiedlich gestalten. Das nennt man formatieren.
Fettdruck – *Kursiv* – <u>Unterstrichen</u>
Solche Schrifteigenschaften kannst du einem Wort oder einer Textstelle zuweisen, wenn du es markierst und dann in der Symbolleiste den entsprechenden Schalter anklickst.

Text ausrichten
Textstelle markieren und Symbol für die gewünschte Ausrichtung anklicken.

entweder **linksbündig**
oder **rechtsbündig**
oder **zentriert**

Schriftart wählen
Text markieren, aus dem Schriftfenster eine Schrift auswählen.

TIPP

Einen Text einrahmen
1. Markiere den Text, der einen Rahmen bekommen soll.
2. Klicke den Pfeil neben dem Rahmensymbol in der Symbolleiste an.
3. Klicke in der Rahmenauswahl die gewünschte Rahmenart an.

Rahmen entfernen
Wenn du einen Rahmen wieder entfernen willst, markiere den betreffenden Text und wähle **Kein Rahmen**.

Symbol einfügen
1. Nacheinander **Einfügen – Symbol** anklicken.
2. Im Auswahlfenster das gewünschte Symbol, dann **Einfügen** anklicken.

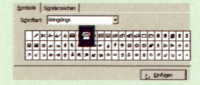

Projekt: Computer

Projektangebot B: Im Internet surfen

Was könnte man im Internet machen?

A Besuchern interessante Seiten im Internet zeigen (z. B. Tourneedaten einer Musikgruppe, Hompage eurer Gemeinde, Kino-Programm ...)
B E-Mail (z. B. an eine andere Klasse) verschicken
C Besuchern zeigen, wie man einen Suchdienst benützt
D Mit den Besuchern eine Autoroute planen
E Internetangebot einer Jugendzeitschrift zeigen
F Im Chatroom plaudern
G ???

1
a) Sprecht gemeinsam über die Vorschläge oben.
b) Was wollt ihr machen?
Klärt das Ziel eurer Projektarbeit.

2
a) Vielleicht müsst ihr selbst erst im Internet Erfahrungen sammeln. Lest den Tipp.
b) Ihr werdet verschiedenen neuen Begriffen (z.B. Provider, Browser, E-mail ...) begegnen. Schreibt die Begriffe und ihre Bedeutung auf.
c) Surft im Internet mit jemandem, der Erfahrung hat. Macht euch zu folgenden Fragen Notizen.

1. Wie kommt man in das Internet?
2. Welche Voraussetzungen müssen dafür gegeben sein?
3. Was für Angebote gibt es im Internet?
4. Welche Probleme kann es im Umgang mit dem Internet geben?

3
a) Welche Begriffe müsst ihr euren Besuchern erklären?
b) Wie lassen sich wichtige Begriffe für Besucher darstellen (z.B. Informationszettel, Plakat)?

4 Vielleicht wollt ihr euren Besuchern auf einem Plakat bestimmte Seiten aus dem Internet vorstellen. Lest auf der folgenden Seite, wie man solche Bilder und Texte speichern und ausdrucken kann.

5 Überlegt gemeinsam die wichtigsten Arbeitsschritte und entwickelt einen Arbeitsplan.

TIPP

Wo könnt ihr euch informieren?
1. Wenn ihr noch keine Erfahrungen mit dem Internet habt, wendet euch an Fachleute (Mitschülerinnen oder Mitschüler, Lehrerinnen oder Lehrer, Bekannte ...).
2. Erkundigt euch in der Bücherei nach Büchern, die zur Einführung ins Internet geeignet sind.
3. Schaut euch Computer-Zeitschriften an. Häufig enthalten sie Erläuterungen für Einsteiger.
4. Lest auf Seite 40 nach, wie man Suchmaschinen im Internet verwendet.

Projekt: Computer

Screenshots anlegen

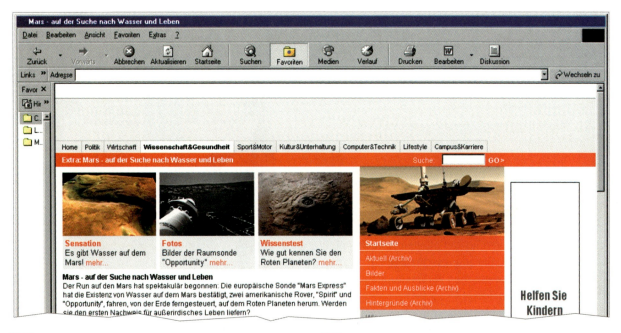

1 Die Menschheit versucht seit langer Zeit herauszufinden, ob auf dem Mars Leben möglich ist. Sucht im Internet Informationen zur folgenden Frage: Gibt es Sauerstoff auf dem Mars? Lest dazu die Info und den Tipp auf Seite 40.

2 Sicher seid ihr auf interessante Internetseiten gestoßen. Lest im Tipp, wie man eine Internetseite oder Bilder daraus in ein Word-Dokument einfügen kann. Ihr könnt dann das Bild durch Erklärungen ergänzen.

TIPP

So machst du einen Screenshot:
Screen nennt man den Bildschirm des Monitors. Ein Screenshot ist der Ausdruck dessen, was sich auf dem Bildschirm befindet, z.B. eine Internetseite. So gehst du vor:
1. Drücke die Tasten **Alt** und **Druck** gemeinsam. Dein Bildschirm ist nun in der Zwischenablage gespeichert.
2. Öffne ein Word-Dokument.
3. Gehe in der Symbolleiste unter **Bearbeiten** auf **Einfügen**. Die Abbildung wird in das Word-Dokument eingefügt und lässt sich ausdrucken.

So überträgst du ein Bild aus einer Internetseite:
1. Klicke das Bild mit der rechten Maustaste an. Es öffnet sich ein Feld, auf dem du mit der linken Maustaste das Wort **Kopieren** anklickst. Nun ist dein Bild gespeichert.
2. Öffne dein Word-Dokument und gehe unter **Bearbeiten** auf **Einfügen**. Dein Bild wird in das Word-Dokument eingefügt.
3. Klicke das Bild durch einen Doppelklick an. Es öffnet sich ein Feld zum Bearbeiten deines Bildes. Wähle nun unter **Layout** „Hinter dem Text" und klicke auf **OK**. Jetzt kannst du dein Bild auf deiner Word-Seite verschieben und die Größe verändern.

Ergebnisse präsentieren

1 a) Stellt eure Arbeitsergebnisse in der Klasse vor. Betrachtet diese Vorstellung als „Generalprobe" für den Tag der offenen Tür.
b) Welche Hinweise und Anregungen zur Verbesserung eurer Produkte könnt ihr noch aufgreifen?
c) Überarbeitet eure Ergebnisse gemeinsam in der Gruppe.

2 Am Tag der offenen Tür wollt ihr eure Ergebnisse Eltern und Mitschülern präsentieren.
Die folgenden Fragen helfen euch, die Präsentation vorzubereiten:
– Wie wollt ihr euren Tag der offenen Tür bekannt machen (Plakat, Einladungsschreiben …)?
– Welche organisatorischen Vorbereitungen müsst ihr treffen?
– Wie viel Platz braucht jede Gruppe für ihre Station?
– Werden zusätzliche Tische und Geräte benötigt?
– Wie sollen die Stationen aufgebaut werden?
– Wann wird abgeräumt?
– Welche Absprachen müssen (z.B. mit dem Hausmeister) getroffen werden?

3 Erstellt einen Arbeitsplan, in dem jeder Schüler seine übernommenen Arbeiten einträgt. Das Beispiel unten soll euch bei eurer Planung helfen.

Arbeitsplan für Gruppe: Lukas, Leona, Nina und Markus

Wer?	Was?	Wann?	Mit wem?	Bemerkungen
Lukas	Plakat besorgen	Donnerstag	alleine	Herrn Meyer fragen (Werklehrer)
Leona	Farbe, Pinsel, Schwamm, Kreide	Mittwoch	Nina	Hausmeister fragen
Nina	☆ ☆	☆ ☆	☆ ☆	☆ ☆
Markus	☆ ☆	☆ ☆	☆ ☆	☆ ☆

Projekt: Computer

Arbeitsrückschau

1 Lest in der Info auf Seite 29 nach, was die Aufgabe der letzten Projektstufe ist. Sprecht darüber.

2 a) Führt die Arbeitsrückschau zunächst in eurer Projektgruppe durch. Beantwortet dazu folgende Fragen:
– Sind alle Ziele des Projekts erreicht worden?
– Welche Ziele habt ihr während des Projekts verändert?
– Was hat euch bei der Arbeit Spaß gemacht?
– Wo sind Probleme aufgetreten?
– Wie konntet ihr sie lösen (oder auch nicht)?
– Welche Ergebnisse kamen in der Öffentlichkeit besonders gut an?
b) Haltet die Ergebnisse eurer Gruppe in einem Plakat fest.

3 a) Präsentiert eure Plakate im Rahmen einer Galerie (siehe Tipp auf Seite 54).
b) Notiert, welche Gemeinsamkeiten sich auf den verschiedenen Plakaten finden lassen.
c) Sprecht gemeinsam über eure Erfahrungen.
d) Entwerft für das nächste Projekt ein Tipp-Plakat:
Was machen wir wieder so?
Was machen wir anders?

Gruppe D: Projektauswertung

☺ Was lief gut?	☹ Was lief schlecht?
– Projekt hat Spaß gemacht! – Unser „Ratgeber für Computerspiele" ist vergriffen. – Materialbeschaffung war problemlos. – …	– Unsere Gruppenarbeit stand unter großem Zeitdruck. – Die Arbeit von Mehmet musste wegen seiner Krankheit von den anderen übernommen werden. – Die Terminabsprachen wurden nicht immer eingehalten.

4 Jeder von euch hat während des Projekts Erfahrungen gesammelt. Der folgende Auswertungsbogen (Copy 2) hilft euch diese Erfahrungen einzuschätzen. Füllt ihn jeder für sich aus. Es bleibt jedem selbst überlassen, ob er mit anderen über seine Einschätzungen sprechen möchte.

Beurteilung der Projektarbeit

	überhaupt nicht		stimmt		vollkommen
Ich					
… habe mich in der Gruppe wohl gefühlt.	○	○	○	○	○
… fühlte mich beachtet und ernst genommen.	○	○	○	○	○
… habe gut und interessiert mitgearbeitet.	○	○	○	○	○
… habe während der Gruppenarbeit viel gelernt.	○	○	○	○	○
… bin mit unserem Arbeitsergebnis sehr zufrieden.	○	○	○	○	○

Selbstständig Informationen suchen

Wie finde ich Informationen?

A   Welche Wirkstoffe enthält Tabak?

B   Warum ist Rauchen so gefährlich?

C   Welche Krankheiten können durch das Rauchen hervorgerufen werden?

D   Wer hat die Zigaretten „erfunden"?

E   Wie kann man Rauchern aus ihrer Sucht helfen?

F   Warum husten Zigarettenraucher so häufig?

Rauchen
Gesundheitsschädigender Konsum von ↑ Tabakprodukten oder Rauschmitteln durch Einatmen von Rauch, der bei der Verbrennung in Pfeifen und länglichen Papierhülsen (↑ Zigaretten) oder von zusammengedrehten Tabakblättern (↑ Zigarren) entsteht. Unter den 4 000 im Rauch nachgewiesenen Substanzen sind viele giftig und ↑ Krebs erregend. R. ist veranwortl. für 30 % aller Todesfälle durch Krebs. Die Schädlichkeit von Passiv-R. (unfreiwilliges Einatmen von Rauch) ist ebenfalls gesichert. Ursache der Verbreitung des R. ist die Abhängigkeit von ↑ Nikotin, die sich bei 40 % der Raucher entwickelt.

1 Die Fragen oben könnten sich bei der Vorbereitung zu einem Referat über das Rauchen ergeben. Welche Informationsquellen würdet ihr heranziehen, um die Fragen zu beantworten? Begründet eure Entscheidung.

2 a) Wie findet man Informationen im Lexikon? Lest dazu den Tipp.
b) Überlegt in Partnerarbeit, welche Wörter in den Fragen A bis D auf ein Stichwort hinweisen?
c) Überprüft eure Vermutungen mithilfe eines Lexikons.

3 Welches Wort gibt euch in den Fragen E und F einen Anhaltspunkt? Schlagt in einem Lexikon nach oder gebraucht ein CD-ROM-Lexikon.

4 a) Lest den Lexikontext oben rechts. Welche Querverweise enthält er?
b) Welche der angegebenen Stichwörter würdet ihr nachlesen, um vielleicht Informationen zu den Fragen E und F zu bekommen?
c) Schlagt in eurem Lexikon das Stichwort *Rauchen* auf und überprüft die Querverweise.

TIPP

So sucht man Informationen im Lexikon:
Meistens liegt deiner Informationssuche eine Frage zugrunde.
Dazu musst du im Lexikon ein passendes Stichwort finden.
Gehe bei deiner Suche so vor:
1. Prüfe, ob die Frage Wörter enthält, die Stichwörter im Wörterbuch sein könnten. *Inwieweit schädigt der Zigarettenkonsum unsere Lunge?*
2. Schlage die betreffenden Stichwörter nach. Lies die Texte und prüfe, ob sie für deine Frage Informationen enthalten.
3. Häufig findet man in einem Text Querverweise auf andere Stichwörter. Prüfe, ob diese Querverweise für deine Frage wichtig sind, und schlage unter dem angegebenen Stichwort nach.

Selbstständig Informationen suchen

Was Lexika (nicht) leisten

1 Der Lexikontext zum Stichwort *Rauchen* enthält Querverweise auf *Nikotin* und *Tabak*.
a) Lest die beiden Texte rechts.
Schlagt die Fremdwörter im Wörterbuch nach.
b) Welche Hinweise auf Informationen für die Fragen E und F (Seite 38) enthalten sie?
c) Überprüft auch die euch vorliegenden Lexika, ob ihr unter den beiden Stichwörtern Informationen zu den Fragen E und F findet.

2 Überlegt, warum Lexika für die Fragen E und F nur wenige Informationen liefern.

INFO

Wann verwendet man Lexika?
Ein Lexikon gibt einen Überblick und enthält die wichtigsten Informationen zu einem Fachgebiet. Je dicker ein Lexikon ist, umso ausführlicher und umfassender ist es.
Dennoch ist ein Lexikon kein Fachbuch.
Man wird daher für ganz spezielle Fragen nur wenige oder keine Informationen finden.
Das gilt auch für Lexika auf CD-ROM.
Da Lexika nur das Wissen enthalten, das zum Zeitpunkt des Entstehens bekannt war, sind auch ganz aktuelle Informationen nicht zu finden. Für Lexika auf CD-ROM werden allerdings über das Internet aktuelle Informationen angeboten.

Nikotin
In der Tabakpflanze enthaltenes ↑ Alkaloid. N. wird beim Rauchen oder Verschlucken aufgenommen und mit einer ↑ Halbwertszeit von 2 Stunden abgebaut; wirkt an vegetativen Nervenganglien zunächst erregend, dann lähmend. Bei wiederholter Zufuhr tritt Gewöhnung ein. Anwendung auch zur Schädlingsbekämpfung. Akute N.-Vergiftung: u. a. Blässe, Schwindel, Kopfschmerzen, Durchfall, Herz-Kreislauf-Versagen, Delirien, Krämpfe, Atemlähmung, Koma. 50–60 mg sind bei rascher Aufnahme tödlich. Chron. N.-Vergiftung: ↑ Rauchen.

Tabak
Südamer., bis 2 m hohes ↑ Nachtschattengewächs (nicotana tabacum); trichterförmige, fleischrote Blüten und stiellose, breit-langzettl. Blätter.
GESCHICHTE: Zur Herstellung von ↑ Zigarren bauten südamer. Indios bereits in der Frühzeit T. an; um 1560 Einführung in Europa.
KULTUR: Zwei Drittel der T.-Ernte (ca. 7,8 Mio. t) wird in trop., ein Drittel in subtrop. Ländern und in gemäßigten Breiten produziert. Hauptproduzenten von Roh-T. sind China, die USA und Brasilien, wobei die USA sowohl bedeutenster Ex- wie Importeur sind. Pflücken der T.-Blätter in der Gelbreife; nach Lufttrocknen Fermentation in Ballen oder Fässern, dabei Bildung der Aroma- und braunen Farbstoffe.
INHALTSSTOFFE: Trockene T.-Blätter enthalten ca. 0,5–5 % nervenreizendes, in großer Dosis giftiges ↑ Nikotin; größere Gefährdung beim T.-Rauchen durch Krebs erregende Kondensate (z. B. ↑ Teer).
VERWENDUNG: Als Schnitt-T. für ↑ Zigaretten, Zigarren, Pfeifen; durch Aromazusätze als Kaumasse zubereitet. ↑ Rauchen.

Selbstständig Informationen suchen

Erfolgreich im Internet suchen

1
a) Warum könnten Suchmaschinen im Internet für die Fragestellungen E und F (Seite 38) hilfreich sein? Lest dazu die Info.
b) Welche Probleme können sich jedoch ergeben?

2
a) Prüft, welche Suchbegriffe für die Fragen E und F geeignet sein könnten? Berücksichtigt auch Fachbegriffe, auf die ihr schon durch die Lexikonsuche aufmerksam geworden seid.
b) Erprobt selbst am Computer, welche Suchergebnisse ihr mit euren Suchbegriffen erzielt. Lest dazu den Tipp.

3 Es hängt von den eingegebenen Suchbegriffen ab, welche Dokumente von der Suchmaschine angeboten werden.
a) Schaut euch auf Seite 41 die Abbildung oben an. Warum erscheinen aufgrund der Suchbegriffe auch ganz irreführende Hinweise?
b) Vergleicht auf Seite 41 die Suchergebnislisten in den beiden Abbildungen. Welche Unterschiede stellt ihr fest?
c) Welche Titel würdet ihr für die Fragestellung E auswählen? Begründet eure Entscheidung.
d) Sucht auch Informationen im Internet zur Frage F.

INFO

Was machen Suchmaschinen?
Im Internet stehen euch mehrere Suchmaschinen zur Verfügung. Einen Überblick gibt euch die Internetseite *www.suchfibel.de*. Die meisten Maschinen erfassen alle wichtigen Begriffe eines im Internet stehenden Textes und sortieren Texte danach, wie häufig bestimmte Begriffe verwendet werden. Gibt man in diese Suchmaschinen z. B. den Begriff *Raucher* ein, werden alle Texte aufgeführt, in denen dieser Begriff auftaucht. Texte, in denen der Begriff sehr häufig vorkommt, werden als erste vorgeschlagen.
Gibt man nicht nur einen, sondern mehrere Suchbegriffe ein, dann schränkt sich die Auswahl der Texte immer mehr ein.
Häufig erscheinen die Suchergebnisse in folgender Form:
1. Kurztitel des Internetdokuments
2. Kurzbeschreibung oder Textstellen mit den gesuchten Begriffen
3. Zusätzliche Informationen (Dateigröße, Autor, ...)

Per Klick mit der Maustaste auf den Titel oder auf die Adresse lässt sich das Dokument direkt laden.
Inwieweit die Informationen auf einer Internetseite stimmen, lässt sich nur anhand weiterer Informationsquellen überprüfen.

TIPP

So sucht man im Internet:
Um die Anzahl der Suchergebnisse gering und überschaubar zu halten, ist es sinnvoll, die Internetsuche einzugrenzen. Dazu werden zwei oder mehrere Suchbegriffe miteinander verknüpft. Je nach Suchmaschine kann dies unterschiedlich erfolgen:
– Raucher Sucht
– Raucher AND Sucht
– + Raucher + Sucht

Selbstständig Informationen suchen

Das Web wurde nach **Raucher Sucht** durchsucht. (5610 Treffer)

Raucher 46 sucht
… **Raucher** 46 sucht. … Kommentar. Er, jugendl. Typ 46, **Raucher**, **sucht** nette Sie mit Schwächen für Natur, Musik und Humor. Ruf an!
www.startpower.de/bimau/disc8/0000003.htm-3k

Er sucht Sie
… Knuddelbärchen, 35/180 XXL, **Raucher sucht** eine ehrliche, treue und humorvolle Partnerin (gern mit Kind), mit abgeschlossener Familienplanung, zum Leben …
www.kuddeldaddeldu.de-27k

Sucht
… speziellen Geschäften oder sogar Apotheken könnte dazu beitragen, dass sich **Raucher** ihrer **Sucht** bewusster würden, weil sie Zigaretten nicht mehr so nebenbei …
www.presse.de/Blauer_Dunst/sucht.htm-7k

Gesundheit: Druck auf Raucher wächst -Wissenschaft- …
… Vorgehen gegen Nikotin und verlangt Steuergelder vom Staat, um **Raucher** von ihrer **Sucht** abzubringen. Danach soll der staatliche Gesundheitsdienst die Rechnungen …
www.wissenschaft.de./sucht.htm-31k

Aktuelle News zum Thema: Sucht und Drogen
 … Studie: Kaffee gut für **Raucher.** Spanische Wissenschaftler haben in einer Untersuchung … Zurückliegende Nachrichten zum Thema **Sucht** und Drogen …
www.News.de/sucht_und_drogen/-15k

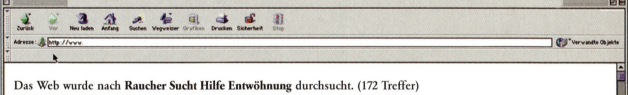

Das Web wurde nach **Raucher Sucht Hilfe Entwöhnung** durchsucht. (172 Treffer)

Psychologisch und heilkundlich betreute Raucher-Entwöhnung
 … Betreuung. Wie bei jeder **Sucht** entstehen beim **Raucher**, der sich vom … werden. Eine besondere **Hilfe** kann der aus … um die Nikotin-**Entwöhnung** für **Raucher** zu …
www.entwoehnung.de-13k

Entwöhnung
…brauchen erst mal **Hilfe** und Unterstützung … welchen Methoden Ex-**Raucher** von ihrer **Sucht** loskamen: Pflaster … kann deshalb die **Entwöhnung** gefährden. Erholung, …
www.rauchen.de-3k

INR-ONLINE-bietet Aufklärung und Hilfe bei der …
… die Bekämpfung der **Sucht** ist die Ausprägung … ersten Wochen der Entwöhnung meide Feiern oder …
einschließlich Alkohol! …),
wenn Raucher anwesend sind. Sog. …
www.inhalt-intra-10tips.de-10k

Sucht: Jeder Mensch kann süchtig werden
… wenn sie um **Hilfe** bitten oder die … aufrechterhalten möchte. Ehemalige **Raucher** wissen, dass die Entwöhnung vom Nikotin …
ist die **Sucht** allerdings stärker …
www.thema04-2.de-18k

RegioMed Dachau Redaktion: Raucher-Info
… steinigen Weg der Entwöhnung geben zu können … Fleisch: Mithilfe von hochdosierten Nikotinpflastern schaffen **Raucher** den Abschied von der **Sucht** leichter. Dies …
www.themen.de/3rauchen-9.htm-5k

Informationen aus Texten entnehmen

Texte erschließen

1 a) Betrachte die Bilder auf der nächsten Seite und lies die Überschrift des Textes.
b) Was vermutest du über den Inhalt des Textes?
c) Erzähle, was du schon zu diesem Thema weißt.

2 Lies den Text auf der rechten Seite „mit dem Bleistift". Benutze dafür eine Folie oder Copy 3. Lies zuvor Schritt 1 im Tipp.

3 a) Kläre die unbekannten Begriffe. Lies dazu Schritt 2 im Tipp.
b) Was bedeutet *regenerativ* (Zeile 7)? Erkläre die Bedeutung aus dem Textzusammenhang.
c) Kläre mithilfe des Wörterbuches den Begriff *fossil* (Zeile 15).

TIPP
So erschließt du in vier Schritten einen Text: 1. Schritt: Unbekannte Begriffe unterstreichen
Lies den Text in Ruhe durch. Unterstreiche unbekannte Wörter mit einer Wellenlinie. Kennzeichne unverständliche Textstellen am Rand mit einem Fragezeichen.
2. Schritt: Unbekannte Begriffe klären
Erkläre die Bedeutung unbekannter Wörter aus dem Textzusammenhang. Wenn das nicht möglich ist, schlage im Wörterbuch oder Lexikon nach.
3. Schritt: Schlüsselwörter unterstreichen
Hebe Schlüsselwörter farbig im Text hervor. Dies sind Wörter, die die wichtigsten Inhalte eines Abschnitts bezeichnen. Unterstreiche zusätzlich Wörter oder Satzteile, die das Schlüsselwort näher erklären.
4. Schritt: Text zusammenfassen
Fasse mithilfe der Schlüsselwörter und den Unterstreichungen den gesamten Text zusammen.

4 a) Im nächsten Schritt unterstreichst du die Schlüsselwörter. Lies dazu Schritt 3 im Tipp.
b) Erkläre die Unterstreichungen auf Seite 43:
– Welches ist das Schlüsselwort?
– Warum wurden die anderen Stellen unterstrichen?
c) Im ersten Absatz ist von zwei Energiequellen die Rede. Suche das zweite Schlüsselwort und unterstreiche es.
d) Was hast du unterstrichen?

A Umwelt
B Energieerzeugung
C fossile Energiequellen

5 a) Welche Stellen erklären das zweite Schlüsselwort genauer? Unterstreiche diese.
b) Welche Stellen hast du unterstrichen?

A erzeugen mollige Wärme (Z.6)
B Kohle, Gas, Erdöl (Z. 14)
C Abfälle und Mist (Z. 12/13)
D daher umweltschädlich sind (Z.20)
E wachsen nicht nach (Z. 16/17)

c) Sprecht darüber, welche Unterstreichung oben zum Verständnis des Schlüsselwortes unwichtig ist.

6 Welche Teilüberschrift passt zum 1. Absatz?

A Die Verwendung von regenerativen Energiequellen
B Der Unterschied zwischen regenerativen und fossilen Energiequellen
C Regenerative und fossile Energiequellen auf der Erde

7 Erschließe auch die folgenden Absätze auf die gleiche Weise.

Energie kennt viele Quellen

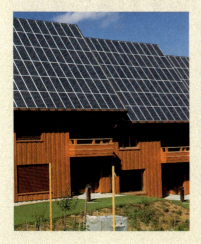

Schon vor der Verwendung von Kohle und Erdöl nutzten die Menschen die Energie von Wasser, Wind, Sonne und Holz: Mit Segelschiffen wurde die ganze Welt bereist, mit Holzfeuern wurden Unmengen von Mittagessen gekocht, mit Kaminen und Öfen wurde mollige Wärme erzeugt. Heute nennt man diese Energiequellen regenerative oder erneuerbare Energien. Sie werden von der Natur immer wieder angeboten. Sonne, Wind, Wasser und Erdwärme sind meistens verfügbar. Holz, Stroh oder Raps, auch Biomasse genannt, wachsen immer wieder nach. Auch Abfälle und Mist gehören zur Biomasse. Diese belasten die Umwelt kaum. Kohle, Gas und Erdöl gehören zu den so genannten fossilen Energiequellen. Sie entstanden im Laufe von Jahrmillionen und wachsen nicht nach. Bei der Verbrennung von Kohle und Öl werden viele Schadstoffe erzeugt, die erheblich zur Erwärmung der Erdatmosphäre beitragen, und daher umweltschädlich sind.

Die Energie der Sonne, die Solarenergie, kann man auf verschiedene Arten nutzen. So sieht man auf den Dächern häufig Sonnenkollektoren. Sie sammeln – daher das Wort „Kollektor" – die Strahlen der Sonne, um deren Energie für die Warmwasserbereitung oder Heizung zu nutzen. Manchmal sind die Platten auf den Dächern aber auch Photovoltaikzellen. Diese können die Sonnenstrahlen direkt in elektrischen Strom umwandeln. Die Ausnutzung der Windenergie durch Windkraftanlagen hat in den letzten Jahren stark zugenommen. Die Kraft des Windes treibt die Generatoren an, welche die Energie in Strom umsetzen. Durch die technische Weiterentwicklung werden die Windkraftanlagen immer größer und leistungsfähiger. Insbesondere in Gegenden, in denen häufig eine kräftige Brise weht, tragen sie schon in erheblichem Maße zur Stromerzeugung bei. An der Küste sind große „Offshore-Parks" geplant, also eine Kette von Windkraftanlagen, die im Meer stehen.

Neben dem Wind ist das Wasser eine der ältesten und stärksten Energiequellen der Erde. Früher wurden mit Wasserrädern Pumpen und Mühlen bewegt, heute werden durch das Wasser große Generatoren angetrieben, die Strom erzeugen. In Deutschland werden knapp 90 % des Wasserkraftstroms in Bayern und Baden-Württemberg erzeugt. Der meiste aus Wasserkraft gewonnene Strom wird in Laufwasserkraftwerken durch Fließwasser erzeugt. Bei Speicherkraftwerken wird zufließendes Wasser durch Dämme angestaut, der Ablauf wird je nach Strombedarf geregelt. Pumpspeicherkraftwerke pumpen das Wasser in Zeiten von wenig Strombedarf bergauf in ein höher gelegenes Speicherbecken. Bei hohem Strombedarf lässt man das Wasser aus diesem Becken in die Generatoren des Kraftwerks abfließen.

Informationen aus Texten entnehmen

Texte auswerten

1 Es gibt unterschiedliche Möglichkeiten, Informationen zusammenzufassen. Lies dazu den Tipp.

2 a) Übertrage das Pfeildiagramm in dein Heft und setze es zusammen mit einem Partner fort. Verwende dazu deine Schlüsselwörter und Unterstreichungen.

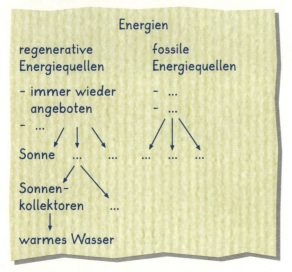

b) Gebt mit eigenen Worten abwechselnd den Inhalt des Textes wieder. Nehmt dazu das Pfeildiagramm zu Hilfe: *Es gibt zwei Arten von Energiequellen ...*

3 Du kannst auch eine Tabelle erstellen. Beginne so:

Energiequellen	
Erneuerbare Energiequellen: – werden immer wieder angeboten – belasten ... –	Fossile Energiequellen: – ... – ...
1. Sonne: – Sonnenkollektoren warmes Wasser – ... 2. ...	1. ...

4 Ein Text lässt sich auch in einem Merkeintrag zusammenfassen. Setze den Merkeintrag fort.

> Es gibt zwei Arten von Energiequellen: regenerative und fossile Energiequellen. Zu den regenerativen Energiequellen gehören Sonne, Wind, Wasser, Erdwärme und Biomasse ...

5 a) Macht einen Rückblick. Was habt ihr Neues erfahren? Sprecht darüber.

b) Wenn ihr noch mehr über *Solarenergie*, *Windkraftanlagen* oder *Wasserkraftwerke* erfahren wollt, dann gebt diese Begriffe in eine Suchmaschine im Internet ein. Lest dazu den Tipp auf Seite 40.

TIPP

So kannst du die wichtigsten Informationen der Texte zusammenfassen:
1. **Pfeildiagramm:** Schreibe die wichtigsten Begriffe heraus und ordne sie durch Pfeile zu.
2. **Tabelle:** Ordne die wichtigsten Begriffe in Themengruppen ein und stelle sie gegenüber.
3. **Merktext:** Gib den Text mit eigenen Worten wieder. Verwende dazu die Schlüsselwörter.

Begriffe nachschlagen

Bedeutungen im Wörterbuch nachschlagen

Sie werden von der Optik unseres neuesten Modells begeistert sein.

Op|tik, die; -, -en *Plur. selten* ⟨griech.⟩ (Lehre vom Licht; Linsensystem eines opt. Gerätes; optischer Eindruck, optische Wirkung); **Op|ti|ker** (Hersteller od. Verkäufer von Brillen u. optischen Geräten); **Op|ti|ke|rin**

1 a) Wie ist in dem Satz oben das Wort *Optik* zu verstehen?
b) Das Wörterbuch erklärt dir die Bedeutung von Fremdwörtern. Lies dazu den oben stehenden Wörterbuchauszug.
c) Überprüfe durch Einsetzen, welche Bedeutung in dem Beispiel oben zutrifft.

Mit unserem neuen Programm bestimmen Sie, wie detailliert Sie informiert sein wollen.

2 Zu dem Wort *detailliert* gibt es im Wörterbuch keine eigene Erklärung.
a) Wo findest du aber ein Wort aus der gleichen Wortfamilie?
b) Kannst du davon die Bedeutung ableiten?
c) Übersetze den Werbetext.

3 a) Ermittle mithilfe des Wörterbuches in gleicher Weise die Bedeutung der unterstrichenen Wörter. Achtung: Bei Zusammensetzungen oder abgeleiteten Wörtern musst du unter dem Grundwort nachschlagen.
b) Schreibe die Sätze auf, indem du die Fremdwörter umschreibst.

1. Die Trainingsbedingungen der Sportler konnten <u>optimiert</u> werden.
2. In der fünfzehnten Runde <u>resignierte</u> Schumacher und schied aus dem Rennen aus.
3. Seine Auskunft stimmte uns <u>pessimistisch</u>.
4. Für das Fest müssen wir einiges <u>improvisieren</u>.
5. Das <u>preisaggressive</u> Verhalten der Discount-Läden macht vielen Einzelhändlern zu schaffen.
6. Sandra mischte ein Getränk mit einer <u>undefinierbaren</u> Farbe.

De|tail [de'tai̯, *auch* de'ta:j], das; -s, -s ⟨franz.⟩ (Einzelheit, Einzelteil); *vgl.* en détail; **De|tail|fra|ge; de|tail|ge|treu; De|tail|han|del** ⟨*zu* ¹Handel⟩ (*schweiz., sonst veraltet für* Einzelhandel); **De|tail|kennt|nis; de|tail|lie|ren** [deta'ji:...] (im Einzelnen darlegen); **de|tail|liert; De|tail|list** [detai̯'list, *auch* ...'ji̯st],

Informationen aus Schaubildern entnehmen

Jungen – Mädchen: (k)ein Unterschied?

Mädchenhobbys, Jungenhobbys

Bei Mädchen wie bei Jungen steht ganz weit vorn bei den Freizeitaktivitäten, sich mit Leuten zu treffen.

Ansonsten gibt es reichlich Unterschiede zwischen den Geschlechtern. Computerspiele und das Surfen im Internet ist anscheinend „Männersache". Mädchen lesen dagegen eher Bücher, gehen shoppen und unternehmen etwas mit der Familie. Unterschiede gibt es auch zwischen den Altersstufen. Kids zwischen zwölf und vierzehn Jahren sehen häufig fern, spielen viel am Computer oder hängen nur einfach herum. Ältere Jugendliche treffen sich öfter mit Freunden, gehen aus und sind häufiger im Internet.

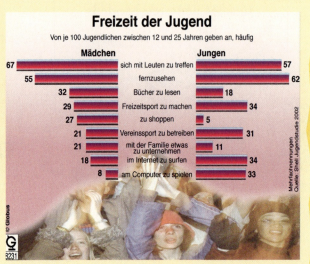

1 a) Betrachte das Schaubild und erkläre in einem Satz, um was es darin geht. Lies den Tipp.
b) Was bedeuten die Zahlen am Balkenende?
c) Welche Arten von Freizeitbeschäftigung werden in der Grafik genannt?

2 a) Beantworte mithilfe des Schaubildes folgende Fragen:
1. Was machen Jungen in ihrer Freizeit am liebsten?
2. Was machen Jungen offenbar nicht gern?
3. Wer liest mehr: Mädchen oder Jungen?
b) Formuliere selbst Fragen.
Dein Nachbar soll sie beantworten.

3 a) Lies den Text zum Schaubild.
b) Zu welchen Aussagen im Text findest du Zahlen im Schaubild?
c) Welche Informationen im Text kann man nicht aus dem Schaubild herauslesen?

4 Wie kommt es, dass in manchen Bereichen das Freizeitverhalten von Mädchen und Jungen so verschieden ist? Sprecht darüber.

5 Für welches Referatsthema eignen sich der Text und die Abbildung? Bewerte für jedes Thema:
1 = gut   2 = bedingt geeignet
3 = nicht geeignet

A Lesen macht Spaß
B Wie verbringen Jugendliche ihre Freizeit?
C Jungen sind anders
D Mein Hobby: Angeln
E Fernsehverhalten von Jugendlichen

TIPP

Schaubilder verstehen
1. Lies den Titel und den Untertitel. Sie erklären, um was es geht.
2. Verschaffe dir einen Überblick über alles, was dargestellt ist.
3. Zahlenangaben werden in der Regel durch Flächen oder Balken verdeutlicht. Man sieht auf einen Blick, was „größer oder kleiner" ist. Häufig erläutert ein Text das Schaubild.

Informationen mündlich präsentieren

Mit dem Körper sprechen

1 a) Betrachtet die beiden Vortragenden rechts. Wie wirken sie auf euch?
b) Ordnet folgende Begriffe den Bildern zu:

> freundlich – unfreundlich
> interessiert – uninteressiert
> offen – verschlossen
> sicher – unsicher

c) Begründet eure Einschätzungen. Verwendet dazu die Begriffe Körperhaltung, Mimik und Gestik. Lest dazu den ersten Abschnitt im Tipp.

2 a) Erprobt zu zweit unterschiedliche Körperhaltungen: Einer stellt dar, der andere berät und kritisiert. Dann wechselt ihr die Rollen. Drückt folgende Stimmungen durch die entsprechende Körpersprache aus:

> 1. Stell dich mutig und zuversichtlich hin: Dir geht es guuuuuuut!
> 2. Zeige dich angeberisch, überheblich: Du bist der Gröööööößte!
> 3. Stell dich ängstlich und schüchtern hin: Dir geht es schleeeeeecht!

b) Stellt eine dieser Stimmungen in der Klasse vor. Die anderen erraten sie und erklären, woran sie diese erkannt haben.

3 a) Wie sollte man beim Referat auftreten?
b) Erprobt eure Vorstellungen. Tragt dazu den kleinen Wetterbericht vor. Befolgt die Hinweise im Tipp.
c) Überprüft eure Körperhaltung mit einer Video-Aufzeichnung.

> Noch bleibt es in Bayern frühlingshaft mild. Es wird im Norden bewölkt sein und hier ist auch Regen möglich. Am Alpenrand ist es sonnig, die Temperaturen liegen bei 16 bis 18 Grad.

TIPP

Auf die Körpersprache achten
Ein inhaltlich guter Vortrag kann scheitern, wenn deine Körpersprache ihn nicht unterstützt. Dazu gehören:
– die Körperhaltung,
– die Mimik (Gesichtsausdruck),
– die Gestik (Bewegung mit den Händen).
Der Ausdruck deines Körpers bestimmt den Eindruck, den du auf andere machst. Befolge bei Referaten folgende Hinweise:

1. Bereite dich gut auf den Vortrag vor (siehe Seite 66–73). Du bist dann der Experte. Dieses Gefühl verschafft dir Sicherheit.
2. Bevor du sprichst, atme erst tief aus, dann tief ein. Durch diese Atemkontrolle am Anfang sicherst du dir eine lockere Körperhaltung.
3. Stehe gerade, die Beine leicht auseinander, das strahlt Selbstbewusstsein aus.
4. Bewege dich sparsam, bleib aber nicht wie „festgenagelt" stehen.
5. Nimm während des Vortrags Augenkontakt mit den Zuschauern auf: Dadurch fühlen sie sich angesprochen.

Informationen mündlich präsentieren

Gestik und Mimik einsetzen

Mein Freund
Ich habe einen Freund, der ist so groß wie ein Baum, mit Schultern so breit wie ein Kleiderschrank. Er baut begeistert Flugzeugmodelle, kleine, mittlere und große. Am Sonntag nimmt er
5 seine Kinder bei der Hand, die Modelle unter den Arm und geht hinaus vor die Stadt. Dort lässt er die Flugzeuge steigen.
Die kleinen heben leicht vom Boden ab, machen ein paar Hüpfer und setzen wieder auf. Die mittleren steigen schräg hoch, wenden ein 10 paar Mal und gleiten elegant zur Erde zurück. Die großen steigen steil hoch, kreisen in der Luft, rasen im Sturzflug zu Boden, wo sie zerschellen. Das ist bitter, sehr bitter.
Aber mein Freund macht sich nichts daraus. 15 Er sammelt die Trümmer wieder auf, nimmt seine Kinder an die Hand und geht nach Hause. Dort baut er noch viel schönere Flugzeugmodelle.

1 a) Bereitet in Partnerarbeit den Text zum Vorlesen vor. Dabei soll einer von euch den Vortrag gestisch begleiten. Lest dazu die Info.
b) Lest nur die ersten beiden Zeilen des Textes. Zeigt dabei mit den Händen, wie groß der Baum und wie breit die Schultern des Freundes sind.
c) Untermalt nun den ganzen Vortrag mit Gesten.
d) Vergleicht eure Vorträge:
– Welche Textstellen lassen sich gestisch gut unterstützen?
– Welche Gesten wirken übertrieben?
– Welche sind angemessen?

2 a) Überlegt in Partnerarbeit, wie man den Textvortrag auch durch den Gesichtsausdruck so unterstützen kann, dass der Zuhörer ganz gespannt ist, wie es weitergeht. Konzentriert euch zunächst auf die ersten beiden Sätze.
b) Wie sprecht ihr die folgende Stelle
„Das ist bitter, sehr bitter." (Zeile 14)?
Unterstützt diese Stelle mit der Mimik.

3 Ihr kennt jetzt den Inhalt des Textes. Tragt ihn frei mit eigenen Worten vor. Unterstützt euren Vortrag durch Gestik und Mimik.

4 a) Seht euch im Fernsehen Sportreporter, Sprecher von Wetterberichten oder Homeshopping-Verkäufer an. Beobachtet ihre Mimik und Gestik.
b) Probiert selbst „Homeshopping" aus:
Tragt den Text mit passender Mimik und Gestik überzeugend vor.

Für die Freunde des Hausputzes: Der neue Giga-Staubsauger DUSTY XT von Cleans-weep: ein großes Stück Hightech zum ganz kleinen Preis von 992 Euro! Exklusiv bei uns! Noch ganze 342 Stück haben wir vorrätig, beeilen Sie sich! Bestellen Sie jetzt – jetzt gleich! Ran ans Telefon! Schon übermorgen saugt der kleine Powerzwerg ihre Zuhause blitzsauber, ganz von selbst.

INFO

Gestik und Mimik
Mit **Gestik** bezeichnet man Gebärden durch Hand-, Arm- und Kopfbewegungen. Gesten unterstreichen das Gesagte und machen dadurch Vorträge lebendig.
Mimik nennt man das Mienenspiel, durch das der Sprecher seine Empfindungen zum Gesagten wiedergeben kann (z.B. Betroffenheit, Freude, Distanz, Zweifel, Ernst, Überraschung).

Informationen mündlich präsentieren

Die Stimme „aufwärmen"

1 „Profi"-Sprecher, z.B. im Fernsehen, wärmen ihre Stimmwerkzeuge wie Sportler ihre Muskeln auf. Probiere die folgenden Lockerungsübungen aus:

A Gähne herzhaft und mache danach mahlende, kauende Bewegungen mit deinen Kiefern.
B Mache mit der Stimme ein Motorrad nach: Es nähert sich von weit her mit Hochgeschwindigkeit, rast an dir vorbei und legt eine Vollbremsung hin. Dann fährt es mit quietschenden Reifen an, beschleunigt durch alle 5 Gänge und entfernt sich am Horizont.
C Summe mit allen Vokalen:
monomonom, mumumumu, mimimimi …

2 a) Auch Zungenbrecher eignen sich zum Aufwärmen. Sprich sie erst langsam und dann immer schneller.
1. Der Kottbusser Postkutscher putzt den Kottbusser Postkutschkasten.
2. Brautkleid bleibt Brautkleid und Blaukraut bleibt Blaukraut.
3. Zwischen zwei Zweigen zwitschern zwei Schwalben.

b) Lies einen Zungenbrecher
– ernst und würdig wie ein Pfarrer oder
– mit hoher Stimme wie eine „Lady" oder
– mit Dialekt wie ein Marktweib.

3 Bereite den Text rechts zum Vortragen vor.
a) Übe, ihn laut und deutlich zu sprechen: Besorge dir dazu einen sauberen Tischtennisball. Stecke ihn in den Mund und sprich den Text, indem du Mund und Lippen deutlich öffnest.
b) Sprich den Text ohne Ball langsam und deutlich.
c) Welche Wörter willst du betonen? Unterstreiche sie auf einer Folie.
d) Nimm deinen Vortrag mit einem Aufnahmegerät (Kassettenrekorder, Diktiergerät …) auf. Überprüfe bei der Wiedergabe: Ist alles gut zu verstehen?

Berserker
Ich möchte euch die Redewendung „er kämpft wie ein Berserker" erklären.
Als Berserker bezeichnete man in grauer Vorzeit fürchterliche Kämpfer aus den nördlichen Teilen des heutigen Europas. Sie waren berüchtigt für ihre Kraft und Grausamkeit. Von ihnen erzählte man sich, dass sie einen Kampf immer auf Leben und Tod führten.
Nur wenige wissen, dass die Berserker kein eigenes Volk waren. Der Name kommt ganz einfach von dem nordischen Wort „Ber" und „serk", was Bär und Hemd bedeutet.
Es waren also Krieger, die in Bärenkleidung steckten. Manchmal dienten ihnen die mit Fell überzogenen Schädelknochen als Helme. Und so dürften diese wilden Gesellen allerdings Furcht erregend ausgesehen haben, wie riesige Bären eben.

TIPP
So bereitest du den Sprechvortrag vor:
1. Wärme vor dem Vortrag deine Stimme auf. Der Ton deiner Stimme ist dann klangvoll und fest.
2. Kontrolliere deine Körperhaltung vor dem Vortrag: Sie soll gerade, aufrecht und nicht verspannt sein. So verbessert sich deine Tonfülle.
3. Sprich langsam und deutlich.
4. Betone wichtige Wörter.

Gruppentraining

Jeder wird Experte

1 a) Der Text „Hausaufgaben – leicht gemacht" enthält eine Vielzahl von Informationen. Es wäre sehr aufwendig, wenn jeder von euch alle wichtigen Informationen zusammenfassen müsste. Durch die Arbeit in Stamm- und Expertengruppen könnt ihr diese Aufgabe gemeinsam lösen. Lest die Info.
b) Was geschieht in der Stammgruppe?
c) Wie setzt sich die Expertengruppe zusammen? Seht euch die zweite Abbildung in der Info an.
d) Was macht die Expertengruppe?

2 a) Bildet nach dem Zufallsprinzip Stammgruppen. Dazu nimmt jeder Schüler aus einer Schachtel einen farbigen Zettel. Alle Schüler mit der gleichen Farbe bilden eine Gruppe.
b) In jeder Stammgruppe soll ein Gruppensprecher und ein Zeitwächter bestimmt werden. Lest dazu die Info und sprecht über ihre Aufgaben.

3 a) Jedes Mitglied einer Stammgruppe bekommt den gleichen Text (Copy 4). Jeder liest den Text alleine durch.
b) Klärt in der Gruppe unbekannte Wörter. Verwendet bei Bedarf ein Wörterbuch.
c) Bearbeitet die Arbeitsaufträge unten zu eurem Text. Für die Arbeit in den Stammgruppen habt ihr 45 Minuten Zeit.
d) Warum ist es wichtig, dass jedes Gruppenmitglied sich Notizen macht?

1. In eurem Text wird ein bestimmtes Problem beschrieben. Worum geht es?
2. Welche Erfahrungen habt ihr mit diesem Problem gemacht? Tauscht euch aus.
3. Welche Lösungen werden im Text aufgeführt? Notiert diese.
4. Findet ihr weitere Lösungen für das beschriebene Problem?

TIPP

Stammgruppen – Expertengruppen

1. Zu Beginn arbeitet ihr in einer **Stammgruppe**. Jede Stammgruppe erarbeitet einen anderen Text: Gruppe *Gelb* liest Text A, Gruppe *Blau* liest Text B usw. Jedes Gruppenmitglied wird zum Experten des Textes in seiner Stammgruppe und muss sich daher selbst Notizen machen.

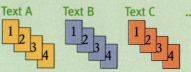

2. Nach der Erarbeitung der Texte wird in jeder Stammgruppe durchgezählt: Vierergruppe = 1–4, Fünfergruppe = 1–5.

3. Jetzt werden die **Expertengruppen** gebildet: Alle „1er" gehen in Gruppe 1, alle „2er" in Gruppe 2 usw. In jeder Expertengruppe befindet sich jetzt ein Experte von jeder Stammgruppe. Die Experten stellen sich gegenseitig den Inhalt ihrer Texte vor.

4. Damit die Stamm- und die Expertengruppen zielgerichtet arbeiten, wird in jeder Gruppe ein **Gruppensprecher** gewählt: Er achtet auf die Gesprächsregeln, erteilt das Wort, fasst ein Zwischenergebnis zusammen usw. Zusätzlich wird ein **Zeitwächter** bestimmt: Er schaut auf die Uhr und gibt der Gruppe Rückmeldung über die noch verbleibende Arbeitszeit. Trotz ihrer Zusatzaufgaben arbeiten der Gruppensprecher und der Zeitwächter in der Gruppe aktiv mit.

Gruppentraining

4 a) Zählt in eurer Stammgruppe die Gruppenmitglieder durch und bildet Expertengruppen.
b) Bestimmt in der Expertengruppe, wer Gruppensprecher und wer Zeitwächter ist.
c) Stellt in der Expertengruppe die Inhalte eurer Texte vor.
d) Fragt nach, wenn euch bei den vorgetragenen Informationen etwas unklar ist.

Hausaufgaben – leicht gemacht

A Zeitplanung/Terminkalender

Bei vielen Schülerinnen und Schülern besteht die Zeitplanung lediglich im Einprägen des Stundenplanes. Termine für Klassenarbeiten versuchen sie sich auf gut Glück zu merken, anstatt sie wie die Hausaufgaben regelmäßig ins Hausaufgabenheft zu schreiben. Sie schieben die Vorbereitung auf die lange Bank oder vergessen sie sogar. Häufig wächst ihnen dann an bestimmten Tagen die Arbeit über den Kopf, weil neben den täglichen Hausaufgaben oft noch andere wichtige Termine oder Arbeiten anstehen.
Um so ein Chaos zu vermeiden, ist eine überlegte Terminplanung nötig. Deshalb solltest du dir einen persönlichen Terminkalender anlegen. Dort kannst du alle wichtigen Schul- und Freizeittermine wie Ausflüge, Klassenarbeiten, Geburtstagspartys, Veranstaltungen im Verein oder Verabredungen eintragen. Jetzt hat du eine gute Übersicht und kannst entscheiden, wie du die anfallenden Arbeiten für die Schule (Hausaufgaben, Vorbereitung auf Klassenarbeiten, Besorgung von Unterrichtsmaterial, Treffen mit der Arbeitsgruppe usw.) am besten auf die einzelnen Wochentage verteilst.

B Arbeitsplatz

Zum Arbeiten brauchst du einen geeigneten Raum oder zumindest eine Arbeitsecke, in der du ungestört bist. Viele Schülerinnen und Schüler lassen während der Hausaufgaben den Fernseher laufen oder hören nebenbei Musik. Sie glauben, dass ihre Arbeit dadurch angenehmer wird. Musikalische Untermalung mag zwar bei eintönigen oder kreativen Arbeiten förderlich sein, bei schwierigen Aufgaben erschwert sie jedoch den ruhigen Ablauf der Gedanken. Sie stört die Konzentration und lenkt ebenso von der Arbeit ab wie herumliegende Comics, Zeitschriften, Gameboys oder Videokassetten. Versuchungen solcher Art kannst du also am besten vermeiden, wenn dein Arbeitsplatz aufgeräumt ist und nur die Sachen bereitliegen, die du auch wirklich brauchst. So kannst du sofort mit der Arbeit beginnen und kommst auch nicht aus dem Arbeitsrhythmus.

C Einteilung/Einstieg

Bevor du mit den Hausaufgaben in den einzelnen Fächern beginnst, solltest du überlegen, welche Aufgaben an diesem Tag zu erledigen sind, und sie in kleine Portionen einteilen. Am besten hältst du diese auf einzelnen Notizzetteln fest und heftest sie an deine Pinnwand. Nach jeder erledigten Aufgabe kannst du einen Zettel abnehmen. Jedes Mal hast du einen Teil deines Pensums geschafft und kannst ein Erfolgserlebnis feiern.

Hast du auch Anlaufschwierigkeiten? Spielst du mit dem Lineal, malst Männchen oder träumst vor dich hin, anstatt mit den Hausaufgaben zu beginnen? Dann solltest du dir den Einstieg erleichtern, indem du z. B. mit einer leichten Aufgabe oder deinem Lieblingsfach beginnst. Oder bist du jemand, der lieber zuerst die anstrengenden oder unangenehmen Aufgaben hinter sich bringt? Dann fange damit an. Egal, welche Arbeitseinteilung du bevorzugst – wichtig ist, dass du Leerlauf und Langeweile vermeidest. Je bunter die Reihenfolge beim Lernen ist, desto besser! Wechsle daher zwischen mündlichen und schriftlichen sowie leichten und schweren Aufgaben ab. Du wirst sehen: So ermüdest du nicht so schnell.

D Pausen/Erholungen

Auch wer konzentriert arbeitet, ertappt sich von Zeit zu Zeit dabei, dass er mit seinen Gedanken irgendwo anders ist. Das ist eine ganz natürliche Reaktion auf dauernde Anspannung. Lege deshalb bewusst Pausen zur Erholung ein, damit dein Gehirn wieder neue Kraft tanken kann. Mehrere kurze Pausen sind effektiver als eine lange. Als Faustregel gilt: Nach jeder halben Stunde intensiven Arbeitens sollte man ca. fünf Minuten lang abschalten, nach etwa eineinhalb Stunden ist eine längere Pause angebracht. Genieße diese Arbeitspausen und belohne dich selbst für die geleistete Arbeit, indem du einer Lieblingsbeschäftigung nachgehst.

Sorge während deiner Pausen auch für genügend Frischluft in deinem Zimmer, sonst wirst du sehr schnell müde. Während der Unterbrechung könntest du etwas essen und trinken, dann kannst du anschließend ohne Unterbrechung weiterarbeiten. Versuche deine Pause so zu legen, dass du danach mit Aufgaben zu einem neuen Fach beginnen kannst.

E Zeitpunkt für die Hausaufgaben

Bei den Hausaufgaben sollte man auch auf regelmäßige Arbeitszeiten achten. Diese haben den Vorteil, dass deine Eltern, Geschwister und Freunde sich im Laufe der Zeit daran gewöhnen und Störungen in diesen Zeiten unterlassen. Außerdem wirst du die Erfahrung machen, dass du nach getaner Arbeit deine Freizeit besser genießen kannst. Wann deine beste Arbeitszeit ist, musst du selbst herausfinden. Allerdings wäre es nicht sinnvoll, sofort nach der Schule oder dem Mittagessen mit den Hausaufgaben zu beginnen. Dafür gibt es drei Gründe:

1. Du musst dich zunächst vom Vormittag erholen.
2. Nach dem Essen wird der Geist träge.
3. Du hast wahrscheinlich – wie die meisten Menschen – am frühen Nachmittag (bis etwa 16 Uhr) ein Leistungstief.

Wenn du trotzdem diese Zeit für Hausaufgaben nutzen musst, dann erledige möglichst nur einfache Tätigkeiten wie Abzeichnen, Abschreiben oder Ausmalen.

Gemeinsam ein Plakat gestalten

Hausaufgaben

Pausen sind wichtig!

Gründe:
1.
2.
3.

Tipps zur Gestaltung deiner Pausen:
-
-

Hausaufgaben – wie fange ich an?

- Arbeitsplatz aufräumen
- Zeit + Pausen einteilen
- Beginne mit deinem Lieblingsfach.
- Auswahl treffen
- Pinnwand Notizzettel

Merke:

1 Trefft euch wieder in eurer Stammgruppe. Gestaltet in der Gruppe zu eurem Text ein Plakat.

a) Überlegt gemeinsam in der Gruppe:
– Welche Informationen sind wichtig? Sammelt dazu Stichwörter.
– Wie lassen sich die Informationen am besten anordnen: untereinander, nebeneinander?
– Wie soll die Überschrift heißen?
– Gibt es Bilder (Karikaturen, selbstgemalte Bilder), die als „Blickfänger" dienen können?

b) Fertigt einen Plakatentwurf auf einem DIN-A3-Blatt an. Betrachtet dazu die Skizzen oben.

c) Gestaltet nun gemeinsam euer Informationsplakat. Berücksichtigt dabei den Tipp.

TIPP

So gestaltest du ein Informationsplakat:
1. Der Betrachter muss durch die Überschrift auf den ersten Blick erkennen, über welchen Inhalt das Plakat informieren will.
2. Ein Informationsplakat sollte nicht zu viel Text haben. Verwende daher Stichwörter und verbinde sie mit Pfeilen.
3. Ein Plakat soll übersichtlich sein. Gliedere daher das Plakat durch Überschrift, Teilüberschriften, Abschnitte, Farben usw.
4. Man muss das Plakat ca. 1-2 Meter entfernt lesen können. Schreibe daher in Druckbuchstaben. Die Schrift sollte mindestens drei Zentimeter groß sein. Zeichne feine Schreiblinien vor, die du später wieder wegradierst.
5. Du kannst auch auf Kartonstreifen schreiben. Fehler lassen sich dann einfach korrigieren.
6. Überlege, wie du durch Zeichen (z. B. !, ?, =, *, →, ←) Wichtiges hervorheben und Informationen aufeinander beziehen kannst.

Gruppentraining

Plakate in einer Galerie präsentieren

1 Hängt das fertige Plakat an einen freien Platz im Klassenzimmer. Ihr habt nun die Möglichkeit, in einer Galerie die anderen Plakate zu betrachten. Lest dazu den Tipp.

2 Nach der Galerie trefft ihr euch wieder an eurem Plakat. Tauscht euch über die anderen Plakate aus:
– Was habt ihr gut verstanden?
– Wo gibt es noch Fragen? Notiert diese.

3 a) Trefft euch in einem Sitzkreis.
b) Betrachtet gemeinsam die Plakate. Stellt zunächst Fragen zum Inhalt:
– Was habt ihr nicht verstanden?
– Was ist missverständlich ausgedrückt?
c) Schaut euch anschließend die Gestaltung an. Gebt den anderen Gruppen Rückmeldungen, was euch besonders gut an den Plakaten gefallen hat. Vielleicht habt ihr auch Tipps, wie ein Plakat verbessert werden kann?

4 a) Formuliert aufgrund eurer Beispiele gemeinsam Merkmale für ein gelungenes Plakat:
– *Schrift kann man noch aus 1-2 Metern gut lesen.*
– *Überschriften sind deutlich lesbar.*
– *...*
b) Entwerft gemeinsam ein Tipp-Plakat mit dem Titel *Tipps zum Gestalten eines Plakates*. Hängt euer Plakat in eurem Klassenzimmer auf. Es hilft euch bei euren nächsten Plakaten.

TIPP

So funktioniert eine Galerie:
Unter einer Galerie versteht man eine Bilderausstellung. In unserem Fall sind es Wandplakate mit den Arbeitsergebnissen der Gruppen.
So geht ihr vor:
1. Jede Gruppe hängt ihr Plakat an einer freien Stelle des Klassenzimmers auf.
2. Ein Gruppenmitglied bleibt beim Plakat und steht für Nachfragen zu Verfügung. Es wird abgelöst, um selbst die anderen Plakate betrachten zu können.
3. Die Klasse geht von Plakat zu Plakat und betrachtet die Arbeitsergebnisse. Jeder macht sich Notizen. Schreibt auch auf, was ihr nicht verstanden habt.

Training: Diskutieren

Regeln können helfen

1 a) Das habt ihr sicherlich schon oft bei Diskussionen erlebt: Immer wenn es große Meinungsunterschiede zu einem Thema gibt, werden wichtige Gesprächsregeln verletzt. Berichtet über eigene Erfahrungen.
b) Wozu führt es, wenn die Gesprächsregeln nicht eingehalten werden?

2 a) Stellt in Partnerarbeit aus dem Puzzle unten Gesprächsregeln zusammen. Zum Ausschneiden und Zusammensetzen gibt es die Vorlage Copy 5.
b) Schreibt die Regeln in euer Heft.

3. Sich gegenseitig aufrufen,

1. Keine Nebengespräche führen,

was vorher gesagt wurde.

denn sie stören die Aufmerksamkeit.

um die Rednerabfolge zu klären.

4. Auch die ruhigen Schülerinnen und Schüler

in die Diskussion einbeziehen.

6. Andere nicht durch abfällige Bemerkungen

2. Auf das eingehen,

5. Deutlich, nicht zu schnell und

7. Andere ausreden lassen und

beleidigen oder verletzen.

ihnen nicht ins Wort fallen.

8. Nur sprechen,

in vollständigen Sätzen sprechen.

10. Nicht abschweifen,

wenn man an der Reihe ist.

sondern beim Thema bleiben.

9. Denjenigen anschauen,

mit dem man spricht.

3 a) Tragt die Regeln in der Klasse vor. Welche haltet ihr für besonders wichtig?
b) Welche Regeln möchtet ihr noch ergänzen?

4 Schreibt die wichtigsten Regeln auf ein Plakat und hängt es im Klassenzimmer auf. Achtet dabei auch auf die Gestaltung.

Sprache kann verletzen

Katrin: Also, ich fand die Party beim Filschner nicht schlecht. Ich hätte es aber gut gefunden, wenn nicht immer wieder die gleiche Musik gespielt worden wäre. Aber so ist der nun mal!
5 Meiner Meinung nach …
Oliver: Jetzt geht das schon wieder los! Das ist typisch Katrin. Immer hat sie was zu meckern. Und in Wirklichkeit: von nichts 'ne Ahnung, aber davon jede Menge.
10 *Katrin:* Aber ich wollte doch bloß sagen, dass …
Simone: Was du wolltest, wissen wir schon lange. Halt am besten deinen Mund!
Julia: Ich finde, dass Katrin das Recht hat zu sagen, was ihr an der Fete nicht gepasst hat.
15 *Niklas:* Fete? Das war doch Kindergartenkram, was da beim Filschner ablief.
Andreas: Ach ja, warum bist du denn so lange geblieben, du Hohlschwätzer?

1 Lest den Text mit verteilten Rollen. Versucht dabei, mit eurer Stimme die jeweilige Redeabsicht zum Ausdruck zu bringen.

2 a) Untersucht das Gespräch genauer: Wodurch sind einige Sätze besonders verletzend?
b) Bei welchen Äußerungen würdet ihr persönlich das Gespräch abbrechen? Nennt die Gründe.
c) Wer verhält sich eurer Meinung nach angemessen? Begründet.

3 Lest die Info. Welche der aufgeführten Punkte werden im Dialog oben jeweils eingehalten, welche nicht?

4 Auch bestimmte Verhaltensweisen (z. B. jemanden nicht ausreden lassen) wirken verletzend. Nennt hierfür Beispiele aus dem Text sowie aus eurem Erfahrungsbereich.

TIPP
So kannst du Verunglimpfungen vermeiden:
1. Vermeide herabsetzende Äußerungen und unsachliche Verallgemeinerungen.
2. Sprich dein Gegenüber nicht mit dem Nachnamen an.
3. Verwende keine bösartigen Spitznamen.
4. Vermeide Schimpfwörter.
5. Lass die Person aussprechen und unterbrich sie nicht.

Training: Diskutieren

Gesprächsregeln	Beispiel	weiteres Beispiel
Keine Nebengespräche führen, denn sie stören die Aufmerksamkeit.	Marion und Peter, könnt ihr bitte euer Gespräch beenden.	Bitte führt euer Gespräch nachher weiter, ich kann sonst der Diskussion nicht folgen.
Auch die ruhigen Schülerinnen und Schüler in die Diskussion einbeziehen.	Möchtest du nicht auch was dazu sagen, Martin? Schließlich geht es doch um …	
Nicht abschweifen, sondern beim Thema bleiben.	Ich glaube, du schweifst vom Thema ab, Katharina. Gegenstand unserer Diskussion war doch …	

5 a) Auf das Einhalten der Gesprächsregeln müsst ihr alle achten.
Wie äußert man Kritik, ohne den anderen zu verletzen?
Im Kasten oben findet ihr zu einigen Regeln Formulierungsbeispiele. Sprecht darüber.
b) Überlegt weitere Beispiele für positive, ermutigende Äußerungen und schreibt sie ins Heft.

6 Trotz eurer Bemühungen kann es passieren, dass jemand während der Diskussion verletzende Äußerungen macht.
Welche Reaktionen sind eurer Meinung nach sinnvoll:
– Äußerung überhören,
– den anderen verwarnen und bei Wiederholung aus der Diskussionsrunde ausschließen,
– nochmals an die Regeln erinnern,
– die Diskussion unterbrechen und über die Regelverletzung mit allen Teilnehmern sprechen,
– weitere Vorschläge: …

Training: Diskutieren

Zielgerichtet diskutieren

1 a) Auf der rechten Seite findet ihr zwei Ausschnitte einer Klassenratsdiskussion. Lest sie mit verteilten Rollen.
b) Welche Unterschiede könnt ihr feststellen? Sprecht darüber.

2 a) In einer Diskussion sollten immer alle Teilnehmer beim Thema bleiben. Wo wird im Ausschnitt A dagegen verstoßen?
b) Im Ausschnitt A gibt es auch Bemerkungen, die herabsetzend und verletzend wirken. Sprecht darüber.
c) Inwieweit beziehen sich die Beiträge im Ausschnitt A aufeinander? Lest den Tipp.

3 a) Untersucht die Anfänge der Beiträge in Ausschnitt B. Legt im Heft folgende Tabelle an und ordnet die Beiträge ein.

Meinung bestätigen	☆ ☆ ☆
Meinung widersprechen	☆ ☆ ☆
Beitrag wieder aufgreifen	Giovanni (Z. 1)

b) Überlegt zum Ausschnitt A Formulierungen, die auf vorausgehende Beiträge eingehen.

4 Diskutiert in einer Talkrunde eines der Themen unten. Die Schülerinnen und Schüler im Innenkreis diskutieren das Thema, die im Außenkreis sitzen, beobachten sie dabei. Jeder Beobachter konzentriert sich auf einen der Diskussionsteilnehmer:
– Diskutiert sie/er zielgerichtet?
– Schließt sie/er an die Beiträge anderer an?
Ihr könnt auch den Beobachtungsbogen Copy 6 verwenden.

A Was ist ein angemessenes Taschengeld?
B Sollte man Markenkleidung tragen?
C Pkw-Führerschein schon mit 16?

TIPP

Zielgerichtet diskutieren
Zielgerichtet diskutieren heißt:
1. Die Beiträge beziehen sich nur auf das Thema.
2. Herabsetzende und verletzende Bemerkungen werden unterlassen.
3. Die Beiträge schließen an frühere Redebeiträge an und führen sie weiter.

So kannst du anschließen, wenn du gleicher Meinung bist:
– Ich stimme zu, dass ...
– Ich finde auch, dass ...
– Ich bin auch der Meinung, dass ...

So kannst du anschließen, wenn du anderer Meinung bist:
– Ich kann deiner Meinung nicht zustimmen, denn ...
– Ich möchte dir widersprechen, weil ...
– Das sehe ich ganz anders, denn ...

So kannst du anschließen, wenn du etwas wieder aufgreifen möchtest:
– Ich würde gerne noch mal auf Leos Vorschlag zurückkommen ...
– Vorhin hat Tanja festgestellt, dass ...
– Nalans Argument find ich ganz richtig. Aus meiner Sicht ist es auch so, dass ...
– Ich würde sogar noch einen Schritt weitergehen als du. Ich meine, ...

Training: Diskutieren

Top 3: Sauberkeit im Klassenzimmer

A

Giovanni: „Also, unser nächster TOP ist das Thema ‚Sauberkeit im Klassenzimmer'."

Leo: „Ich finde, unser Klassenzimmer ist fast schon 'ne Müllhalde. Schaut euch doch mal um: Staub, Bonbonpapierchen, Papierkugeln und was nicht alles auf dem Boden..."

Tanja: „Mir stinkt das langsam, dass keiner etwas macht. Immer ist es total chaotisch. Auch unser Dienst dafür war schon mal besser drauf."

Roger: „He, Tanja. Gibt mir mal die Stifte und den Kleber rüber."

Tanja: „Wozu brauchst du das denn jetzt? Hör doch mal zu! Das geht nämlich auch dich an: Du bist doch im Aufräumdienst oder?"

Roger: „Ach nee! Und wenn ich einfach keinen Bock mehr drauf habe, den Dreck von anderen Deppen wegzumachen, hä? Schon mal überhaupt nicht, wenn ihr Dreckbären immer alles fallen lasst."

Ali: „Sprechen wir noch über den Ausflug?"

Tanja: „Dir ist doch echt immer alles egal. Du bist einfach faul. Solche Drückeberger wie du sind Schuld daran, dass es hier aussieht wie im Schweinestall. Keiner fühlt sich verantwortlich!"

Sven: „Und ich bin scheint's der Einzige, der das Handtuch vom Boden aufhebt und hinhängt."

Ruben: „Auf unserem Sofa latscht auch jeder herum. Da kann man sich auch bald auf den Boden setzen. Das muss sofort aufhören."

B

Giovanni: „Ich will noch mal etwas zu Roger sagen. Ich finde, er hat Recht: Wir müssen alle für Ordnung sorgen."

Nalan: „Da bin ich aber anderer Meinung. Die ganzen Appelle nützen doch wenig. Wir müssen gleich etwas ändern. Also beantrage ich, dass der Aufräumdienst wechseln soll."

Simone: „Nalan, ich finde, das reicht nicht. Wir müssen alle etwas tun."

Melanie: „Das sehe ich genauso wie Simone. Wir müssen alle unser Zimmer sauber halten. Nur was den Aufräumdienst angeht, da möchte ich Nalan widersprechen. Wir sollten die nicht ablösen. Dann wären sie ja fein raus."

Tanja: „Da kann ich nur zustimmen. Sie haben sich ja freiwillig gemeldet. Aber wir müssen auch darauf achten, dass wir nicht alles liegen lassen."

Nalan: „Naja, da hast du schon irgendwie Recht, wenn ich es so genau überlege. Vielleicht sollten wir mit dem Aufräumdienst öfter abwechseln, z.B. wochenweise. Das wäre nur gerecht."

Roger: „Na gut, einverstanden. Aber nur dann, wenn alle einmal dran sind."

Giovanni: „So wie ich das sehe, haben wir doch eine gute Lösung gefunden: Alle achten auf Ordnung und jede Woche wechselt der Aufräumdienst. Also stimmen wir ab ..."

7.1.1 Grundtechniken für die Teilnahme an einer Diskussion kennen und einüben

Training: Diskutieren

Gesprächsleitung
übernehmen

1 Bei vielen Diskussionen ist es hilfreich, wenn jemand die Gesprächsleitung übernimmt. Welche Aufgaben hat ein Diskussionsleiter oder eine Diskussionsleiterin? Lest euch dazu die Äußerungen rechts durch und überlegt, in welcher Absicht sie gesagt wurden.

2 Die Leitung einer Diskussion kann man trainieren. Am besten übt ihr zunächst unter vereinfachten Bedingungen:
- Führt die Diskussion in einer Kleingruppe (maximal sechs Personen) durch.
- Einer übernimmt die Gesprächsleitung, ein anderer führt die Rednerliste.
- Diskutiert nicht länger als 15 Minuten.
- Die Diskussionsleiterin oder der Diskussionsleiter hat fünf Minuten Zeit sich vorzubereiten (siehe Tipp unten).

A Ich darf alle Beteiligten herzlich begrüßen. Unser Thema heute beschäftigt sich mit …

B Auf der Rednerliste steht jetzt Cemil. Bitte!

C Claudia, kannst du diesem Beitrag auch zustimmen?

D Tanja, komm doch bitte zum Thema zurück!

E Ich möchte das bisher Gesagte einmal so zusammenfassen …

F Bevor jetzt Stefan dran ist, möchte ich alle bitten, sich etwas kürzer zu fassen.

G Ruben vertritt die Meinung, dass … Melanie hingegen ist überzeugt, dass … Könnte es nicht auch einen Mittelweg geben?

TIPP

So leitest du ein Gespräch:

1. Eröffne das Gespräch, indem du die Teilnehmer begrüßt und das Diskussionsthema nennst:
   Ich darf alle Beteiligten herzlich begrüßen. In unserer Diskussion geht es heute um …
2. Schreibe dir die ersten Sätze, die du in der Diskussion sagen willst, auf. Dadurch fühlst du dich sicherer.
3. Notiere dir auf einem Zettel die Reihenfolge der Wortmeldungen. Das sollte am Anfang ein anderer übernehmen, der dir dann auch sagt, wer dran ist.
4. Schreibe in Stichworten die wichtigsten Meinungen und Argumente auf, damit du das Gespräch bei Bedarf zusammenfassen kannst.
5. Weise einen Gesprächsteilnehmer, der gegen die Gesprächsregeln verstößt, sachlich, aber bestimmt auf diesen Verstoß hin:
   Deine letzte Äußerung gehört nicht zu unserem Thema, Thomas.
6. Achte auch auf die Uhr, damit die Diskussion nach der vereinbarten Zeit beendet werden kann.
7. Fasse zum Schluss die Ergebnisse zusammen und bedanke dich bei den Teilnehmern für die Beiträge:
   Die Diskussion hat gezeigt, wie wichtig … Abschließend möchte ich mich bei allen Teilnehmern für ihre Beiträge bedanken.

Gesprächssituationen richtig einschätzen

Den richtigen Ton treffen

Tanja gilt als beste Angreiferin ihres Teams. Leider hat Tanja nach einer Verletzungspause noch nicht wieder zu ihrer alten Form zurückgefunden. Kurz vor Schluss des Spiels liegt ihre Mannschaft zurück. Die Trainerin reagiert: Sie wechselt Tanja aus. Tanja fühlt sich in ihrem Stolz gekränkt.

1 Tanja hat nach dem Spiel mit ihrer Mutter, ihrer Freundin und ihrer Trainerin über diesen Vorfall gesprochen. Lest die unten stehenden Aussagen. Was sagt sie zu wem?

A So ein Mist! Das war total fies! Ohne mich läuft überhaupt nichts. Dann wechselt die mich auch noch aus. Das ist doch wohl das Allerletzte. In der Mannschaft spiel' ich nie mehr. Die tickt doch nicht mehr richtig. So eine dumme Nuss!

C Stell dir mal vor! Heute hat mich die Mader aus dem Spiel genommen. Ich war aber sicher nicht die Schlechteste. Angeblich war ich zu unkonzentriert und noch nicht fit. Dabei hab' ich allein zwei Tore erzielt! So eine dumme Pute. Da geh' ich nie mehr hin.

B Warum musste ich auf die Bank? Die Anna war nicht besser als ich. Sie hat doch kaum ein Tor erzielt und wurde nicht ausgewechselt. Das versteh' ich nicht. Auch Maria und Annegret finden das ungerecht. Schließlich bin ich doch die Schnellste im Angriff. Ich geb' immer mein Bestes. Und das wissen alle.

2 Worin unterscheiden sich die Aussagen? Achtet auf die Wortwahl.

3 Einige Male vergreift sich Tanja in der Wahl ihrer Worte. Nennt die Stellen.

4 Welche Wirkung hätte es, wenn Tanja die Äußerung A gegenüber ihrer Trainerin gemacht hätte?

5 Könnte Tanja die Äußerung B ihrer Freundin gegenüber gemacht haben? Begründe deine Meinung!

6 Was hättest du an Stelle der Trainerin, der Freundin oder der Mutter geantwortet?

> **TIPP**
> **Die richtige Sprachebene treffen**
> Gegenüber Außenstehenden kann man nicht so reden wie mit Verwandten oder Freunden. Erwachsene musst du mit *Sie* anreden, auf herabsetzende und verletzende Bemerkungen solltest du verzichten. Aber auch im Gespräch mit vertrauten Personen sollte man über andere nicht in verletzender Weise sprechen.

Gesprächssituationen richtig einschätzen

Eine **Bitte** vorbringen

A „Ey, gib mir mal den Kuli!"
„Hier hast du ihn." „Okay!"

B „Entschuldigung, kann ich bitte mal einen Kugelschreiber haben?" „Ja, natürlich." „Schönen Dank, ich gebe Ihnen den Kugelschreiber gleich wieder zurück."

1
a) Vergleicht die Formulierungen in den Beispielen A und B mit dem Tipp.
b) Beschreibt Situationen, in denen die Formulierung in Bitte A vorkommen könnte.
c) Wie könnte man die Bitte höflicher formulieren?
d) In welcher Situation wäre das Beispiel A unangemessen?

2 Stellt euch folgende Situation vor:
Euer Turnlehrer hat den Schlüssel für die Turnhalle vergessen und bittet euch, in das Lehrerzimmer zu gehen und euch den Schlüssel geben zu lassen. Ihr geht zum Lehrerzimmer, klopft an und betretet das Zimmer.
a) Welche der folgenden Gesprächseröffnungen haltet ihr für geeignet? Lest dazu den Tipp.
A „Ich brauche den Schlüssel für die Turnhalle."
B „Guten Morgen, Frau Moser. Herr Held schickt mich."
C „Hallo, Herr Held hat den Schlüssel für die Turnhalle vergessen."
b) Überlegt selbst geeignete Gesprächseröffnungen.

3 Wie könntet ihr das Anliegen vorbringen?
a) Beurteilt folgende Möglichkeiten:
A „Herr Held hat den Schlüssel für die Turnhalle vergessen. Er bittet, dass Sie mir den Schlüssel geben möchten."
B „Herr Held braucht den Schlüssel für die Turnhalle."
C „Wir können nicht in die Turnhalle, weil Herr Held seinen Schlüssel vergessen hat. Könnten Sie ihn mir bitte geben?"
b) Entwickelt selbst weitere Formulierungsvorschläge.

4 Wie könntet ihr euch verabschieden? Entwickelt verschiedene Formulierungsbeispiele und beurteilt sie.

5 Du benötigst eine Kopie des letzten Zeugnisses und wendest dich mit dieser Bitte an die Sekretärin deiner Schule.
a) Stellt das Gespräch in einem Rollenspiel dar.
b) Beobachtet, ob
– das Gespräch höflich eröffnet wird,
– das Anliegen deutlich wird,
– das Gespräch mit einem Dank endet.
c) Erprobt unterschiedliche Möglichkeiten des Gespräches.

TIPP

Eine Bitte vorbringen
1. Eröffne das Gespräch höflich mit einer Begrüßung.
2. Bringe das Anliegen gut verständlich vor.
3. Beende das Gespräch mit einem Dank.

Gesprächssituationen richtig einschätzen

Im Rollenspiel üben

A Der Englischlehrer hat seinen CD-Player vergessen und bittet dich, zum Lehrerzimmer zu gehen und dort nachzufragen, ob das Gerät dort steht.

B Dein Banknachbar hat die Mathehausaufgabe von dir abgeschrieben. Die Lehrerin hat bemerkt, dass eure Hausaufgaben den gleichen Fehler enthalten. Jetzt sollst du am Nachmittag zur Nacharbeit kommen, weil sie dich für den Abschreiber hält. Du sprichst sie in der Pause an.

C Du hast Saft im Klassenzimmer verschüttet und sollst nun beim Hausmeister einen Putzlappen holen.

D Im Schulbus hat jemand einen Sitz frisch mit Filzstift beschmiert. Du sitzt auf der Heimfahrt zufällig auf diesem Platz. Der Busfahrer will dich für den Schaden verantwortlich machen.

1 Situationen, in denen man sich verteidigen, beschweren oder jemanden um Hilfe bitten muss, sind nicht einfach. Welches Beispiel oben findet ihr besonders unangenehm?

2 a) Bildet Kleingruppen und wählt euch eine der vorgegebenen Situationen aus.
b) Überlegt euch, wie das Gespräch ablaufen könnte.
c) Schreibt für jede beteiligte Person auf, was sie sagt.

> Markus klopft an der Tür des Lehrerzimmers, Frau Berger öffnet.
> Markus: Guten Morgen Frau Berger.
> Frau Berger: Guten Morgen Markus, was möchtest du denn?
> Markus: Mich schickt Herr Bachmaier ...

d) Wichtig ist nicht nur, was man sagt, sondern auch, wie man sich dabei verhält. Lest den Tipp und sprecht darüber.
e) Übt eure Texte für ein Rollenspiel ein.
f) Spielt euer Ergebnis der Klasse vor.

3 a) Wertet jedes Rollenspiel gemeinsam aus:

> – Wurde das Gespräch höflich eröffnet?
> – Wurde das Anliegen verständlich formuliert?
> – Wie wurde das Gespräch beendet?
> – War die Wortwahl der Situation angemessen?
> – Wurden Blickkontakte aufgenommen?

b) Übt positive Kritik:
– Lobt zuerst, was gut war.
– Macht Verbesserungsvorschläge und führt sie vor.

TIPP
Den Gesprächspartner ansehen
Viele Schüler vermeiden es, den Gesprächspartner auzuschauen. Dies geschieht häufig aus Verlegenheit oder weil man sich auf das Gespräch konzentriert. Der Gesprächspartner kann dies aber als unhöfliches Verhalten missverstehen. Nimm also während des Gesprächs immer wieder Blickkontakt auf.

7.1.1 Sich an der Gesprächssituation und am -partner orientieren

Miteinander sprechen

Klassenklima:
Erzählen von eigenen Empfindungen

1 Schau dir die zwei Bilder an.
Wie würdest du die Sätze weiterschreiben?
Notiere deine Gedanken auf einem Blatt Papier.

> Ich fühle mich in meiner Klasse wohl,
> weil hier viele nette Schüler sind.

> Ich fühle mich in meiner Klasse nicht wohl,
> weil wir zu viele Proben schreiben.

2 a) Bildet einen Doppelkreis. Lest den Tipp, wie man einen Doppelkreis bildet.
b) In dem Doppelkreis sollt ihr euch über eure Gedanken und Empfindungen austauschen. Lest dazu den Tipp „Aktiv Zuhören" auf Seite 65.
c) Warum ist es wichtig, dass der Zuhörer zunächst nur zuhört und dann das Gesagte mit eigenen Worten wiederholt?
d) Führt die Gespräche im Doppelkreis: Erklärt eurem Partner, warum ihr euch wohl oder warum ihr euch nicht wohl fühlt.

TIPP

So tauscht ihr euch im Doppelkreis aus:

1. Bildet einen Stuhlkreis.
2. Zählt immer 1, 2 ab. Jeder Zweite nimmt seinen Stuhl und setzt sich seinem linken Nachbarn gegenüber. Partner sind jetzt die Schüler, die sich im Innen- und Außenkreis gegenübersitzen.
3. Zuerst erzählen die Schüler im Innenkreis und die Schüler im Außenkreis hören zu.
4. Danach tauschen die Paare die Rollen. Nun erzählen die Schüler im Außenkreis und die Schüler im Innenkreis hören zu.

Miteinander sprechen

3 Ihr habt euch im Doppelkreis über eure Erfahrungen und Empfindungen ausgetauscht. Sammelt nun paarweise Gesichtspunkte, warum ihr euch in der Klasse nicht wohl fühlt. Notiert eure Punkte schriftlich.

4 a) Bildet nun Sechser-Gruppen, indem drei Paare eine Gruppe bilden. Jedes Paar berichtet von seinen Gedanken. Die zuhörenden Paare geben anschließend das wieder, was sie verstanden haben.

b) Einigt euch in der Gruppe auf drei Punkte, warum ihr euch in der Klasse nicht wohl fühlt. Notiert jedes Problem auf eine Wortkarte.

5 Sammelt in der Klasse gemeinsam an der Tafel eure Wortkarten. Ordnet themengleiche Wortkarten untereinander.

6 Entscheidet durch eine Punktabfrage, welche Probleme in der Klasse euch am meisten betreffen. Lest dazu den Tipp.

7 a) Durch die Punktabfrage wisst ihr, welche Probleme ein Großteil eurer Klasse wahrnimmt. Sucht in der Sechser-Gruppe mögliche Lösungen für die am meisten bepunkteten Probleme.

b) Gestaltet in der Gruppe ein Plakat mit Lösungsvorschlägen. Ihr könnt eure Ergebnisse in einer Galerie vorstellen. Lest dazu die Info auf Seite 54.

TIPP

Aktives Zuhören
Unter aktivem Zuhören versteht man das konzentrierte und verstehende Zuhören während eines Gespräches. Der Zuhörer hört nur zu, ohne dazwischenzureden oder etwas nachzufragen.
Anschließend gibt der Zuhörer wieder, was er verstanden hat und stellt Fragen, wenn ihm etwas unklar ist.
Der Erzähler bestätigt, ob er richtig verstanden wurde oder korrigiert, wenn er sich missverstanden fühlt.
Im Doppelkreis ergibt sich dadurch folgender Ablauf:
1. Der Innenkreis berichtet seinem Partner von seinen Erlebnissen. Der Außenkreis hört nur zu.
2. Der Außenkreis berichtet mit eigenen Worten, was er von seinem Partner im Innenkreis erzählt bekommen hat. Er fragt auch bei Bedarf nach.
3. Der Innenkreis bestätigt, ob er richtig verstanden worden ist.
4. In gleicher Weise berichtet dann der Außenkreis und der Innenkreis hört zu und gibt das Gesagte wieder.

TIPP

So führt ihr eine Punktabfrage durch:
Eine Punktabfrage hilft festzustellen, welche Vorstellungen oder Vorschläge von den meisten Schülerinnen und Schüler für wichtig gehalten werden.
Geht so vor:
1. Jede Schülerin und jeder Schüler bekommt fünf Klebepunkte.
2. Die fünf Punkte können zu einem Vorschlag geklebt werden. Sie können auch auf mehrere Vorschläge verteilt werden.
3. Ihr könnt anschließend feststellen, welche Vorschläge von den meisten als wichtig eingeschätzt werden.

Ein Referat vorbereiten und halten

Informationen zu einem Thema suchen

2 Auf den nächsten zwei Seiten findest du einige Informationen zum Inlineskaten. Bevor du diese Texte bearbeitest, solltest du das Thema „Inlineskaten" eingrenzen.
  a) Lies dazu Schritt 1 und 2 im Tipp.
  b) Ergänze die folgende Liste von Schwerpunkten durch eigene Vorschläge.
  c) Wähle einen Schwerpunkt aus.

1 In diesem Schuljahr musst du ein Referat halten. Am Beispiel des Themas „Inlineskaten" wird dir gezeigt, wie du am besten vorgehst.
Suche in Zeitschriften, Büchern und im Internet nach Artikeln über Inlineskaten und bringe sie mit.
Lies auf den Seiten 40–41 nach, wie man im Internet Informationen finden kann.

- Wie kann man mit Inlinern bremsen?
- Was sollte man beim Kauf von Inlineskates beachten?
- Wie sollten sich Inlineskater im Straßenverkehr verhalten?
- ...

TIPP

Sieben Schritte zum Referat

Schritt 1: Ein Thema wählen
Folgende Gesichtspunkte können dir bei der Themenauswahl helfen:
– Zu welchem Thema weißt du besonders gut Bescheid?
– Bei welchem Thema fällt es dir leicht, Informationsquellen zu finden und Material zusammenzutragen?
– Welches Thema interessiert dich am meisten?

Schritt 2: Die Ziele des Referats festlegen
Ein Referat sollte ca. 10 Minuten dauern. Du musst dich also auf einen Schwerpunkt beschränken. Denke bei der Auswahl auch an deine Zuhörer:
– Was wissen sie schon?
– Was könnte sie interessieren?

Schritt 3: Informationen beschaffen
Zu den meisten Themen musst du dir die Informationen aus Wörterbüchern, Nachschlagewerken, Fachbüchern, Zeitschriften oder aus dem Internet beschaffen. Das können Texte, Bilder, Tabellen sowie Aussagen von Personen zum Thema sein.

Ein Referat vorbereiten und halten

Informationen auswählen und aufbereiten

> **Wie sollten sich Inlineskater im Straßenverkehr verhalten?**

1 a) Prüfe durch „überfliegendes Lesen", welche Texte auf den Seiten 68 und 69 für das Referatsthema oben geeignet sind.
b) Wähle auch aus deinen Vorlagen geeignete Texte aus.

2 Aus den ausgewählten Texten musst du die für dein Referat wichtigen Informationen erschließen (siehe auch die Einheit *Informationen aus Texten entnehmen* auf den Seiten 42–44).
a) Bearbeite den Text C auf Seite 69 „mit dem Bleistift". Lege dazu eine Folie auf die Seite oder benütze Copy 7.
b) Welche Begriffe sind dir nicht bekannt? Kläre ihre Bedeutung mithilfe eines Wörterbuches.

4 a) Vergleicht in Partnerarbeit eure Notizzettel und ergänzt notwendige Stichwörter.
b) Überlegt in Partnerarbeit, unter welchen Überschriften ihr die Stichwörter aus den verschiedenen Texten zusammenfassen könnt.

```
StVO       =   Straßenverkehrsordnung
flexibler  =   nicht so starr
interpretiert = ☆
```

c) Schreibe die wichtigsten Informationen in Form von Stichpunkten auf einen Notizzettel.

> Text C
> – Skater ist nach StVO Fußgänger
> – Skaten als „Sport" nicht auf Straßen oder Wegen erlaubt
> – Gerichte entschieden: Sk. auf Bürgersteig möglich

3 a) Lies auch die Texte D, E und F durch und ergänze deinen Notizzettel.
b) Werte die von dir mitgebrachten Texte aus.

TIPP
Schritt 4: Informationen auswählen und aufbereiten
Im vierten Schritt werden den gesammelten Materialien die wichtigsten Informationen entnommen:
– Prüfe durch überfliegendes Lesen, welche Texte Informationen zu deinem Schwerpunkt enthalten.
– Notiere dir aus jedem Text die wichtigsten Informationen in Stichworten.
– Suche für alle wichtigen Aspekte deines Referats Überschriften, unter denen du in wenigen Stichworten die wichtigsten Aussagen ordnest.

A
Bremsen mit Inlineskates

Hacken-Stop (Heelstop): Beim klassischen Stop-Skate drückt man den Stopper nach vorn und hebt die Fußspitze hoch. Achtung vor Rückenlage; langer Bremsweg.

T-Stop: Diese Form des Stoppens hat den Vorteil, dass während des Bremsvorganges noch schnelle Richtungsänderungen möglich sind. Der hintere Skate wird quer zur Fahrtrichtung gestellt (T-Anordnung), langer Bremsweg, dient eher einer vorausschauenden Fahrgeschwindigkeitsverminderung.

Stop-Drehung: Dieser Stop erfordert zwar einige Übung, ist aber vor allem beim Fahren auf empfindlichen Hallenböden eine wichtige Alternative zum Hacken-Stop. Die Verminderung der Geschwindigkeit erfolgt durch eine Art Brems-Stemmschwung des bogenäußeren Beines. Die Geschwindigkeit darf allerdings nicht zu hoch sein.

Spinstop: Bremsen erfolgt durch eine schnelle 180° Drehung, das Körpergewicht lastet auf dem angewinkelten Gleitbein, das andere Bein wird entgegen der Fahrtrichtung quer aufgesetzt (Erfahrung notwendig).

Powerslide: Stillstand erfolgt in einer Rückwärtsbewegung durch ein weites Ausstellen eines Beines entgegen der Laufrichtung. Diese Bremstechnik wird bei höherem Tempo eingesetzt.

Hockey-Stop: Aus mittlerer bis höherer Geschwindigkeit wird die Bewegung durch eine Hochentlastung (Streckbewegung in Kniegelenk und Hüfte) eingeleitet. Danach erfolgt eine blitzschnelle Gewichtsverlagerung auf das linke Bein, verbunden mit starker Kniebeuge und schneller Querstellung des linken Skates entgegen der Laufrichtung. Der dadurch entlastete rechte Skate wird weit nach vorne geführt und mit der Beinstreckung ebenfalls quer zur Laufrichtung mit der Innenkante aufgesetzt, sodass ein Slide-Effekt entsteht. Oberkörper, Kopf und Arme unterstützen den Bremseffekt mit einer Gegenrotation (nach rechts).

B
Auf das Material kommt es an

Rund 11 Millionen Bundesbürger sind Inline-Skater. Acht Räder vermitteln Freiheit und lockeres Bewegungsgefühl. Doch die Freiheit hat ihren Preis. Eine Untersuchung der Poliklinik für Sportorthopädie der TU München hat gezeigt, dass 25 Prozent aller Skater sich erheblich verletzen. Neben Hautabschürfungen sind das Knochenbrüche, Kapsel- und Bänderrisse und sogar Überlastungssyndrome, z. B. der Wirbelsäule. Zwei Drittel der Schädigungen betreffen das Handgelenk, die Hand mit Fingern sowie Unterarm mit Ellbogen.

Damit die Rollerfreude nicht in der Unfallklinik endet, sollte man sich das richtige Material anschaffen – und dabei immer fachliche Beratung in Anspruch nehmen. Wichtig: Gute Schuhe kosten in den seltensten Fällen unter 100 Euro. Ausnahmen: preisgünstige Marken-Auslaufmodelle. Aber: Hände weg von Billigskates und Grabbeltisch-Angeboten. Von allen Schuhtypen hat sich das Standardmodell am besten bewährt: vier Rollen, feste Schiene und Gummistopper.

Nicht nur auf die Schuhe kommt es an: Helm, Knie-, Ellbogen- und Handgelenkschützer schützen bei Unfällen, Stürzen und unfreiwilligen Bremsmanövern. Wichtig auch hier: die gute Passform.

Bevor es auf die Piste geht, sollte das Bremsen und Fallen im Rahmen eines Kurses erlernt bzw. Kenntnisse aufgefrischt werden. Denn: Von allen Verkehrsteilnehmern schneiden Inlineskater beim Bremsen am schlechtesten ab.

Und noch ein letzter Hinweis: Inlineskates sind Spielgeräte – die Benutzung auf Fahrradwegen oder der Straße ist verboten. Auf dem Gehweg muss so gefahren werden, dass Fußgänger nicht gefährdet werden.

C Regeln und Pflichten

Wenn man in der StVO nach Begriffen wie „Roller-Skater", „Inlineskates", „Skateboard" oder „Rollschuhe" sucht, wird man absolut nichts finden. Das heißt aber noch lange nicht, dass es dazu keine Regeln gibt. Es müssen eben nur die bisherigen noch etwas flexibler interpretiert werden. So etwas ist immer Aufgabe der Rechtsprechung.

Es geht nur um eine einzige Frage: Ist man mit den Geräten noch Fußgänger oder schon Fahrzeugführer? Und geklärt ist das schon relativ lang: Ein Skater wird einem Fußgänger gleichgestellt. Fahrzeuge im Sinne der StVO fangen nämlich erst bei Jugendfahrrädern an.

Zum Argument „Sportgerät" steht in der Verordnung, dass Spiel und Sport auf normalen Straßen und Wegen gar nicht erlaubt sind. Also, was darf man denn nun? Jetzt kommen die Gerichte mit ihren Urteilen:

Fährt man rücksichtsvoll und defensiv, dann darf man als Roller-Skater den Bürgersteig ganz normal mitbenutzen. Keinesfalls darf man die Fahrbahn benutzen, außer zum Überqueren der Straße natürlich.

D Wo darf man fahren?

Inlineskates dürfen nur auf Gehwegen, in Fußgängerbereichen und in verkehrsberuhigten Bereichen benutzt werden, wobei auf Fußgänger besondere Rücksicht zu nehmen ist. Inlineskates sind keine Fahrzeuge und dürfen deshalb nicht auf der Fahrbahn benutzt werden.

E Achtung: Haftung

Wie schnell genau Inlineskater auf Gehwegen fahren dürfen, ist gesetzlich nicht festgelegt. In der juristischen Praxis wird jedoch davon ausgegangen, dass ein Fahrtempo, das eine „schnelle Fußgängergeschwindigkeit" (ca. 7 km/h) überschreitet, zur Gefährdung der übrigen Verkehrsteilnehmer führen könnte. Dazu Verkehrsrichter Peter Fahlenkamp: „Inlineskater können zwar nicht verhaftet werden, wenn sie schneller als sieben Stundenkilometer fahren. Im Schadensfall müssen sie jedoch damit rechnen, haftbar gemacht zu werden." Weiterhin muss jedem Inlineskater bewusst sein, dass er sich im Falle eines Unfalls nicht vom „Tatort" wegbewegen darf. Auch wenn Inlineskater keine Fahrer im Sinne der Straßenverkehrsordnung sind, können sie Fahrerflucht bzw. „Verkehrsunfallflucht" begehen.

F Was sagt die StVO?

Was für Inlineskater im deutschen Straßenverkehr erlaubt ist, regelt die Straßenverkehrsordnung (StVO). Inlineskater gehören laut Gesetz zur Gruppe der Fußgänger, da sie sich mit beiden Beinen fortbewegen und kein Fahrzeug im Sinne der Verordnung führen. In §24 werden Inlineskater Fußgängern mit „besonderen Fortbewegungsmitteln" zugeordnet. Wörtlich lautet der für Inlineskater relevante §24, Absatz (1): „Schiebe- und Greifreifenrollstühle, Rodelschlitten, Kinderwagen, Roller, Kinderfahrräder und ähnliche Fortbewegungsmittel sind nicht Fahrzeuge im Sinne der Verordnung."

Anschauliche Aussagen und Bilder sammeln

1 Beim Lesen der Texte solltest du auch auf anschauliche Texte und Bilder achten. Lies dazu den Tipp. Welche der folgenden Textauszüge lassen sich in einem Referat verwenden?
Wie und wo würdest du sie einsetzen?

A
So erstaunlich es klingen mag: Bereits im Jahr 1760 bewegte sich ein Belgier auf Schlittschuhen fort, an die er kleine Metallrädchen montiert hatte.

B
„Ich weiß allmählich nicht mehr, wo ich fahren soll", beklagt sich Mirko aus München.

C
„Unser Einkaufszentrum ist fest in der Hand von Skatern. Als Mutter habe ich Angst um meine Kinder", schimpfte die Nürnberger Sekretärin Manuela Schmidt.

D
Und die Laborantin aus Regensburg stimmte in das Klagelied ein: „Roller-Blader sind mir sogar schon ins Auto gefahren, die machen in den Passagen Jagd auf alte Leute."

2 Welche Bilder dieser Einheit würden sich für ein Referat eignen?

3 Welche Anschauungsmittel können in deinem Referat eingesetzt werden? Prüfe das von dir gesammelte Material.

Die Schale muss Halt bieten; Material: Kunststoff, Nylon, Leder.

Der Innenschuh sollte bequem sitzen und herausnehmbar sein.

Die Bremse sollte sich einfach abmontieren lassen.

Drei Schnallen oder eine Schnürung sorgen für gute Passform.

Gute Lager, Spacer und Achsen sind die Garanten für laufruhige Skates.

Die Schiene muss steif sein, Material: Lau, GfK, Carbon

Rollengröße und -härte hängen vom Einsatz und Können ab.

TIPP

Schritt 5: Anschauungsmaterial vorbereiten
Deine Zuhörer erwarten, dass die Informationen interessant und ansprechend dargestellt werden.
Dazu eignen sich Anschauungsmittel wie:
– Bilder (als Folie oder Dia),
– ein Ausschnitt aus einer Ton- oder Videokassette,
– ein Zitat,
– ein mitgebrachter Gegenstand ...
Achte beim Auswerten der Texte auf witzige oder bemerkenswerte Stellen und auf Bilder oder Karikaturen. Du kannst sie als „Aufhänger" zu Beginn deines Referats oder zur Veranschaulichung während deines Referats einsetzen.

Ein Referat vorbereiten und halten

Den Vortrag vorbereiten

1 Lege dir für den Vortrag einen Merkzettel an. Lies dazu den Tipp.

2 Schaut euch die folgenden Stichwortzettel an. Welche erscheinen euch gelungen, welche weniger? Begründet eure Meinung.

A
- Einstieg:
→ Zitat 1
→ Zitat 2
- Infoblatt der Polizei vorlesen
- Rechtliche Lage
- Wie Unfälle vermeiden?
- Wie sich schützen?
→ Protektoren zeigen

B
Auf Gehwegen nicht gesetzlich, Inlineskater können nicht verhaftet werden, keine Fahrer im Sinne der StVO, Fahrerflucht.

C
• Inlineskater zeigen
• fragen, wer schon einmal gefahren ist
• Welche Erfahrungen?
• Ziel heute: Wo darf man fahren?

D
Geschwindigkeit
• nicht festgelegt
• haftbar bei über 7 km/h
• bei Unfall: dableiben
• bremsen statt löhnen

3 Entwirf einen Stichwortzettel zu deinem Vortrag.

TIPP

Schritt 6: Merkzettel anlegen

Der Merkzettel ist eine Erinnerungsstütze. Auf ihm vermerkst du die Überschriften der wichtigsten Gedankenschritte und dazugehörende Stichwörter. Außerdem enthält er Hinweise, wann du welche Zitate oder Bilder einsetzen willst.
Am besten gehst du so vor:
1. Entscheide dich, ob du deine Notizen auf eine DIN-A4-Seite oder auf DIN-A6-Kärtchen schreiben willst.
2. Schreibe deutlich und relativ groß, damit du deine Stichworte gut und schnell lesen kannst.
3. Überlege, wie du dein Referat aufbauen willst. Gliedere in Überschriften, denen du Stichwörter zuordnest.
4. Vermerke, an welchen Stellen du Zitate oder Medien (Bilder, Tonband usw.) einsetzt. Verwende für diese Notizen ein eigenes Zeichen oder eine eigene Farbe.

Das Referat halten

A
Das Thema heute lautet Inlineskaten. Als erstes möchte ich erklären, wo man fahren darf. Danach will ich auf die Unfallgefahren eingehen.

C
„Verbannt die Inlineskater aus der Fußgängerzone! Kinder und ältere Menschen haben Angst." Diesen Artikel fand ich letzte Woche in unserer Zeitung. Wie ihr euch wahrscheinlich erinnert, hat es durch das rücksichtslose Fahren von zwei Jugendlichen einen Unfall mit Personenschaden gegeben. Dürfen Inlineskater eigentlich auf Gehwegen fahren? Auf diese Frage möchte ich in meinem Referat näher eingehen.

B
Inlineskaten ist in. Überall sieht man die schnellen Flitzer sausen: auf Fahrbahnen, Gehwegen, in Fußgängerzonen und Einkaufszentren. Doch was den einen gefällt, ist den anderen buchstäblich im Weg. In meinem Referat heute möchte ich deshalb zwei Grundfragen klären: Wo dürfen Inlineskater fahren und wie können Unfälle vermieden werden?

1 Wie beurteilt ihr die Anfänge A–C?
Lest dazu die Hinweise 1 und 2 im Tipp.

2 Wie wollt ihr euer Referat beginnen?
Sammelt gemeinsam Ideen.

3 a) Beurteilt im folgenden Anfang die Sprache.
Lest dazu den dritten Hinweis im Tipp.
b) Formuliert diesen Einstieg neu.

D
Was is'n eigentlich Inline-Fußball? Wenn ihr net ganz gaga seid, habt ihr scho g'merkt, dass dabei um Fußball geht und um's Inlineskaten. Besser g'sagt spuit ma Fußball auf die Inliner. Meine Freind und i san scho sakrisch gut beim Fahr'n, aber des war nimma phatt. Also hat unser Sportlehra sich was Neues ausdenkn müssn, weil alles andere is uns scho aufm Keks ganga.

TIPP

Schritt 7: Das Referat halten
1. Der Anfang ist wichtig. Durch einen geschickten Einstieg (Bild, Zitat, Gegenstände, Rätsel ...) kannst du die Aufmerksamkeit gewinnen.
2. Nenne das Thema und beschreibe kurz den Aufbau deines Referats. Enthält dein Referat mehrere Gliederungspunkte, dann schreibe sie an die Tafel oder auf eine Folie.
3. Vermeide bei deinem Vortrag Dialektausdrücke und Jugendsprache.
4. Sprich langsam und deutlich.
5. Beziehe deine Zuhörer durch Fragen ein: *Was schätzt ihr: wie viel ...? Habt ihr den Namen schon gehört?*
6. Auch der letzte Satz will gut überlegt sein, denn der letzte Eindruck bleibt beim Publikum haften.
7. Halte immer Blickkontakt zum Publikum, dadurch wirkt dein Vortrag lebendiger (siehe Seite 47).

Ein Referat vorbereiten und halten

A
Das war mein Referat zum Thema Inlineskaten. Ich wollte zeigen, wo man fahren darf, wie man Unfälle vermeiden kann.

B
Letztlich wird es von allen Verkehrsteilnehmern abhängen, inwieweit sich partnerschaftliches Verhalten auf unseren Straßen durchsetzt. Eines gilt aber für alle: Der Stärkere bzw. der Schnellere sollte nachgeben, in unserem Fall die Inline-Skater.

4 Vergleicht die Beispiele für die Abschlusssätze eines Vortrags. Welches erscheint euch am besten gelungen?
Lest dazu den Hinweis 6 im Tipp auf Seite 72.

5 a) Im Tipp rechts findest du Formulierungshilfen. Überlege, welche du bei deinem Vortrag verwenden willst.
b) Schreibe dir die Anfangs- und die Schlusssätze auf und lerne sie auswendig. Das gibt dir Sicherheit.

6 Führe vor deinem Vortrag Stimmübungen durch. Solche Übungen findest du auf Seite 49.

7 Nehmt eure Vorträge mit einer Videokamera auf. Achtet bei der Wiedergabe auf folgende Aspekte:
– Spricht der Redner langsam und deutlich?
– Wie ist die Körperhaltung?
  Lest dazu den Tipp auf Seite 47.
– Unterstützen Mimik und Gestik den Vortrag?
  Lest dazu die Info auf Seite 48.
– Wird zu den Zuhörern Augenkontakt hergestellt?
– Welche sprachlichen Formulierungen lassen sich verbessern?

8 Legt ein Plakat an, in dem ihr gute Formulierungen sammelt.

TIPP

So kannst du formulieren:

1. **Formulierungen für den Anfang:** …
   – Das Thema meines Referats lautet …
   – Mein Referat beschäftigt sich mit …
   – Ich habe mich mit dem Thema … befasst.
   – Habt ihr schon einmal von … gehört?

2. **Formulierungen für Überleitungen:**
   – Habt ihr bis hierher alles verstanden?
   – Hat noch jemand Fragen zu diesem Teil?
   – Das war der erste Teil meines Referats. Ich komme nun zum Punkt …
   – Wenn es keine Fragen zu diesem Teil gibt, gehe ich über zum Punkt …

3. **Formulierungen für den Abschluss:**
   – Mit diesem Punkt möchte ich meinen Vortrag schließen …
   – Mit meinem Referat konnte ich euch nur einen kurzen Überblick zum Thema … verschaffen. Wer mehr darüber wissen möchte …
   – Abschließend fasse ich zusammen …
   – Zum Schluss würde mich noch eure Meinung dazu interessieren …

4. **Formulierungen bei „Hängern":**
   – Entschuldigt, jetzt habe ich meinen Faden verloren …
   – Ich fange noch einmal beim letzten Punkt an …

Kreativ mit Sprache umgehen

Erzählspiele

1 So entwickelt ihr eine **Kettenerzählung**:
   1. Jeder Schüler und jede Schülerin schreibt auf eine Wortkarte ein beliebiges Nomen.
   2. Die Wortkarten werden eingesammelt und anschließend neu verteilt.
   3. Nun bildet jede Schülerin und jeder Schüler der Reihe nach mit diesem Wort einen Satz. Aber aufpassen: Es soll eine zusammenhängende Geschichte entstehen. Ihr müsst also darauf eingehen, was vorher gesagt worden ist.

   Dieses Spiel könnt ihr mit der ganzen Klasse, aber auch in der Gruppe spielen.

2 Einer von euch denkt sich einen Satz aus. Das letzte Wort dieses Satzes wird das Anfangswort des neuen Satzes. Diesen Satz aber bildet die nächste Schülerin oder der nächste Schüler. So entsteht eine **Satzschlange**.

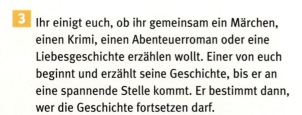

3 Ihr einigt euch, ob ihr gemeinsam ein Märchen, einen Krimi, einen Abenteuerroman oder eine Liebesgeschichte erzählen wollt. Einer von euch beginnt und erzählt seine Geschichte, bis er an eine spannende Stelle kommt. Er bestimmt dann, wer die Geschichte fortsetzen darf.

4 Wie wäre es mit einem Klassenroman?
   1. Ihr einigt euch darauf, was für einen Roman ihr schreiben wollt, z.B. einen Liebes-, Tier-, Abenteuerroman.
   2. Sammelt gemeinsam Nomen, die in der Geschichte vorkommen sollen.
   3. Schreibt diese Wörter auf Karten und befestigt sie an einer Pinnwand.
   4. Einer fängt mit drei bis fünf Sätzen die Geschichte an, verwendet dabei eine Nomenkarte und hängt sie ab.
   5. Der Nächste nimmt wieder eine Karte ab und setzt die Geschichte fort.

Kreativ mit Sprache umgehen

Mit allen Sinnen schreiben

1 a) Lies den Tipp durch.
b) Wähle einen Gegenstand aus und beschreibe ihn:
Mein Gegenstand ist klein, fühlt sich kühl an, an einer Stelle ist er rau.
Wer den Gegenstand errät, bekommt nun die Tastbox.

TIPP

Spiele mit der Tastbox
Am besten führt ihr diese Spiele in Gruppen durch.
1. Jeder bringt einen oder zwei kleinere Gegenstände von zu Hause mit (z.B. Kronenkorken, Wachsstück, Wäscheklammer, Stein, Murmel, Schwamm) und gibt diese der Lehrerin.
2. Jede Gruppe erhält eine Tastbox (Pappkiste oder einfach einen Beutel), in dem einige der Gegenstände verborgen sind.
3. In der Tastbox können sich auch Gegenstände zu einem bestimmten Thema (Baumfrüchte, Zapfen, Muscheln ...) befinden.
4. Wer die Tastbox bekommt, ertastet mit geschlossenen Augen einen Gegenstand und überlegt, wie er das Gefühlte am besten beschreiben kann.

2 a) Die Tastbox geht herum. Jeder versucht, sich möglichst viele der ertasteten Gegenstände zu merken und schreibt sie am Ende der Spielrunde auf. Wer kann am Schluss der Runde möglichst alle Gegenstände aufzählen?
b) Fällt dir zu einem der ertasteten Gegenstände eine Geschichte ein? Schreibe sie auf.

3 Vielleicht hast du das auch schon erlebt: Du riechst etwas (Apfelsine, Sonnenschutzöl, Tannenzapfen) und sofort erinnerst du dich an bestimmte Situationen.
a) Suche einen Gegenstand, der interessant riecht. Schließe deine Augen und konzentriere dich auf den Duft. Was empfindest du? Welche Gedanken steigen in dir auf?
b) Notiere deine Empfindungen und Gedanken in einem Cluster (siehe Seite 144).
c) Schreibe zu dem Duft einen kleinen Text.

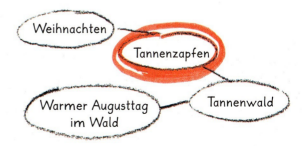

Rollen sprechen und darstellen

Lesen mit verteilten Rollen

Sprechen Sie noch?
Sigismund von Radecki

Ein junger Advokat[1] hat sich ein wundervolles Arbeitszimmer eingerichtet. Zur Krönung des Ganzen hat er sich gestern ein Luxustelefon gekauft mit Elfenbeinmuschel, das vorläufig eindrucksvoll auf dem Schreibtisch steht. Man meldet einen Klienten[2], den ersten!
Der junge Advokat lässt ihn zuerst einmal – aus Grundsatz – eine Viertelstunde warten. Um auf den Klienten noch stärkeren Eindruck zu machen, nimmt er den Hörer ab und simuliert[3] bei Eintritt des Mannes ein wichtiges Telefongespräch: „Mein lieber Generaldirektor, wir verlieren ja nur Zeit miteinander … Ja, wenn Sie durchaus wollen … Aber nicht unter zwanzigtausend Euro … Also schön, abgemacht … Guten Tag!" Er setzt den Hörer wieder auf. Der Klient scheint tatsächlich sehr befangen zu sein. Fast verwirrt.
„Sie wünschen, mein Herr?"
„Ich … ich bin der Monteur … ich möchte das Telefon anschließen."

[1] *Advokat: altertümlich für Rechtsanwalt,*
[2] *Klient (lat.): Auftraggeber eines Rechtsanwaltes,*
[3] *simulieren (lat.): nachahmen, vorgeben*

1 Könnt ihr erklären, worin der Witz dieser kurzen Geschichte liegt?

2 Zum besseren Verständnis dieser Geschichte und der handelnden Personen ist es hilfreich, einige Fragen zum Text zu klären:
– Welchen Auftrag könnte ein Klient für einen Rechtsanwalt haben?
– Warum lässt der junge Anwalt seinen ersten Klienten so lange warten?
– Warum tut er so, als würde er telefonieren?
– Warum nennt er den hohen Geldbetrag?
– Könnt ihr euch die Verwirrung des Monteurs erklären?

3 Lest die Geschichte in mehreren Gruppen mit verteilten Rollen.
Welcher Gruppe gelingt es, durch Stimmführung und Sprechtempo beim Lesen das prahlerische Verhalten des Anwalts und die Verunsicherung des Monteurs überzeugend darzustellen?

4 Reicht der vorliegende Text aus, um die Geschichte szenisch darzustellen? Probiert es aus, indem ihr die Geschichte mit verteilten Rollen lest und dabei auf den Erzähltext verzichtet.
Was stellt ihr fest?

Rollen sprechen und darstellen

Einen Sketsch entwickeln

1 Die Geschichte lässt sich gut als Sketsch darstellen. Dabei könnte die Handlung auch in einer Arztpraxis oder in einem Versicherungsbüro spielen. Natürlich gibt es auch Rechtsanwältinnen. Lest die Info.

2 Ihr könnt die Geschichte in drei Szenen aufteilen. Sucht die entsprechenden Textabschnitte.

> **1. Szene**
> Der Anwalt bewundert sein neues Arbeitszimmer.
> **2. Szene**
> Ein „Klient" wird gemeldet. Der Rechtsanwalt lässt ihn warten.
> **3. Szene**
> Der Rechtsanwalt spielt dem Monteur ein Telefongespräch vor und blamiert sich.

Textbuch zu: Sprechen Sie noch?

1. Szene
(Arbeitszimmer des Anwalts; der Anwalt sitzt am Schreibtisch, die Sekretärin kommt herein)

Anwalt (stolz): Na, Frau Redler, wie finden Sie die Einrichtung?

Sekretärin (voll Bewunderung): Sehr geschmackvoll, Herr Dr. Meier.

Anwalt (prahlerisch): Und dieses Telefon! Ich kann Ihnen sagen: sündhaft teuer! Das wird unsere Klienten sicher sehr beeindrucken ...

---

3 Bei der Darstellung der Eingangsszene muss den Zuschauern deutlich werden, wie stolz der Anwalt auf seine neue Büroeinrichtung ist.
a) Schreibt auf, welche Gedanken er laut äußern könnte. Vergleicht anschließend eure Monologe.
b) Wenn ihr eine weitere Rolle einführen wollt (Sekretärin, Rechtsanwaltsgehilfe), könnt ihr diese Szene auch als Dialog gestalten. Entwerft einen solchen Dialog.

4 a) Denkt an die Aufführung:
– Was sollen die Personen auf der Bühne tun?
– Welche Hinweise zur Mimik und Gestik haltet ihr für wichtig?
b) Haltet eure Vorstellungen in kurzen Regieanweisungen fest.
c) Überlegt, wie das Arbeitszimmer des Anwalts aussieht:
– Wo befindet sich die Tür?
– Wo stehen die Einrichtungsgegenstände?
Macht euch Notizen.
d) Haltet eure Rollentexte und Regieanweisungen in einem Textbuch fest.
Lest dazu das Beispiel rechts oben.

TIPP

So entwickelt ihr einen Sketsch:
In einer Geschichte wird eine Handlung erzählt. In einem szenischen Stück (z.B. einem Sketsch) erfährt der Zuschauer die Handlung durch das, was die Personen sagen. Häufig sprechen die Personen miteinander. Das nennt man einen **Dialog**. Spricht eine Person für sich ihre Gedanken und Gefühle aus, nennt man das einen **Monolog**. Die Handlung eines szenischen Stückes wird in **Szenen** eingeteilt. Immer wenn sich der Ort der Handlung ändert oder eine neue Person auftritt, beginnt eine neue Szene. Um eine Erzählung in einen szenischen Text zu verwandeln, nach dem man spielen kann, müsst ihr
1. den Handlungsablauf in Szenen einteilen,
2. euch die Rollentexte sowie die Regieanweisungen ausdenken und sie in einem Textbuch aufschreiben.

5 In der zweiten Szene wird dem Anwalt „der erste Klient" gemeldet, den er bewusst warten lässt.
  a) Überlegt:
  – Wie wird die Nachricht vom ersten Besucher überbracht?
  – Wie kommt es zu dem Missverständnis, dass es sich bei dem Besucher um einen Klienten handelt?
  – Hat sich die Sekretärin getäuscht?
  – Liegt hier vielleicht ein Missverständnis des Anwalts vor?
  – Wie bringt ihr zur Darstellung, dass der Anwalt den Klienten warten lässt?
  b) In der rechten Spalte findet ihr zwei Vorschläge für den Beginn der zweiten Szene. Welcher gefällt euch besser? Begründet.
  c) Überlegt, wie ihr die Szene gestalten wollt. Schreibt in Gruppen die Rollentexte und die dazugehörigen Regieanweisungen.
  d) Vergleicht eure Lösungen.

6 In der dritten Szene lässt der Anwalt den vermeintlichen Klienten eintreten und täuscht ihm ein wichtiges Telefonat vor.
  a) Klärt folgende Fragen:
  – Wie wird der Klient in das Büro des Anwalts gebracht?
  – Wie ist der Klient gekleidet?
  – Was trägt er bei sich?
    Denkt daran, dass weder der Rechtsanwalt noch die Zuschauer sofort erkennen dürfen, dass es sich um einen Monteur handelt.
  – Wie lässt sich die Pointe noch etwas hinauszögern?
  b) Schreibt das Telefonat als Monolog auf. Ihr könnt euch an dem Text in der Erzählung orientieren, ihn erweitern oder ganz anders gestalten. Kennzeichnet auch die Sprechpausen.

7 a) Wie kann der Anwalt mit seiner Stimme und durch seine Körpersprache (Gestik, Mimik) die Wichtigkeit seines Telefonates demonstrieren?
  b) Mit welchem Gesichtsausdruck und welchen Gesten wird der Monteur seine Verwirrung zum Ausdruck bringen? Gebt den Darstellern durch Regieanweisungen Hinweise.

Vorschlag A
2. Szene
(Monteur klopft an die Tür, tritt ins Vorzimmer ein, mit Aktenkoffer in der Hand)
Monteur: Grüß Gott! Könnte ich bitte zu Rechtsanwalt Dr. Meier. Ich bin ...
(Sekretärin unterbricht ihn.)
Sekretärin: Einen Augenblick, bitte!
(Sekretärin läuft aufgeregt in das Zimmer des Anwalts.)
Sekretärin: Stellen Sie sich vor, eben ist unser erster Klient gekommen!

Vorschlag B
2. Szene
(Sekretärin klopft, kommt ins Zimmer)
Anwalt: Ja, was gibt's denn?
Sekretärin: Ein Mann möchte Sie sprechen.
Rechtsanwalt (spricht zu sich): Oh, sicher ein Klient, der erste!
(zur Sekretärin): Ich bin im Moment sehr beschäftigt. Bitten Sie ihn doch, sich etwas zu gedulden.

Rollen sprechen und darstellen

Einen Sketsch einüben

1 Probiert jetzt in Gruppen euren Sketsch aus. Ihr könnt dazu den Text mit verteilten Rollen vorlesen.

2 Wenn ihr beim Vorlesen neue Einfälle oder Verbesserungsvorschläge habt, einigt euch, ob ihr sie aufnehmen wollt. Korrigiert dann das Textbuch.

3 Jetzt sollte euer Textbuch stehen.
Prägt euch den Text ein.
Bei einem Sketsch kommt es nicht unbedingt auf genaues Auswendiglernen an.
Allerdings müsst ihr euch auf bestimmte Stichwörter einigen, damit die Mitspieler wissen, wann sie dran sind.

4 Jetzt beginnt mit den Stellproben.
Überlegt Szene für Szene:
– Wo stehen die Requisiten (Tisch, Stühle usw.)?
– Wo ist die Tür?
– Wo sitzen, stehen die Spieler?
– Wer geht wann wohin?

5 Vielleicht ist es bei einigen Szenen in eurem Sketsch hilfreich, wenn ihr einzelne Gesten und Gesichtsausdrücke pantomimisch erprobt, z.B. den Übereifer der Sekretärin, die Verblüffung des Monteurs. Lest die Info auf Seite 48.

6 Wie kann man das „Angeberverhalten" des Anwalts am besten ausdrücken? Wie wirkt es,
– wenn der Anwalt auf- und abgeht und mit den Händen redet?
– wenn er „cool" die Füße auf den Tisch legt?
– wenn er geschäftig hinter dem Schreibtisch sitzt?
Probiert verschiedene Möglichkeiten aus.

7 a) Das Telefonat wirkt nur überzeugend, wenn die Gesprächspausen angemessen sind. Das könnt ihr üben, wenn ihr die Telefonszene einmal im Rollenspiel mit einem Gesprächspartner (Generaldirektor!) sprecht.
b) Nehmt euer Rollenspiel mit einer Videokamera auf. Habt ihr den Tipp eingehalten?

TIPP

Das solltet ihr bei einer Aufführung beachten:
1. Laut und deutlich sprechen!
2. Immer zum Publikum sprechen! Achtet schon bei den Proben darauf, dass kein Spieler nach hinten (also vom Publikum weg) spricht.
3. Bewusst darauf achten, dass man vor Aufregung nicht zu schnell spricht.
4. Die Rolle weiterspielen, auch wenn man gerade nicht mit Sprechen dran ist.

Lesetraining

Sich **konzentrieren** – **genau** hinsehen

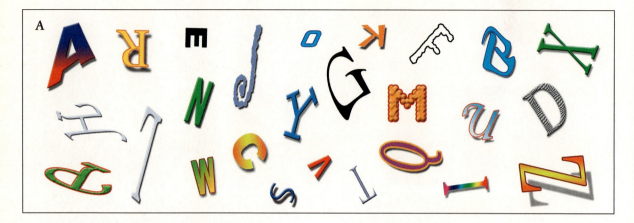

A

Führt alle Übungen in dieser Einheit in Partnerarbeit durch. Jeder bearbeitet eine Aufgabe zweimal, dann wird gewechselt. Wer nicht liest, übernimmt die Kontrolle. Für Aufgaben mit diesem Zeichen 🕒 benötigt ihr eine Armbanduhr mit Sekundenzeiger. Damit messt ihr die Zeit, die der Partner für diese Übung braucht. Kann er seine Zeit verbessern und die Fehlerzahl verringern?

1 In der Abbildung A oben findest du die Buchstaben A bis Z. Berühre sie so schnell wie möglich in der richtigen Reihenfolge.

2 a) Lies die Wörterliste in der Abbildung B zuerst leise.
Versuche, die Wörter auf einen Blick zu erfassen, indem du mit deinen Augen senkrecht entlang der gestrichelten Achse wanderst.
b) Lies anschließend laut, fehlerfrei und möglichst schnell vor.
c) Bereite genauso die Wörterliste in der Abbildung C zum Vorlesen vor.

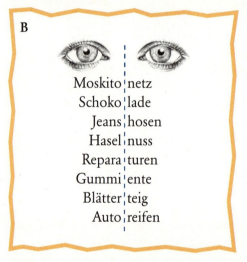

B

Moskito netz
Schoko lade
Jeans hosen
Hasel nuss
Repara turen
Gummi ente
Blätter teig
Auto reifen

C

Eis essen
Sonntags spaziergang
Gefühle zeigen
putz munter
Knie auf schlagen
stink faul
etwas Schönes
Seil springen

Ungewohnte Schriftbilder lesen

A

Julia wird zum Rektor gerufen: „Mir wurde gemeldet, dass du deinen Lehrer einen Holzkopf genannt hast." „Nein, das stimmt so nicht", verteidigte
5 sich Julia. „Ich habe nur zu ihm gesagt, es wäre vielleicht besser, wenn er eine Mütze anziehen würde, da sich in der Gegend ein Specht herumtreiben soll"

B

Einige Regenwaldtiere, wie die Pfeilgiftfrösche, tragen schreiend bunte, auffällige Farben, um damit anderen zu zeigen, dass sie ungenießbar sind. Oft wird ihre Körper-
5 zeichnung dann von völlig ungiftigen Tieren nachgeahmt, um damit Räuber abzuschrecken. Sehr gerne werden auch Ameisen imitiert, die so wehrhaft sind, dass sie selten gefressen werden. Die klassische Kombi-
10 nation von Schwarz und Gelb als Warnfarbe wird auch im Regenwald verstanden.

1 Schaffst du es, die Texte A und B nach einer kurzen Vorbereitungszeit fehlerfrei zu lesen?

2 Bereite in gleicher Weise auch die Texte C und D zum Vorlesen vor.

C
Einefraualarmiertediepolizei,weilihreschwesternichtamarbeitsplatzerschienenwarund auchnichtanstelefongin.alsdiepolizistenvorderhaustürstanden,hörtensiediebewohnerin mitschwacherstimmesagen,siekönnesichnichtbewegen,inderwohnungseieineratte.die beamtendrangenüberdenbalkonindiewohnungein.derübeltäter,dievermeintlicheratte, warinzwischenlängstüberalleberge.

D
Das größte Nagetier der Erde hatte die Ausmaße eines Büffels und lebte von Seegras und Krokodilen. Ein rund acht Millionen Jahre altes Fossil des Meerschweinchen-Verwandten haben deutsche und amerikanische Forscher in Venezuela ausgegraben. Es wog etwa 700 Kilogramm. Das war gut das Zehnfache des größten Nagers unserer Zeit. Er war etwa drei Meter lang und 1,3 Meter hoch. Er hatte immer wieder nachwachsende Nagezähne und besonders kräftige Hinterläufe.

3 Der Text unten ist unterbrochen.
Kannst du ihn trotzdem flüssig lesen?

Mit dem Streifenwagen zur Freundin
Ein 15 Jahre alter Italiener ist vor lauter Sehnsucht nach seiner schwedischen Freundin 2500 Kilometer durch Europa getrampt. Die letzten 60 Kilometer wurde er jedoch im Streifenwagen gefahren. Die Liebesgeschichte begann, als sich die beiden Teenager in den USA kennen lernten. Verliebt bis über beide Ohren wollte der Schüler seine
5 Freundin mit einem Besuch überraschen und riss von zu Hause aus. Die Polizei fand den als vermisst gemeldeten Jungen in einer schwedischen Raststätte. Statt ihn jedoch nach Hause zu schicken, brachten die Beamten den Ausreißer zu seiner Freundin. Was dann passierte, ist nicht bekannt. Der Verliebte ist inzwischen wieder daheim.

4 Lies den Text unten und setze dabei
die Lückenwörter ein.

Der Frosch und das Rind
An einem schönen Sonnentag ging einmal ein (1) mit seinen Kindern über die (2) spazieren. Da sah er ein Rind vor sich. Es war (3) groß und stark. Der Frosch wurde darüber furchtbar (4) und wollte auch so groß sein. Er blies sich auf und fragte seine (5) : „Bin ich jetzt größer als das Rind?" Sie riefen alle: „Nein." Da (6) er sich noch viel mehr an und blies und blies und fragte wieder: „Wer ist (7) größer?" Und wieder riefen die Kinder: „Das (8) ist größer." (9) blies der Frosch weiter und weiter – und plötzlich (10) er.

Frosch
Wiese
riesig
neidisch
Kinder
strengte
jetzt
Rind
Ärgerlich
platzte

5 Welche Lückenwörter sind richtig?
Entscheide dich beim Vorlesen blitzschnell.

Pferd muss ins Gefängnis
Ein störrisches Pferd hat einen Mann und die Polizei ganz schön auf Trab (1). Der Gaul, den ein Mann gekauft hatte, wollte nicht in den (2). Deshalb machte sich der Käufer (3) mit dem Pferd auf den Heimweg. Darüber wurde es Nacht. Die Polizei (4) die beiden. Begründung: Ohne Beleuchtung seien (5) nicht zu sehen und daher eine (6). Der Gaul kam in Arrest. Der Mann fuhr im (8) heim.
Das Pferd ließ sich am (9) Tag dann doch noch mit (10) in das Fahrzeug locken.

gesetzt – gehalten
Pferdeanhänger – Schlüsselanhänger
mit dem Fuß – zu Fuß
stoppte – verurteilte
wir – sie
Verkehrsgefährdung – Verkehrsinsel
Taxi – Fahrrad
gestrigen – nächsten
Brühe – Mühe

Genau lesen und **kombinieren**

1 Fünf Jungen sind auf einer Jugendfreizeit zusammen in einem Bungalow untergebracht. Welcher von ihnen isst gerne Pizza und in welchem Bett schläft er?
Übertrage die Tabelle unten in dein Heft.
Lies dann die Sätze und trage die Informationen in die entsprechende Spalte ein.

1. Timo isst gerne Brathähnchen und schläft im ersten Bett.
2. Neben dem Münchner Jungen schläft Timo.
3. Der Junge im mittleren Bett hat einen Hund.
4. Das Lieblingsessen von Kai ist Schweinebraten.
5. Sergej dagegen liebt Spaghetti über alles.
6. Der Fußballspieler hat zwei Hasen.
7. Über Bratwürste freut sich immer der Fußballspieler Franz.
8. Der Junge aus Rosenheim schläft zwischen dem Stuttgarter und dem Berliner.
9. Der Rosenheimer hat zwei Hasen.
10. Sergej kommt aus Stuttgart.
11. Rainer kümmert sich um eine Katze und schläft neben dem Hasenbesitzer.
12. Der Schildkrötenbesitzer aus Frankfurt angelt.
13. Der Basketballspieler heißt Rainer und schläft neben Franz.
14. Der Modellauto-Sammler isst gerne Spaghetti.
15. Der Stuttgarter schläft neben dem Münchner, aber nicht neben Timo.
16. Der Angler steht auf Brathähnchen und schläft neben dem Gitarrenspieler.
17. Kai hat einen Papagei. Er schläft zwischen Timo und Sergej.

Name:	Timo	☆ ☆ ☆	☆ ☆ ☆	☆ ☆ ☆	☆ ☆ ☆
Tier:	☆ ☆ ☆	☆ ☆ ☆	☆ ☆ ☆	☆ ☆ ☆	☆ ☆ ☆
Essen:	☆ ☆ ☆	☆ ☆ ☆	☆ ☆ ☆	☆ ☆ ☆	☆ ☆ ☆
Stadt:	☆ ☆ ☆	☆ ☆ ☆	☆ ☆ ☆	☆ ☆ ☆	☆ ☆ ☆
Hobby:	☆ ☆ ☆	☆ ☆ ☆	☆ ☆ ☆	☆ ☆ ☆	☆ ☆ ☆

Lebendig vorlesen

Richtig **betonen**

1. **Ich** will diese Kekse jetzt nicht!
2. Ich **will** diese Kekse jetzt nicht!
3. Ich will **diese** Kekse jetzt nicht!
4. Ich will diese **Kekse** jetzt nicht!
5. Ich will diese Kekse **jetzt** nicht!

1 a) Lest euch in Partnerarbeit abwechselnd die Sätze oben vor. Betont dabei das fett gedruckte Wort.
b) Wählt einen Satz aus und lest ihn vor. Der Partner errät, welcher Satz gemeint ist.

2 Die folgenden Sätze geben verschiedene Absichten wieder. Welche Absicht passt zu welchem Satz oben? Überlegt gemeinsam und schreibt euer Ergebnis auf: *A = 2*.

> A Ich möchte jetzt gar nichts.
> B Vielleicht möchte Julia welche essen.
> C Ich möchte später einen Keks essen.
> D Ich will lieber die Schokoladenkekse.
> E Ich will lieber einen Apfel.

3 Lest die folgenden Sätze. Welches Wort muss jeweils im vorhergehenden Satz betont werden? Probiert eure Vorstellungen in Partnerarbeit aus.

4 a) Lies die erste Strophe des Gedichts unten zunächst leise.
Trage sie dann deinem Partner betont vor. Probiere verschiedene Betonungen aus.
b) Schaffst du es auch, die 2. Strophe betont vorzulesen?

> **lachst du**
> franz mon
>
> lachst du
> lachst du noch
> lachst du da noch
> da lachst du auch noch
>
> lachst du da auch noch
> lachst du auch da noch
> lachst auch du da noch
> lachst auch da du noch

1a) Seit heute ist Taruhs Sporttasche verschwunden, **gestern** war sie aber noch da.
b) Seit heute ist Taruhs Sporttasche verschwunden, **Sebastians Tasche** ist aber wieder da.
2 a) Meine Schwester mag keine Katzen, aber **Hunde** liebt sie sehr.
b) Meine Schwester mag keine Katzen, aber es sind **meine** Lieblingstiere.

3a) Deine neue Frisur finde ich witzig, die **alte** war so langweilig.
b) Deine neue Frisur finde ich witzig, die alte war so **langweilig**.
4 a) Kommst du am Samstag zum Grillen? **Tom** kommt auch.
b) Kommst du am Samstag zum Grillen? Am **Freitag** habe ich keine Zeit.

Lebendig vorlesen

Stimmungen ausdrücken

"Das kann doch nicht wahr sein!"

1 a) Betrachtet die Gesichter.
Was drücken sie aus? Sprecht darüber.
b) Wählt abwechselnd ein Gesicht aus und sprecht dazu passend den Satz in der Sprechblase
Die anderen sagen, welche Stimmung gemeint war.

2 Suche dir einen Satz unten aus.
Überlege, welche Stimmung du ausdrücken möchtest.
Errät die Klasse, welche du gemeint hast?

> A „Es regnet schon wieder."
> B „Ich habe heute einen Brief von deinem Lehrer bekommen."
> C „Der Club hat ein Tor geschossen."

3 Übt das Gespräch rechts zu dritt ein. Lest den Tipp.
Nehmt zum Vorbereiten eine Folie oder Copy 8.

TIPP

So liest du lebendig vor:
1. Überlege gründlich, welche Stellen du betonen willst.
Unterstreiche diese Stellen.
2. Mit der Stimme kannst du Stimmungen wie Wut, Angst, Freude oder Verzweiflung zum Ausdruck bringen. Überlege daher, ob du einen Text langsam, zögerlich und leise oder schnell, heftig und laut sprichst.

Nach dem Kunstunterricht …
A: Wegen dir bekommen wir jetzt eine Mitteilung nach Hause!
B: Wegen mir? Wieso?
A: Du hast doch Jasmin das Wasser über
5   das Bild geschüttet!
B: Ich hab ihr das Wasser drüber geschüttet? Du hast mich geschubst!
A: Quatsch! Du hast doch mich gestoßen!
B: Wie bitte? Du willst dich jetzt nur
10   rausreden!
A: Und du meinst, ich bin allein schuld?!
C: Jetzt mal langsam! Ihr habt doch beide 'rumgeblödelt.
B: Was mischt du dich jetzt ein?
15 A: Genau! Du hast doch überhaupt keine Ahnung!
C: Und ob! Ich stand genau neben Jasmin! Ich habe alles gesehen.
A: Lass uns in Ruhe! Hau ab!
20 C: Da will man zwei Streithähne beruhigen und dann bekommt man nur Ärger. Zum Schluss gebt ihr mir noch die Schuld!
B: Na klar! Hättest du uns nicht mit deinen Grimassen abgelenkt, wäre gar nichts
25   passiert! Du bist schuld!
C: Ihr beiden spinnt wohl! Zuerst streitet ihr euch, dann seid ihr euch wieder einig! Und ich soll der Dumme sein!

Sachtexte lesen und verstehen

Angst vor Spinnen?

1 a) Schau dir das Bild rechts an: Welches Gefühl hast du, wenn du das Foto betrachtest?
b) Woher kommt wohl die Angst vor Spinnen? Haben wir sie gelernt oder ist sie uns angeboren? Tauscht eure Vermutungen aus.

2 Lies die Überschriften des Zeitungsartikels. Worum geht es wohl in diesem Artikel?

3 a) Lies den Text durch. Unterstreiche unbekannte Wörter auf einer Folie oder benütze Copy 9.
b) Kläre diese Wörter aus dem Textzusammenhang oder mit dem Wörterbuch.

Eine Furcht vor Tieren, die in Deutschland ihren Sinn längst verloren hat

Die Spinnenangst hat ihre Wurzeln in Afrika

ROSTOCK Die Angst vor Spinnen und Schlangen ist nach Expertenmeinung mehrere Millionen Jahre alt und im Menschen tief verwurzelt. Die natürliche Furcht sei entstanden, als der
5 Urmensch Afrika durchstreift habe und durch giftige Spinnen und Schlangen gefährdet gewesen sei, sagt der Rostocker Biologe Prof. Ragnar Kinzelbach. „Es war eine sehr sinnvolle Angst: Wer sich nicht fürchtete, wurde gebissen, starb und
10 konnte sich also nicht fortpflanzen." Nur der Vorsichtige überlebte und gab sein Furchtverhalten an die Nachkommen weiter. Kleinkinder haben zwar nach Kinzelbachs Erfahrungen bis zum Alter von zwei Jahren überhaupt keine Angst vor
15 Spinnen. „Sie nehmen die Tiere völlig angstfrei in die Hand oder essen sie sogar." Dieses Verhalten höre aber mit Beginn des dritten Lebensjahres auf. Für den Biologen von der Universität Rostock ist dies ebenfalls entwicklungsgeschichtlich bedingt:
20 „Bis zum zweiten Lebensjahr wurden die Kinder auf dem Arm oder dem Rücken getragen und kamen nicht direkt in Kontakt mit Krabbeltieren. Das ändert sich, wenn sie eigenständig auf dem Boden unterwegs sind." Die Angst vor Spinnen
25 oder Schlangen sei bei jedem Menschen unterschiedlich stark ausgeprägt und werde durch Erziehung und Medien beeinflusst.
In Gebieten wie Deutschland sei diese Angst allerdings objektiv unbegründet, betonte der Direktor

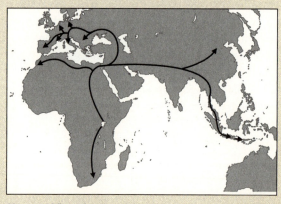

Vor ca. 1 Million Jahren entwickelte sich die Gattung Mensch in Afrika.

30 des Instituts für Biodiversitätsforschung. Das giftigste Tier sei die Kreuzotter. „Und an einem Kreuzotterbiss ist seit über 100 Jahren keiner mehr in Deutschland gestorben."
Auch die Gefahr durch Spinnen sei nicht gegeben.
35 Höchstens könne eine kräftige ausgewachsene „Dornfinger"- Spinne schon mal an einer weichen Stelle die Haut durchbeißen. „Das passiert aber äußerst selten und schmerzt dann lediglich wie ein Wespenstich."
40 Unterschieden werden müsse zwischen der natürlichen und der krankhaften Angst (Phobie). „Wenn sich Menschen etwa den ganzen Tag nicht aus der Wohnung trauen, weil eine Spinne auf der Türschwelle sitzt, dann ist eine Psychotherapie
45 geboten."

Sachtexte lesen und verstehen

4 a) In Zeile 30 steht das Fremdwort „Biodiversitätsforschung". Was bedeutet es wohl?
b) Überlege: Ist hier das Nachschlagen im Wörterbuch unbedingt notwendig?
c) Lies dazu den Tipp unten.

5 Die folgenden Arbeitsanweisungen helfen dir, den Text zu verstehen. Arbeite zunächst allein. Schreibe die Antworten in Stichworten ins Heft. Besprecht dann eure Ergebnisse

1. Viele Menschen haben Angst vor Spinnen. Der Text erklärt an drei Stellen, woher diese Angst kommt. Unterstreiche diese Zeilen auf einer Folie oder auf der Copy 9.
2. Warum war früher die Angst vor Spinnen lebensnotwendig? Suche die Textstelle und erkläre sie mit eigenen Worten.
3. Warum fürchten sich heute Kinder bis zum Alter von zwei Jahren nicht vor Spinnen? Notiere den Grund in Stichpunkten.
4. Ist die Angst vor Spinnen in Deutschland begründet? Gib die Textstellen an, die dafür oder dagegen sprechen.
5. Erkläre das Fremdwort *Phobie* aus dem Text.

6 Decke den Zeitungsartikel ab. Überprüfe, ob die folgenden Aussagen richtig sind. Notiere in deinem Heft r (= richtig) oder f (= falsch): A = …

A Die Angst vor Spinnen ist auch in Deutschland begründet, denn hier lebt die gefährliche Dornfinger-Spinne.
B Die Urmenschen überlebten u. a. nur aufgrund ihrer natürlichen Angst vor giftigen Spinnen.
C In Filmen werden Spinnen oft ekelerregend dargestellt, auch deshalb haben wir Angst vor ihnen.
D Die Furcht vor Spinnen ist in Deutschland eigentlich unsinnig.
E Angst vor Spinnen braucht der heutige Mensch nirgendwo zu haben.
F Das Furchtverhalten vor Spinnen wird bis heute von Generation zu Generation weitergegeben.
G Medien tragen nicht zu unserem Angstverhalten vor Spinnen bei.
H Krankhafte Angst vor etwas bezeichnet man als Phobie.

7 Vergleicht eure Lösungen in der Klasse. Überprüft sie mithilfe des Textes. Für jedes richtige (r) und (f) gibt es einen Punkt. Zählt die Gesamtpunktzahl zusammen. Hier die Wertung:

8 Punkte: Du weißt ja prima Bescheid. Herzlichen Glückwunsch!
7–6 Punkte: Gut, du bist auf dem richtigen Weg.
5–4 Punkte: Ganz ehrlich: Etwas mehr Informationen könnten es schon sein.
3–0 Punkte: Lies den Text noch einmal in Ruhe durch.

8 Welche Absicht verfolgt eurer Meinung nach dieser Zeitungsartikel? Sammelt Möglichkeiten und begründet eure Meinung mit Textstellen.

9 Hat sich deine Einstellung zu Spinnen und Schlangen jetzt verändert?

TIPP
Nur wichtige Begriffe nachschlagen
Versuche unbekannte Wörter aus dem Zusammenhang zu erklären. Wenn du nachschlagen musst, prüfe, ob ein Satz auch ohne das unbekannte Wort zu verstehen ist. Nicht jedes unbekannte Wort ist zum Verständnis eines Satzes oder Textes wichtig.

Sachtexte lesen und verstehen

Ferien im Weltraum

Abenteuerurlaub im Weltraum
Ingo von Felden

Von außen sieht der Ferienflieger fast aus wie ein normaler Jumbo-Jet. Nur innen ist alles ein bisschen anders: Die Passagiere liegen in Astronautensitzen. Und eigentlich sind sie auch Astronauten – für die
5 Zeit ihres Urlaubs. Wer schon alles gesehen und erlebt hat, kann sich auf etwas wirklich Außerirdisches freuen – Urlaub im Weltall! Das ist keine abgehobene Idee weltfremder Zukunftsforscher: Der Trip in die Weite des Alls soll bald schon
10 Wirklichkeit werden. Die Raumschiffe der NASA sind ohnehin für den wiederholten Einsatz gedacht. Warum soll man sie also nicht für den Tourismus nutzen?
Auch Pläne für ein Weltraumhotel existieren
15 bereits. Ein bisschen sieht es aus wie Raumschiff-Enterprise. 240 Meter hoch wird es sein und sich wie ein Kreisel um die eigene Achse drehen. Zimmer mit überwältigender Aussicht sind garantiert: Das Sternenhotel wird in einer Höhe von
20 4000 Kilometern über der Erde schweben.

Entworfen wurde das Space-Hotel von japanischen Raumfahrt-Spezialisten. Bereits jetzt werden Reservierungen angenommen!
Selbstverständlich bekommt jeder Gast einen richtigen Raumanzug, wie ihn auch Astronauten tragen. 25 Sonst wäre der Aufenthalt außerhalb der geschützten Atmosphäre des Hotels tödlich. Wer mag, unternimmt einfach einen Weltraumspaziergang und lässt sich an einer langen Sicherheitsleine vom Space-Hotel „abhängen".
30

1 a) Betrachtet das Bild und die Überschrift des Textes. Was haltet ihr von Ferien im Weltall?
b) Wie stellt ihr euch einen solchen Urlaub vor?
c) Lest den Text. Klärt unbekannte Wörter im Gespräch.

2 Rechts findest du Sätze aus dem Text. Die unterstrichenen Wörter wurden verändert. Suche die betreffenden Sätze heraus und nenne die im Text verwendete Formulierung.
Du kannst auch Copy 11 verwenden und dort die Stellen unterstreichen.
1. Bald schon soll der Trip ins weite All Wirklichkeit werden.
Lösung: Der Trip in die Weite des Alls soll bald schon Wirklichkeit werden.

1. Bald schon soll der Trip <u>ins weite All</u> Wirklichkeit werden.
2. Die Raumschiffe der NASA sollen ohnehin <u>wiederholt eingesetzt</u> werden.
3. <u>Das Aussehen</u> erinnert ein bisschen an Raumschiff Enterprise.
4. <u>Der Entwurf</u> für das Space-Hotel stammt von japanischen Raumfahrt-Spezialisten.
5. Sich außerhalb der geschützten Atmosphäre des Hotels aufzuhalten <u>wäre sonst tödlich</u>.

Sachtexte lesen und verstehen

4 In den Sätzen unten sind bestimmte Wörter unterstrichen. Suche im Text Wörter mit gleicher Bedeutung. Finde zuerst die jeweiligen Sätze heraus und nenne dann die entsprechenden Wörter.
1. Von außen sieht der Ferienflieger beinahe aus wie ein normaler Jumbo-Jet.
Lösung:
Von außen sieht der Ferienflieger fast aus wie ein normaler Jumbo-Jet.

1. Von außen sieht der Ferienflieger beinahe aus wie ein normaler Jumbo-Jet.
2. Wie Astronauten liegen die Fluggäste in Sitzen.
3. Die Raumschiffe der NASA sollen ohnehin mehrmals verwendet werden.
4. Pläne für ein Weltraumhotel sind schon vorhanden.
5. Jedem Gast wird ein Zimmer mit überwältigender Aussicht zugesichert.

5 Die folgenden Wörter kommen im Text als Fremdwörter vor. Übertrage die Kästchen in der gleichen Abfolge auf Karopapier oder benütze Copy 11. Schreibe die Wörter in die Kästchen.
Wie heißt das Lösungswort?

1. Fremdenverkehr   5. Weltraumfahrer
2. Fluggäste   6. Buchung
3. Ausflug   7. vorhanden sein
4. Gedanke   8. Fachmann

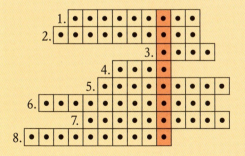

6 Beantworte folgende Fragen zum Text in jeweils einem Satz.

1. Wofür sollen die Raumschiffe der NASA in Zukunft genutzt werden?
2. Beschreibe, wie das geplante Weltraumhotel aussehen wird.
3. Wer hat die Pläne für das Hotel entworfen?
4. Wann müssen die Reisenden einen Raumanzug tragen?
5. Warum ist dies notwendig?

7 Sprecht über die Absicht des Textes. Lest dazu die folgenden Aussagen. Begründet anhand des Textes, welche Aussagen zutreffen und welche nicht.

A Der Text fordert auf, den nächsten Urlaub im All zu verbringen.
B Der Text berichtet knapp und sachlich über zukünftige Urlaubsmöglichkeiten.
C Der Text informiert unterhaltend über zukünftige Urlaubsmöglichkeiten.

8 Glaubt ihr, dass tatsächlich ein Hotel im Weltall geplant wird? Tauscht eure Meinungen darüber aus, ob dieser Text nur eine „Zeitungsente" ist.

9 Versetze dich in die folgende Situation. Schreibe dazu eine Erzählung oder gib deine Gedanken und Gefühle in einer Tagebuchnotiz wieder.

Du bist Weltraumtourist und machst deinen ersten Ausflug:
– Du schwebst ...
– Du siehst die Erde ...
– Dir gehen viele Gedanken durch den Kopf ...
– Du hast dabei ganz unterschiedliche Gefühle, Wünsche ...

Erzählungen erschließen

Ein türkisches Märchen

Der Fisch mit dem goldenen Bart
Aus dem Türkischen übertragen von Domna Steiniger

In einem Teil des Meeres lebten vor langer, langer Zeit zwei Fische, die sehr gute Freunde waren. Davon hatte der eine einen schönen, langen, goldenen Bart.
Die beiden Fische verbrachten, so wie es Freunde tun, viel Zeit miteinander. Doch eines Tages suchte der Fisch mit dem goldenen Bart vergeblich nach seinem Freund. Nirgends konnte er ihn finden. Tief bekümmert suchte er den Zauberer Oktapus auf und erzählte ihm, dass sein bester Freund verschwunden sei.
Der Zauberer sprach: „Die Menschen haben deinen Freund gefangen. Ich werde dich an Land bringen, so dass du deinen Freund suchen kannst. Bedenke aber, du musst vor Sonnenuntergang wieder ins Meer zurückkommen, sonst musst du sterben."
Der Zauberer versetzte den Fisch mit dem goldenen Bart in einen Schlaf und als dieser am Strand des Meeres aufwachte, hatte er die Gestalt eines Menschen angenommen.
Auf der Erde war es Winter, und der Fisch in Menschengestalt sah überall Schnee und Eisblumen. Er kam durch Wälder und eine große Ebene, bis er am Horizont die schneebedeckten Türme und Dächer einer Stadt sah. Er wanderte auf die Stadt zu und begann sofort, als er sie erreicht hatte, nach seinem Freund zu suchen. Lange, lange suchte er, aber die Suche schien vergeblich zu sein. Der Abend näherte sich schon und er wurde sehr traurig und niedergeschlagen. Als er schon alle Hoffnung aufgegeben hatte, was sah er da: Im Schaufenster eines Ladens schwamm sein Freund in einem Aquarium.
Schnell betrat er den Laden. „Bitte gib mit den Fisch dort", sagte er zu dem Verkäufer. Doch der Verkäufer verlangte Geld, was ihm der Fisch in Menschengestalt natürlich nicht geben konnte. Da sagte der Verkäufer: „Wenn du nicht bezahlen kannst, kann ich dir auch nicht den Fisch verkaufen, es sei denn, du schneidest deinen goldenen Bart ab und bezahlst damit."
Was sollte der arme Fisch in Menschengestalt tun? Das Wichtigste war ihm, seinen Freund zu retten. Er schnitt sich also den Bart ab, dann nahm er seinen Freund in den Arm und rannte aus der Stadt. Die Sonne ging schon langsam unter und er erinnerte sich an die Warnung des Zauberers. Er lief und lief, ohne sich eine Rast zu gönnen. Gerade als die Sonne am Horizont verschwand, erreichten beide das Meer und tauchten sofort in den Wellen unter. Der Fisch in Menschengestalt verwandelte sich dabei wieder in einen echten Fisch. Voller Freude umarmten sich die beiden Freunde und schwammen glücklich nach Hause.
Seit diesem Tag hat keiner der beiden Fische mehr einen goldenen Bart, doch sie sind die besten Freunde, die man sich vorstellen kann.

Altın sakallı balık

Bir zamanlar bir deniz ülkesinde iki arkadaş balık yaşarmış. Balıklardan birinin çok güzel bir altın sakalı varmış. Günlerden birgün altın sakallı balığın arkadaşı kaybolmus. Arkadaşının kaybolmasına çok üzülen altın sakallı balık, büyücü ahtopottan yardım istemiş. Büyücü ahtopot: „Arkadaşını insanlar yakalamış. Seni karaya çıkarıyorum. Git onu bul. Yalnız güneş batmadan denize dönmelisin. Eğer dönmezsen yok olursun" demiş.

---

1 Worum geht es in diesem Text?
A Abenteuer
B Gefangenschaft
C Liebe
D Freundschaft
Begründe deine Meinung.

2 a) Was war das Wichtigste für den Fisch, als er seinen Freund im Aquarium sah? Sprecht darüber.
b) Was tat er, um seinen Freund zu retten?

Erzählungen erschließen

3 Lies den Text ein zweites Mal.
Unterstreiche auf einer Folie oder in der Copy 10.
Angaben zu folgenden Fragen:
1. Welche Personen treten auf?
2. Wo spielt die Handlung?
3. Welche Zeitangaben werden gemacht?

4 a) Teile den Text in Erzählschritte ein.
Lies dazu die Info.
b) Notiere die Erzählschritte.
c) Vergleicht eure Ergebnisse!

> 1. Erzählschritt: Z. 1-4
> 2. Erzählschritt: Z. 5- ...

5 Fasse mit Hilfe der Erzählschritte den Inhalt der Geschichte in eigenen Worten zusammen.

6 Der Fisch mit Bart beweist seinem Freund zweimal seine Freundschaft.
Suche die entsprechenden Textstellen und gib die Zeilennummern an.

7 Der Fisch trägt einen goldenen Bart.
Wofür steht die Farbe Gold?
Erkläre die übertragene Bedeutung.

8 Welche Charaktereigenschaften hat deiner Meinung nach der Fisch mit dem Bart?
Schreibe sie auf.

9 Was verstehst du unter *Freundschaft*?
Beschreibe in einem kleinen Text, was du bereit wärst, für deine beste Freundin/deinen besten Freund zu tun. Beschreibe auch die Grenzen.

10 Dieser Text ist ein Märchen. Untersuche, welche Merkmale eines Märchens auch auf dieses Märchen zutreffen.
Lies dazu unter dem Stichwort *Märchen* im Anhang *Literarische Fachbegriffe* nach.

11 a) Vielleicht können türkische Mitschüler den Anfang des Märchens in ihrer Muttersprache vorlesen.
b) Kennen sie noch andere türkische Märchen? Lasst sie erzählen.

12 a) Dieses Märchen lässt sich gut als Schattenspiel auf dem Tageslichtprojektor aufführen.
Seht euch dazu die Abbildung unten an.
Wie sind wohl die Figuren gemacht worden?
b) Bereitet das Schattenspiel in Gruppen vor. Klärt dafür folgende Fragen:
– Welche Figuren und Kulissen benötigt ihr?
– Wer bastelt sie?
– Wer liest den Text vor?
– Wer führt die Figuren?

INFO

Erzählschritt
Die Handlung eines Textes besteht aus mehreren Erzählschritten. In jedem Erzählschritt geschieht etwas Neues, z. B. es tritt eine neue Person auf oder der Ort und die Zeit des Geschehens wechseln. Ein Erzählschritt kann in einem Satz abgeschlossen sein, er kann aber auch mehrere Absätze umfassen.

Erzählungen erschließen

Der Rollstuhl

1 a) Schaut euch das Bild und die Überschrift an. Worum geht es wohl in dieser Erzählung?
b) Der Text ist verwürfelt. Wenn ihr die Textteile richtig ordnet, erhaltet ihr ein Lösungswort.

Der Rollstuhl
Margarete Klare

F Michaela sollte lernen, alleine mit dem Rollstuhl zu fahren. Michaela wollte nicht. Weil sie den Rollstuhl hasste. Weil sie gehen wollte, auf ihren Beinen stehen. Oder wenigstens gefahren werden.
Jetzt wurde sie in den Rollstuhl gesetzt und sollte sich auch noch selber schieben! Nein, sie wollte nicht.

E Alle kamen pitschnass im Heim an. Das war ein Abenteuer.
Besonders für dich! sagte die Betreuerin zu Michaela. Jetzt kannst du endlich laufen – auf Rädern. Das musst du deinen Eltern zeigen. Wenn du willst, können sie dich Sonntag besuchen. Michaela drehte ihren Rollstuhl um die eigene Achse und fuhr los, als wollte sie nie mehr stille stehen. Die letzten drei Wochen im Heim waren wunderbar.

D Sie sah das Wasser, sah, wie die anderen mit ihren Rollstühlen flitzten und wurde von Angst gepackt. Ich kann mich nicht retten! schrie es in ihrem Kopf. Und ihre Hände griffen wie von selbst nach den metallenen Reifen vor den Rädern. Aber die standen wie festgewachsen. Die Bremsen! dachte Michaela. Ich muss die Bremsen lösen! Rechter Hebel, linker Hebel. Da fuhr der Rollstuhl. Michaela drehte die Reifen, so schnell sie konnte, rollte weiter und weiter, hinter den anderen her. Ganz allein, mit der Kraft ihrer Arme. Eine der Betreuerinnen holte sie ein und fasste die Griffe des Rollstuhls. Ich kann! schrie Michaela in den Platzregen hinein. Ich kann alleine! Und fuhr davon.

U Sie fuhren auf einer asphaltierten Landstraße und waren schon weit weg vom Ort. Da schütteten sich plötzlich schwarze Wolken aus. Im Nu stand die Straße unter Wasser. Alle versuchten, schnell wegzukommen. Einer von den kleinen Jungen rutschte wie auf einer Eisbahn mit seinem Rollstuhl an den Straßenrand und kippte die niedrige Böschung hinunter. Alle Betreuer eilten ihm sofort zu Hilfe. So stand Michaela plötzlich alleine da.

R Da wurde sie verschickt: in ein Heim für behinderte Kinder. Sie sollte sich erholen, sechs Wochen lang, sagten die Eltern. Und sie sollte andere behinderte Kinder kennen lernen. Kinder, die auch im Rollstuhl saßen und sich selber fuhren.
Drei Wochen lang weinte sie jede Nacht, wollte nichts essen und wurde noch dünner als sie schon war. Wenn die Betreuer sie in ihren Rollstuhl setzten, schloss sie die Hände zu Fäusten und rührte sich nicht vom Fleck. Michaela wollte nicht. Der Rollstuhl machte alles so deutlich.
Die Zeit im Heim kroch wie eine Schnecke.

E Einmal machte die ganze Gruppe einen Ausflug. Wer es schaffte, fuhr allein in seinem Rollstuhl. Manche hatten einen kleinen Motor. Michaela ließ sich schieben. Sie wäre lieber im Heim geblieben. Aber sie musste mit.

Erzählungen erschließen

2 Die Bilder zeigen die ersten drei Erzählschritte.
a) Ordne die Bilder dem Text zu.
b) Schreibe zu jedem Bild einen Satz, der das Wichtigste dieses Erzählschritts zusammenfasst:
1 = Michaela hasst ihren Rollstuhl.
c) Male zu den weiteren Erzählschritten Bilder. Es reicht, wenn du mit einfachen „Strichmännchen-Zeichnungen" den Inhalt eines Erzählschrittes wiedergibst.
d) Schreibe auch zu diesen Bildern einen Satz.
e) Welcher Erzählschritt stellt den Höhepunkt der Erzählung dar? Tauscht eure Meinungen aus.

3 a) Michaela hasste den Rollstuhl, denn „der Rollstuhl machte alles so deutlich". Was meinte wohl Michaela mit „alles"? Sammelt eure Vorstellungen an der Tafel.

Ich kann nicht ...	Ich kann ...
laufen	
tanzen	
...	

b) Am Ende der Erzählung erkennt Michaela auf einmal: "Ich kann!" Michaela meint damit nicht nur das Rollstuhlfahren.
Ergänzt an der Tafel, was Michaela jetzt kann.

4 Michaela kam zunächst mit ihrer Situation im Rollstuhl nicht zurecht. Sie dachte: „Das schaffe ich nie!"
Gab es für dich auch eine Situation, in der du dachtest: „Das schaffe ich nicht!"?
Hast du die Situation gemeistert? Erzähle.

5 Noch am selben Abend schreibt Michaela in ihr Tagebuch:

> Ich hasste ihn. Der Rollstuhl erinnerte mich täglich an meine toten Beine. Doch seit heute Mittag liebe ich ihn!

Schreibt weiter.

Sprachliche Mittel untersuchen

1 Warum erscheint der Text so spannend und anschaulich? Um diese Frage zu klären, muss man untersuchen, welche sprachlichen Mittel ein Autor verwendet. Lest dazu die Info.

2 Rechts findet ihr einen Ausschnitt aus dem Originaltext. Der Text darunter wurde verändert.
a) Vergleicht die beiden Texte miteinander: Welches sprachliche Mittel wurde verändert?
b) Lest beide Texte laut vor und achtet auf die unterschiedliche Wirkung der Texte.
c) Sprecht über eure Eindrücke.
d) Nennt weitere Stellen im Text, in denen die Autorin dieses sprachliche Mittel eingesetzt hat.

3 a) Im folgenden Textauszug findet ihr ein anderes sprachliches Mittel unterstrichen. Lest in der Info nach, worum es sich handelt.
b) Untersucht die Wirkung dieses sprachlichen Mittels, indem ihr zuerst den veränderten Text und dann den Originaltext lest.

Originaltext:
Sie sah das Wasser, sah, wie die anderen mit ihren Rollstühlen flitzten und wurde von Angst gepackt. Ich kann mich nicht retten! schrie es in ihrem Kopf. Und ihre Hände griffen wie von selbst nach den metallenen Reifen vor den Rädern. Aber die standen wie festgewachsen. Die Bremsen! dachte Michaela. Ich muss die Bremsen lösen!

Veränderter Text:
Sie sah das Wasser, sah, wie die anderen mit ihren Rollstühlen flitzten und wurde von Angst gepackt. Viele Gedanken gingen ihr durch den Kopf. Und ihre Hände griffen wie von selbst nach den metallenen Reifen vor den Rädern. Aber die standen wie festgewachsen. Michaela dachte an die Bremsen. Sie suchte nach den Hebeln.

Originaltext:
Die Bremsen! dachte Michaela. Ich muss die Bremsen lösen! <u>Rechter Hebel, linker Hebel.</u> Da fuhr der Rollstuhl. Michaela drehte die Reifen, so schnell sie konnte, rollte weiter und weiter, hinter den anderen her. <u>Ganz allein, mit der Kraft ihrer Arme.</u>

Veränderter Text:
Die Bremsen! dachte Michaela. Ich muss die Bremsen lösen! Sie kippte zuerst den rechten Hebel und dann den linken Hebel um. Da fuhr der Rollstuhl. Michaela drehte die Reifen, so schnell sie konnte, rollte weiter und weiter, hinter den anderen her. Jetzt konnte sie alleine mit der Kraft ihrer Arme fahren.

4 Sucht im Text weitere Beispiele für die in der Info genannten sprachlichen Mittel. Schreibt sie heraus.

INFO

Sprachliche Mittel
Autoren verwenden absichtlich sprachliche Mittel, um eine besondere Wirkung zu erzielen, z.B. um ein Geschehen, eine Stimmung, ein Gefühl anschaulich darzustellen.

Wörtliche Rede
Tugba dachte: „Nein! Das mache ich nicht!"
Manche Autoren lassen die Anführungszeichen weg.

Vergleich
Dieter war so stark wie ein Bär.

Gleiche Satzanfänge
Er kann nicht surfen. Er kann nicht skaten. Er kann nicht Tennis spielen.

Unvollständige Sätze
Susi liest ein Buch. Ein dickes Buch. Über Hexen. Sie findet das Buch super.

Wortwiederholungen
Eugen schreibt seine Hausaufgaben. Julija schreibt einen Merktext. Yunus schreibt gar nichts.

Die Kurzgeschichte

Mehr als eine kurze Geschichte

Guanahani
Gerold Effert

Er saß neben Britta an der Uferböschung und blickte zu der kleinen Insel im See hinüber, die eigentlich kaum mehr als ein Haufen von Geröll und Schutt war. Im Sommer des vorletzten Jahres hatte er das Inselchen entdeckt, war bald regelmäßig hinübergeschwommen, allein, und hatte stundenlang dort drüben gelegen, an einer sandigen Stelle, und auf das Wasser gestarrt. Manchmal war ein Schwarm von Fischen vorbeigezogen, junge Schleien oder Karpfen vielleicht, und an der flachen Bucht hatten sich Kaulquappen getummelt. Als gegen Herbst hin das Wasser schon empfindlich kühl geworden war, hatte er ein Büschel Weidenruten mit hinübergenommen, hatte sie in den feuchten Boden gesteckt, wo sie sich zu seiner Freude verwurzelten und zu wachsen begannen. Bald würden sie hoch genug sein, um sich dahinter zu verstecken, eine grüne Wildnis, die ihm allein gehörte. Und im vergangenen Sommer hatte er drüben einige Wurzelknollen von Schwertlilien eingegraben. Am liebsten möchte ich ausreißen, hörte er Britta sagen, weg von daheim, von der Schule, weit fort.

Erstaunt wandte er sich zur Seite, sah, wie das Mädchen mit einer ruckenden Bewegung die schwarzen Locken schüttelte, und fragte, du auch? Ich dachte immer, mir geht es allein so. Britta warf ihm einen Blick zu und lächelte bitter.

Die meisten in meiner Klasse haben es satt, sagte sie. Aber niemand traut sich Ernst zu machen und wirklich zu verschwinden.

Das kommt darauf an, erwiderte er und schaute unentwegt zu seiner Insel hinüber. Ein Wildentenpaar glitt daran vorüber; wahrscheinlich hatte es an der vorderen Stelle, wo einige Büschel Schilf wuchsen, ein Nest.

Worauf kommt es an? fragte sie.

Einfach davonzurennen, das ist Unsinn, sagte er nachdenklich. Die Polizei braucht nicht lange um dich aufzustöbern und wieder heimzuschaffen.

Und dann ist alles noch viel schlimmer als zuvor. Man müsste ein Ziel haben, Guanahani zum Beispiel. So hat er seine Insel genannt, aber bisher mit keinem darüber geredet.

Wie bitte? fragte Britta, während sie in ihrer Umhängetasche kramte, zwei Bananen hervorzog und ihm eine reichte.

Das ist ein Indianerwort, verstehst du? Kolumbus ist dort gelandet, auf dieser Insel, vor fünfhundert Jahren oder so, und hat sie San Salvador genannt. Guanahani, sagte Britta, wie fremd das klingt. Dort am Strand liegen oder ins warme Wasser hineinwaten und nicht mehr an die Mathearbeit denken müssen, an Vokabeln und Grammatik oder an die ewige Nörgelei daheim, das stelle ich mir schön vor. Er nickte, wollte näher an Britta heranrücken, traute sich aber nicht, sondern stand auf, ging die drei Schritte zum Ufer hinunter und tauchte seine rechte Hand ins Wasser.

Wie ist es? fragte Britta, während sie aus ihrer Tasche ein in Papier gewickeltes Brot zog und es auszupacken begann.

Noch viel zu kalt zum Baden, gab er missmutig zur Antwort. Das dauert noch zwei Monate oder länger, bis es warm genug ist, dass man hinüberschwimmen kann.

Wohin? fragte sie.

Nach Guanahani, sagte er. Dabei deutete er auf seine Insel und hörte, wie Britta ein Lachen ausstieß.

Manchmal hast du die verrücktesten Ideen, rief sie. Dort drüben liegt mein Guanahani, erwiderte er. Ein bisschen steinig ist es noch, aber ich habe schon Weiden gepflanzt und sogar Schwertlilien verbuddelt. Im Sommer gibt es für mich keinen schöneren Ort weit und breit. Und würdest du mich mitnehmen? fragte sie. Er sah, wie sie das Butterbrotpapier glatt strich und auf ihren Knien zu falten begann. Warum nicht? sagte er und stellte sich vor, wie sie gemeinsam hinüber schwimmen, mit dem Schilfgras eine Kuhle auskleiden und sich darin sonnen würden. Aber dazwischen lag noch eine endlose Zeit mit Aufsätzen und schwierigen Arbeiten. Er würde sich ins Zeug legen, um seine Versetzung ins nächste Schuljahr zu schaffen, dann könnte er sich sechs Wochen lang mit Britta treffen, Tag für Tag. Davonrennen, das war kein richtiger Ausweg, genauso wenig wie vorzeitig aufgeben.

Er wusste, was Britta faltete: zuerst einen Helm und mit weiteren flinken Handgriffen ein Papierschiff. Aus ihrer Tasche zog sie einen Lippenstift, drehte ihn auf und malte zu beiden Seiten des Bugs einen roten Kreis mit Strahlen auf das Papier: die Sonne. Dann sprang das Mädchen auf, kam zu ihm herab und setzte das Schiffchen vorsichtig auf das Wasser. Langsam trieb es davon, zunächst ein Stück am Ufer entlang, bald aber auf die offene Wasserfläche hinaus. Britta reichte ihm wortlos die Hälfte des Brots und stand so dicht neben ihm, dass ihr linker Arm seinen rechten berührte.

Ob es drüben ankommt? fragte sie.

Bestimmt, antwortete er lächelnd, da bin ich ganz sicher. Und während sie nebeneinander standen, nahm das Papierschiff, von einem leichten Wind geschaukelt, wirklich Kurs auf die kleine Insel. Er schaute gespannt hinterher und fühlte sich so glücklich wie schon seit langem nicht.

1 Fühlt ihr euch von diesem Text angesprochen? Nennt Gründe für eure Meinung.

2 a) Was erfahrt ihr im ersten Satz dieser Geschichte?
b) Warum nimmt die Beschreibung der Insel im Rest des ersten Absatzes einen so großen Raum ein?

Die Kurzgeschichte

3 Wie stellt ihr euch die Hauptpersonen vor?
  a) Sucht Textstellen, die Rückschlüsse auf die beiden zulassen.
  b) Überlegt, welche der Adjektive jeweils auf ihn oder Britta zutreffen.

ängstlich	missmutig
ärgerlich	mutig
egoistisch	nachdenklich
eigenbrötlerisch	neugierig
einsam	offenherzig
enttäuscht	optimistisch
ernst	pessimistisch
fleißig	realistisch
fürsorglich	schüchtern
gefühllos	traurig
glücklich	verliebt
hilfsbereit	verträumt

4 a) „Man müsste ein Ziel haben ..." heißt es in der Zeile 42. Man könnte diese Stelle als Schlüsselstelle des ganzen Textes bezeichnen. Was spricht für diese Meinung?
  b) Sucht die Textstelle, in der der Autor die Herkunft des Namens „Guanahani" klärt.
  c) Überlegt, warum der Autor als Titel des Textes „Guanahani" gewählt hat.

5 a) Die Insel führt zu einer Annäherung der beiden jungen Menschen. Durch welche Gesten und Handlungen am Schluss wird das deutlich?
  b) Welche symbolische (übertragene) Bedeutung könnte man dem Schiffchen am Schluss der Geschichte beimessen?

6 a) Bei dem Text „Guanahani" handelt es sich um eine Kurzgeschichte. Lest dazu die Info.
  b) Vergleicht die möglichen Kennzeichen der Kurzgeschichte mit dem Text. Welche Übereinstimmungen könnt ihr feststellen?

7 Versetzt euch in eine der beiden Hauptpersonen. Welchen Eintrag würdet ihr am Abend in euer Tagebuch schreiben?

Heute war ein toller Tag ...

INFO

Merkmale einer Kurzgeschichte
Vergleicht man Kurzgeschichten miteinander, dann lassen sich häufig folgende Merkmale finden:

1. Die Handlung setzt unvermittelt ein und endet offen.
2. Die Umgebung, in der die Handlung spielt, hat nur eine untergeordnete Rolle. In den Vordergrund rückt eine alltägliche Begebenheit.
3. Kernstück einer Kurzgeschichte ist die unerwartete Wendung, die für das weitere Leben der Hauptperson(en) oft entscheidend ist.
4. Gegenstände und Orte können eine symbolische Bedeutung (Sinnbilder) annehmen.
5. In der Kurzgeschichte bevorzugt der Autor häufig kurze, aneinander gereihte Hauptsätze (zum Teil auch unvollständige Sätze), Alltagssprache und oftmals Wiederholungen.

Nicht immer treten in einer Kurzgeschichte alle genannten Merkmale auf.

Gedichtwerkstatt: Balladen

Geschichten in Gedichten

John Maynard
Theodor Fontane

John Maynard!
„Wer ist John Maynard?"
„John Maynard war unser Steuermann,
Aushielt er, bis er das Ufer gewann,
Er hat uns gerettet, er trägt die Kron,
Er starb für uns, unsre Liebe sein Lohn.
John Maynard."

Alle Glocken gehn; ihre Töne schwelln
Himmelan aus Kirchen und Kapelln,
Ein Klingen und Läuten, sonst schweigt die Stadt,
Ein Dienst nur, den sie heute hat:
Zehntausend folgen oder mehr,
Und kein Aug im Zuge, das tränenleer.

Sie lassen den Sarg in Blumen hinab,
Mit Blumen schließen sie das Grab,
Und mit goldner Schrift in den Marmorstein
Schreibt die Stadt ihren Dankspruch ein:
„Hier ruht John Maynard. In Qualm und Brand
Hielt er das Steuer fest in der Hand,
Er hat uns gerettet, er trägt die Kron,
Er starb für uns, unsre Liebe sein Lohn.
John Maynard."

1 Das sind der Anfang und das Ende eines Gedichtes. Der Mittelteil fehlt.
a) Welche Situationen werden in den beiden Textteilen beschrieben?
b) Welche der Situationen könnte früher, welche später passiert sein? Begründet eure Antwort.
c) Sucht Hinweise darauf, was sich im fehlenden Mittelteil ereignet haben könnte.

2 Auf Seite 99 sind die Abschnitte des Mittelteils durcheinander gewürfelt.
a) Sucht nach Hinweisen, die etwas über die Reihenfolge der Abschnitte verraten.
b) Überlegt euch die richtige Reihenfolge der Abschnitte. Bei richtiger Lösung ergeben die Buchstaben vor den Strophen ein sinnvolles Lösungswort.

3 a) Lest das gesamte Gedicht in der richtigen Reihenfolge vor. Ihr könnt dazu die Copy 12 verwenden.
b) Sprecht über eure Eindrücke von diesem Gedicht.

4 Was gibt dieses Gedicht wieder? Entscheidet euch für eine der folgenden Möglichkeiten und begründet eure Entscheidung.

eine Stimmung in der Natur

eine spannende Handlung

die Gefühle einer Person

Gedichtwerkstatt: Balladen

(T)
Alle Herzen sind froh, alle Herzen sind frei –
Da klingts aus dem Schiffsraum her wie Schrei,
„Feuer!" war es, was da klang,
Ein Qualm aus Kajüt und Luke drang,
Ein Qualm, dann Flammen lichterloh,
Und noch zwanzig Minuten bis Buffalo.

(S)
Die „Schwalbe" fliegt über den Eriesee,
Gischt schäumt um den Bug wie Flocken von Schnee;
Von Detroit fliegt sie nach Buffalo –
Die Herzen aber sind frei und froh,
Und die Passagiere mit Kindern und Fraun
Im Dämmerlicht schon das Ufer schaun,
Und plaudernd an John Maynard heran
Tritt alles: „Wie weit noch, Steuermann?"
Der schaut nach vorn und schaut in die Rund:
„Noch dreißig Minuten ... halbe Stund."

(E)
Und die Passagiere, buntgemengt,
Am Bugspriet stehn sie zusammengedrängt,
Am Bugspriet vorn ist noch Luft und Licht,
Am Steuer aber lagert sichs dicht,
Und ein Jammern wird laut: „Wo sind wir? Wo?"
Und noch fünfzehn Minuten bis Buffalo.

(R)
Das Schiff geborsten. Das Feuer verschwelt.
Gerettet alle. Nur einer fehlt!

(E)
„Noch da, John Maynard?" Und Antwort schallts
Mit ersterbender Stimme: „Ja, Herr, ich halts!"
Und in die Brandung, was Klippe, was Stein,
Jagt er die „Schwalbe" mitten hinein.
Soll Rettung kommen, so kommt sie nur so.
Rettung: der Strand von Buffalo.

(U)
Der Zugwind wächst, doch die Qualmwolke steht,
Der Kapitän nach dem Steuer späht,
Er sieht nicht mehr seinen Steuermann,
Aber durchs Sprachrohr fragt er an:
„Noch da, John Maynard?" –
            „Ja, Herr. Ich bin."
„Auf den Strand! In die Brandung!" –
            „Ich halte drauf hin."
Und das Schiffsvolk jubelt: „Halt aus! Hallo!"
Und noch zehn Minuten bis Buffalo.

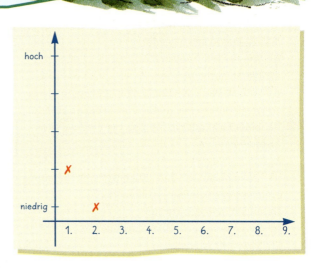

5 Nennt einige sprachliche Mittel, die Fontane verwendet, um die Spannung zu steigern. Denkt dabei auch an die Mittel, die ihr beim Erzählen gebraucht.

6 Vom Erzählen kennt ihr auch die Spannungskurve. Wie verläuft sie in dieser Ballade?
a) Übertragt dazu die nebenstehende Tabelle in euer Heft.
b) Bestimmt für jede Strophe das Maß der Spannung. Tragt den Wert in die Tabelle ein und verbindet die Punkte durch eine Linie.
c) Vergleicht eure Kurven.

Gedichtwerkstatt: Balladen

Erlkönig[1]
Johann Wolfgang Goethe

Wer reitet so spät durch Nacht und Wind?
Es ist der Vater mit seinem Kind;
Er hat den Knaben wohl in dem Arm,
Er fasst ihn sicher, er hält ihn warm.

„Mein Sohn, was birgst du so bang dein Gesicht?"
„Siehst, Vater, du den Erlkönig nicht?
Den Erlenkönig mit Kron und Schweif?"
„Mein Sohn, es ist ein Nebelstreif."

„Du liebes Kind, komm, geh mit mir!
Gar schöne Spiele spiel ich mit dir;
Manch bunte Blumen sind an dem Strand,
Meine Mutter hat manch gülden Gewand."

„Mein Vater, mein Vater, und hörest du nicht,
Was Erlenkönig mir leise verspricht?"
„Sei ruhig, bleibe ruhig, mein Kind;
In dürren Blättern säuselt der Wind."

„Willst, feiner Knabe, du mit mir gehn?
Meine Töchter sollen dich warten[2] schön;
Meine Töchter führen den nächtlichen Reihn[3]
Und wiegen und tanzen und singen dich ein."

„Mein Vater, mein Vater, und siehst du nicht dort
Erlkönigs Töchter am düstern Ort?"
„Mein Sohn, mein Sohn, ich seh es genau:
Es scheinen die alten Weiden so grau."

„Ich liebe dich, mich reizt deine schöne Gestalt;
Und bist du nicht willig, so brauch ich Gewalt."
„Mein Vater, mein Vater, jetzt fasst er mich an!
Erlkönig hat mir ein Leids getan!"

Dem Vater grauset's, er reitet geschwind,
Er hält in den Armen das ächzende Kind,
Erreicht den Hof mit Mühe und Not:
In seinen Armen das Kind war tot.

---

[1] *Erlkönig* ist eine andere Bezeichnung für *Elfenkönig*. Elfen sind Zauberwesen, die häufig ein anmutiges Äußeres haben.
[2] *warten* hat hier die Bedeutung *sich um jemand kümmern*.
[3] *Reihn* ist die ältere Bezeichnung für *Reigen*, einen Gruppentanz.

7
a) Gebt die Handlung dieser Ballade mit eigenen Worten wieder.
b) Wie erklärt ihr euch die Angst des Sohnes?
c) Woran stirbt wohl das Kind?
d) Welche Personen kommen in diesem Gedicht zu Wort? Unterstreicht mit verschiedenen Farben auf einer Folie oder in der Copy 13 die Aussagen dieser Personen.

8
a) „John Maynard" und „Erlkönig" sind Balladen. Welche Merkmale der Liste rechts treffen auf beide Texte zu?
b) Sucht weitere Gemeinsamkeiten. Erstellt eine Liste mit den Merkmalen einer Ballade.

- **A** Wiedergabe einer Handlung
- **B** außergewöhnliches Geschehen
- **C** Schilderung der Stimmung, die von einer Naturlandschaft ausgeht
- **D** Vermischung mehrerer Geschichten miteinander
- **E** Gespräch zwischen Personen
- **F** Verwendung vieler Wörter in übertragener Bedeutung
- **G** Verwendung der Alltagssprache
- **H** Vorhandensein eines Erzählers

Gedichtwerkstatt: Balladen

Balladen wirkungsvoll vortragen

1 Balladen kommen besonders gut zur Wirkung, wenn sie lebendig vorgetragen werden.
a) Lest dazu die Checkliste.
b) Sucht und markiert (auf einer Folie oder in der Copy 13) in der Ballade *Erlkönig* Stellen, an denen Pausen notwendig sind. Achtet auf die Satzzeichen.

2 a) Sprecht den folgenden Dialog. Probiert dabei verschiedene Möglichkeiten der Tonlage aus: ängstlich, besorgt, neugierig, erstaunt, gelassen, enttäuscht …

> „Mein Sohn, was birgst du so bang dein Gesicht?"
> „Siehst Vater, du den Erlkönig nicht?
> Den Erlenkönig mit Kron und Schweif?"
> „Mein Sohn, es ist ein Nebelstreif."

b) Sprecht darüber, welche der Möglichkeiten am besten passen.
c) Sucht auch für die übrigen Strophen der Ballade nach der geeigneten Tonlage.
d) Lest euch gegenseitig die Ballade mit Pausen und mit unterschiedlichen Tonlagen vor.

3 Der Vortrag dieser Ballade lässt sich in Gruppen gut zu einer Hörszene gestalten.
a) Sucht Textstellen heraus, die Hinweise auf Geräusche geben.
b) Überlegt, wie ihr die Geräusche erzeugen könnt, und legt fest, wer von euch dafür zuständig ist. Benützt dafür Copy 14.
c) Verteilt die verschiedenen Aufgaben (Sprecher/Geräuschemacher) und probiert mehrfach den Ablauf.
d) Spielt euch gegenseitig eure Szenen vor und sprecht über deren Wirkung.
e) Nehmt eure Hörszenen auf Kassette auf.

CHECKLISTE

Lebendig und anschaulich vorlesen
1. Plane angemessene Sprechpausen ein. (Kennzeichnung: / für kurze Pause, // für lange Pause)
2. Betone besonders wichtige Wörter. (Kennzeichnung durch Unterstreichen)
3. Passe die Tonlage der jeweiligen Situation an. Beachte dabei Lesetempo, Lautstärke und Stimmung. (Kennzeichnung durch passende Randbemerkungen)
4. Prüfe, ob du deinen Lesevortrag durch Mimik und Gestik unterstützen kannst.

INFO

Merkmale der Ballade
1. In ihr wird eine Handlung wiedergegeben.
2. Im Mittelpunkt steht ein außergewöhnliches Geschehen.
3. Sie ist spannend.
4. Sie hat einen Höhepunkt.
5. Sie ist in Strophen eingeteilt.
6. Sie weist Verse auf, die sich reimen.
7. Häufig enthält sie Rede und Gegenrede.

In der Ballade mischen sich daher die Merkmale der drei Dichtungsgattungen Lyrik (Gedicht), Epik (erzählende Dichtung) und Dramatik (szenische Texte).

Chansons – moderne Balladen?

Ankomme Freitag den 13.
Reinhard Mey

Es rappelt am Briefschlitz, es ist viertel nach sieben.
Wo, um alles in der Welt, sind meine Latschen geblieben?
Unter dem Kopfkissen nicht und auch nicht im Papierkorb,
dabei könnte ich schwören, sie war'n gestern noch dort!
5 Also dann eben nicht, dann geh' ich halt barfuß.
Meine Brille ist auch weg, liegt sicher im Abfluss
der Badewanne, wie immer, na –, ich seh' auch gut ohne
und die Brille hält länger, wenn ich sie etwas schone.
So tapp' ich zum Briefschlitz durch den Flur unwegsam,
10 falle über meinen Dackel auf ein Telegramm.
Ich les' es im Aufsteh'n mit verklärter Miene:
„Ankomme Freitag, den 13., um 14 Uhr, Christine!"

Noch sechseinhalb Stunden, jetzt ist es halb acht.
15 Vor allen Dingen: ruhig Blut, mit System und Bedacht.
Zunächst einmal anzieh'n, – halt, vorher noch waschen! –
da find' ich die Pantoffeln in den Schlafanzugtaschen.
Das Telefon klingelt: Nein, ich schwöre, falsch verbunden,
ich bin ganz bestimmt nicht Alfons Yondrascheck, – noch viereinhalb Stunden.
20 Den Mülleimer raustragen, zum Kaufmann geh'n,
Kopfkissen neu beziehen und Knopf an Hose näh'n.
Tischdecke wechseln, – ist ja total zerrissen,
hat wahrscheinlich der kriminelle Dackel auf dem Gewissen,
und wahrscheinlich war der das auch an der Gardine!
25 „Ankomme Freitag, den 13., um 14 Uhr, Christine!"

Zum Aufräumen ist keine Zeit, ich steck' alles in die Truhe,
Abwasch, Aschenbecher, Hemden, so, jetzt habe ich Ruhe.
Halt, da fällt mir ein, ich hatte ihr ja fest versprochen:
30 An dem Tag, an dem sie wiederkommt, wollte ich ihr etwas kochen!
Obwohl ich gar nicht kochen kann! Ich will es doch für sie versuchen!
Ich hab' auch keine Ahnung vom Backen und back' ihr trotzdem einen Kuchen.
Ein Blick in den Kühlschrank: Drin steht nur mein Wecker.
Noch mal runter zum Lebensmittelladen und zum Bäcker.
35 Rein in den Fahrstuhl und Erdgeschoss gedrückt.
Der Fahrstuhl bleibt stehen, der Dackel wird verrückt.
Nach dreiviertel Stunden befreit man mich aus der Kabine.
„Ankomme Freitag, den 13., um 14 Uhr, Christine!"

Gedichtwerkstatt: Balladen

Den Dackel anbinden vor'm Laden, aber mich lassen sie rein,
40 ich kaufe irgendwas zum Essen und drei Flaschen Wein,
eine Ente dazu – ich koche Ente mit Apfelsinen –,
für den Kuchen eine Backform, eine Hand voll Rosinen.
„Darf's für 20 Pfennig mehr sein? Im Stück oder in Scheiben?"
„Ist mir gleich, ich hab das Geld vergessen, würden Sie's bitte anschreiben?!"
45 Ich pack' alles in die Tüte. Vorsicht, nicht am Henkel anfassen,
sonst reißen die aus! Na, ich werd' schon aufpassen!
Rabatz vor der Tür, der Dackel hat sich losgerissen
und aus purem Übermut einen Polizisten gebissen.
Da platzt meine Tüte, es rollt die Lawine …
50 „Ankomme Freitag, den 13., um 14 Uhr, Christine!"

„Sind Sie der Halter dieses Dackels? Bitte mal Ihre Papiere!"
Das ist mir besonders peinlich, weil ich Papiere immer verliere.
Ich schimpfe, ich weine, ich verhandle und lache.
55 „Das kennen wir schon, komm' Se mit auf die Wache!"
Um die Zeit müsste die Ente schon seit zehn Minuten braten,
und vielleicht wär' mir der Kuchen ausnahmsweise geraten.
Und ich sitz' auf der Wache, und das ausgerechnet heut',
dabei hab' ich mich so unverschämt auf das Wiedersehn gefreut!
60 Vielleicht ist sie schon da und es öffnet ihr keiner?
Jetzt ist's 20 nach vier, jetzt ist alles im Eimer!
Da fällt mein Blick auf den Kalender, und da trifft mich der Schlag:
Heute ist erst der 12. und Donnerstag!

1 Wie stellt ihr euch den Menschen vor, der im Mittelpunkt des Liedes steht? Beschreibt eure Vorstellungen.

2 a) Welche Hindernisse treten bei den Vorbereitungen des Begrüßungsessens auf? Fasst die wichtigsten Erzählschritte zusammen.
b) Mit welcher Pointe endet der Text?
c) Im Text kommen mehrere Zeitangaben vor. Welche Aufgabe haben sie?

3 Mit welchen Merkmalen der Ballade stimmt dieses Lied überein? Lest dazu die Info auf Seite 101.

4 Kennt ihr andere moderne Liedtexte, die balladenhafte Züge besitzen? Bringt sie mit und untersucht sie.

5 a) Bereitet auch diesen Text für einen Lesevortrag vor.
b) Ihr könnt den Text auch paarweise vortragen: Eine Person liest den Text vor und die andere spielt das Verhalten der Hauptperson pantomimisch, also nur mit Mimik und Körpersprache.

6 a) Lasst euch diesen Song vorspielen.
b) Wie wird die Wirkung des Textes durch die Musik gesteigert?

7.2.3 Zugang zu literarischen Texten finden/Balladen

Das Buch des Monats

Lesen ist toll

> Ich lese eigentlich alles gerne, es muss nur gut und spannend geschrieben sein.

> Ich lese am liebsten Bücher, die von Jugendlichen und ihren Problemen handeln. Die sprechen mich am meisten an.

> Also, ich lese am liebsten Fantasy-Geschichten. Dann vergesse ich meistens alles um mich herum.

1 Was lest ihr gerne? Tauscht euch darüber in kleinen Gruppen aus und berichtet dann darüber.

2 Treffen die rechts vorgestellten Bücher euer Leseinteresse? Tauscht eure Meinungen darüber aus.

3 Der Vorschlag „Das Buch des Monats" soll Anregungen für das Lesen bieten. Lest dazu den Tipp und sprecht darüber. In dieser Einheit erhaltet ihr für die Durchführung weitere Hinweise.

TIPP

Das Buch des Monats
Einmal im Monat stellt eine Gruppe von drei bis vier Schülerinnen und Schülern ein Buch vor. Sie haben das Buch selbst ausgewählt und auch die Präsentation selbstständig vorbereitet. So entsteht im Laufe eines Jahres eine Vorschlagsliste attraktiver Bücher.

„Paul und Paula"
Ulf Stark

Turbulent, teils chaotisch – alles beginnt mit einem lästigen Umzug nach „weit draußen" ins Haus von Mamas Freund genau an Paulas zwölften Geburtstag. Im Durcheinander geht der Hund verloren, taucht Opa in Damenstiefeln auf und am ersten Schultag wird Paula zum neuen Mitschüler Paul. Das ist der Gipfel! Witzig, aber auch anstrengend so ein ungewollter Rollentausch – und schwierig, als sich ein Mädchen in Paul verknallt und Paula sich in einen Jungen verliebt.

„Da musst du durch, Lurch"
Jenny Robson

Gestatten: MacKenzie De Jongh, Kapstadt, Südafrika, genannt: Chamäleonauge. Denn MacKenzies Augen rollen in verschiedene Richtungen und er schielt, dass sich die Leute abwenden und sagen: „Armer Junge!"
„Armer MacKenzie", das sagen auch seine Lehrerin, seine Mutter und seine Schwestern. Nur Oubaas, dem Bruder, kommt MacKenzies Schielen gerade recht: Er nimmt ihn mit, wenn er klauen geht, und benützt ihn als Lockvogel. Als die beiden eines Tages wieder zusammen in Kapstadt unterwegs sind, geschieht etwas sehr Sonderbares. Etwas, das MacKenzies Leben völlig verändert …
Ein spannender Roman aus Südafrika zur Zeit des großen Umbruchs. Ausgezeichnet von terre des hommes und der Erklärung von Bern mit dem Preis „Die blaue Brillenschlange".

Das Buch des Monats

Wo findet man interessante Bücher?

1 a) Es gibt unterschiedliche Möglichkeiten, reizvolle Bücher zu finden.
Schaut euch dazu die Abbildungen rechts an.
b) Welchen Weg bevorzugt ihr?

2 a) Bei der Suche nach Büchern kann euch auch das Internet helfen.
Schaut euch dazu die Abbildung unten an.
b) Wie kann man auf der abgedruckten Website nach Büchern suchen?
c) Warum ist diese Seite hilfreich, auch wenn man noch kein bestimmtes Buch im Auge hat?
d) Wie könnt ihr dafür sorgen, dass nur nach Büchern gesucht wird, die eurem Alter entsprechen?

3 a) Sucht selbst über Internet nach interessanten Bücher. Lest dazu die Info.
b) Bringt aus Buchhandlungen Prospekte mit.
c) Macht mit euren Lieblingsbüchern eine Buchausstellung.

4 Nehmt euch für die Suche und Beschaffung der Bücher vierzehn Tage Zeit. Klärt gemeinsam in der Klasse, welche Gruppe zu welchem Zeitpunkt ihr Buch vorstellt.

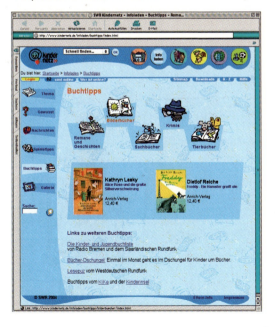

INFO

Büchersuche im Internet
Folgende Suchmaschinen im Internet orientieren sich speziell an den Bedürfnissen von Kindern und Jugendlichen:
www.blinde-kuh.de
www.kidsweb.de
www.kindernetz.de
www.seitenstark.de
Mithilfe dieser Suchmaschinen findest du Hinweise auf Buchbesprechungen auf Internetseiten.
Du kannst auch die Seiten von Internetbuchläden aufrufen. Auch sie enthalten Buchbesprechungen und Hinweise auf aktuelle Jugendbücher.

Bücher wirkungsvoll präsentieren

Stellt nun in der Gruppe euer Buch vor.
Die folgenden Seiten helfen euch dabei.

Ein Buch auf einem Plakat vorstellen

1 a) Lest die Buchvorstellung rechts.
b) Besprecht gemeinsam:
– Was erfahrt ihr über das Buch?
– Wodurch wird man auf dieses Buch neugierig?

2 a) Welche Informationen sollte ein Plakat über ein Buch enthalten? Wählt aus und begründet eure Entscheidung.

> A   Vorstellung der Hauptperson(en)
> B   Zusammenfassung der Handlung
> C   Ende der Geschichte
> D   Textauszug
> E   Informationen zur Autorin/zum Autor
> F   Stellungnahme zum Buch
> G   Bilder, Karten zum Text

3 a) Entwickelt in Gruppen für euer Buch ein Plakat. Wie man ein Plakat gestaltet, könnt ihr auf Seite 53 nachlesen.
b) Versucht, Informationen über den Autor (Lebensdaten, weitere Bücher) zu ermitteln. Zu vielen Autoren findet ihr im Internet unter *www.boedecker-kreis.de* Informationen.
Viele Autoren haben auch eine eigene Homepage.

Dann eben mit Gewalt
von Jan de Zanger

Hallo, mein Name ist Lex Verschoor. Ich lebe in Holland, bin 17 Jahre alt und gehe noch in die Schule. Bis vor Kurzem war in meinem Leben fast alles in Ordnung. Ich habe mich mit meiner Freundin Sandra ganz toll verstanden und war einer der besten Spieler in meiner Wasserballmannschaft. Doch seit in meiner Schule fremdenfeindliche Parolen und Hakenkreuze an die Wand geschmiert worden sind und Sandra wegen ihrer dunklen Hautfarbe von einer Horde Jungs verprügelt worden ist, hat sich alles verändert. Sandra geht immer mehr auf Distanz zu mir und auch ich selber habe einen Drohbrief bekommen. Ich muss deshalb einfach herausfinden, wer hinter dieser ganzen Sache steckt.

Das Buch des Monats

Das Buch durch Vorlesen bekannt machen

1 a) Welche Stellen sollte man zum Vorlesen auswählen? Nennt Gesichtspunkte.
b) Vergleicht die beiden Textstellen auf dieser Seite aus dem Buch „Dann eben mit Gewalt". Welche macht euch auf das Buch neugieriger? Begründet eure Einschätzung.

2 a) Sucht geeignete Stellen in eurem Buch, die zum Vorlesen nicht länger als zehn Minuten benötigen.
b) Überlegt, welche Informationen ihr über die Handlung geben müsst, damit die ausgewählten Textstellen verständlich sind.
c) Lassen sich die ausgewählten Stellen von verschiedenen Sprechern vorlesen?
d) Bereitet den Lesevortrag gut vor.
Achtet auf
– langsames und deutliches Sprechen,
– sinnvolle Pausen und Betonungen.
e) Sprecht in der Gruppe ab, wer bei eurer Buchvorstellung welche Aufgaben übernimmt.

Textstelle A
Wie oft hatte er das seit Freitag früh immer wieder erlebt? Er quälte sich selbst damit. Er mochte dann zwar versuchen, jedes ihrer Worte erneut zu hören, aber was sie gesagt hatte, blieb dasselbe. Sie wollte nichts mehr mit ihm zu tun haben. Weil er weiß war.
Er drehte sich auf den Rücken. Scheißferien. Verdammte Saubande. Er musste rauskriegen, wer sie waren, aber das hatte er sich nun schon so oft überlegt. Er musste etwas unternehmen, er musste versuchen, logisch zu denken.
Es war nicht wahrscheinlich, dass er als Einziger einen handschriftlichen Drohbrief bekommen hatte. Den ersten hatte er sofort zerrissen und in die Jackentasche gesteckt. Den zweiten und den dritten hatte er sorgfältiger behandelt. Er brauchte sie gar nicht mehr herauszuholen, so oft hatte er sie schon angesehen. (S. 92)

Textstelle B
Irgendetwas ging da vor. Irgendetwas war verändert. Langsam drehte er den Kopf nach links und nach rechts, wobei er Ines ein wenig von sich schob. Das Licht im Treppenhaus rechts vom Eingang war angegangen, aber er konnte niemand hinter dem Glasgiebel sehen.
Dann wurde in der sechsten Etage eine Tür geöffnet. […] Auf dem Laubengang sah er vier Leute seines Alters. Voran ging ein langer schwarzer Junge, dahinter Sandra, klein und den ganzen Kopf voller Löckchen. Ihr folgten Robbi und ein Molukker. Wie hatte Sandra den genannt? Was machten sie hier mitten in der Nacht? Das konnte doch kein Zufall sein! Edwin ging zum Fahrstuhl und drückte auf den Knopf neben der Tür. Sich ruhig unterhaltend, standen sie da oben und warteten. Die Fahrstuhltür ging auf, er sah sie einsteigen, dann ging die Tür wieder zu.
Anhand der Lämpchen, die in jeder Etage über der Fahrstuhltür aufleuchteten, konnte er den Fahrstuhl bis nach unten verfolgen. Dort sah er sie aussteigen. […] Die Tür des Fahrstuhls schloss wieder … und dann war plötzlich überall Bewegung. Aus der Halle hinter der Treppe kamen vier Figuren in dunkelgrünen, glänzenden Jacken und blauen Jeans. Sie hatten olivgrüne Mützen auf, die sie ganz vors Gesicht gezogen hatten. Für die Augen hatten sie sich kleine Löcher hineingeschnitten. Er sah Sandra schnell zur Außentüre laufen, aber als sie die geöffnet hatte, kamen von beiden Seiten Jungen in den gleichen grünen Jacken angerannt. Sie stießen die Tür weiter auf.
„Nein!" hörte er sich selbst schreien. „Sandra, nein!" (S. 128 f.)

Das Buch des Monats

Momentaufnahme

1 Diese Schülerinnen und Schüler haben die Textstelle B (siehe Seite 107) aus dem Buch „Dann eben mit Gewalt" nachgestellt. Im Vordergrund steht Sandra und stellt sich vor.

2 a) Dies ist eine Momentaufnahme. Lest in der Info nach, was darunter zu verstehen ist.
b) Eignet sich diese Form der Buchvorstellung auch für euer Buch?

3 a) Wählt eine passende Szene aus eurem Buch aus.
b) Entwickelt zur Vorbereitung für jede dargestellte Person einen Steckbrief wie im Beispiel unten
c) Probt die Momentaufnahme.

> Ich bin Sandra, die Freundin von Lex. Meine Haut ist dunkel, weil meine Eltern von den Molukken stammen, ich bin aber in Holland aufgewachsen. Mit meinen Freunden bin ich nachts im Einkaufszentrum gewesen, als plötzlich ...

Steckbrief von Lex
Alter: 17
Aussehen: ☆ ☆ ☆
Lebenssituation: ☆ ☆ ☆
Beziehung zu anderen Figuren: ☆ ☆
Wesensmerkmale: ☆ ☆ ☆
Rolle in dieser Szene: ☆ ☆ ☆

INFO

Was ist eine „Momentaufnahme"?
1. Aus dem Buch wird ein zentrale Szene der Handlung ausgewählt.
2. Diese Szene wird als bewegungsloses, „eingefrorenes" Bild, jedoch mit passender Mimik und Gestik nachgestellt.
3. Die dargestellten Figuren treten nacheinander aus dem Bild heraus und stellen sich vor.
4. Sie beschreiben anschließend aus ihrer Sicht die Ereignisse, die zu der dargestellten Szene führten.

Jugendzeitschriften untersuchen

Welche Jugendzeitschriften lest **ihr**?

1 a) Welche Jugendzeitschriften kennt ihr? Nennt einige und schreibt die Namen auf.
b) Worin unterscheiden sie sich?

2 Welche Rolle spielen Zeitschriften bei euch? Lesen Mädchen andere Zeitschriften als Jungen? Um diese Fragen etwas genauer beantworten zu können, macht eine kleine Befragung.
a) Schaut euch dazu die Tabelle unten an.
b) Wenn ihr die Tabelle ändern wollt, macht Vorschläge.
c) Übertragt diese oder eure Tabelle in euer Heft und an die Tafel.
d) Bildet Gruppen von fünf bis sechs Schülerinnen und Schülern. Jede Gruppe füllt für sich die Tabelle aus und schreibt das Ergebnis an die Tafel.

3 a) Wertet das Ergebnis aus:
– Welche Zeitschriften werden am meisten gelesen?
– Was bevorzugen Mädchen, was Jungen?
– Welche weiteren Ergebnisse könnt ihr feststellen?
b) Entsprechen die Ergebnisse euren Erwartungen?

> **INFO**
>
> **Jugendzeitschriften**
> Man kann zwei Gruppen von Jugendzeitschriften unterscheiden:
> 1. Zeitschriften, die sich mit unterschiedlichen Themengebieten beschäftigen,
> 2. Zeitschriften, bei denen es einen inhaltlichen Schwerpunkt gibt (z. B. Sport).

Titel der Zeitschrift	Inhalt		regelmäßige Leser in der Klasse		
	unterschiedliche Themen	ein Themenschwerpunkt	Zahl der Mädchen	Zahl der Jungen	Gesamtzahl
PC-Games	☆	✗	☆	☆	☆

7.2.5 Jugendzeitschriften untersuchen/Inhaltsverzeichnisse vergleichen

Themen in Jugendzeitschriften

1 Lest die folgenden Inhaltsverzeichnisse von Jugendzeitschriften.
Klärt die folgenden Fachbegriffe:

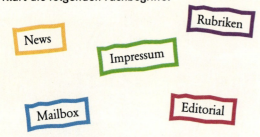

2 a) Vergleicht die Themen der drei Inhaltsverzeichnisse. Welche inhaltlichen Unterschiede stellt ihr fest?
b) In welchem Beispiel werden verschiedene Themengebiete und in welchem nur ein Thema angesprochen?
c) Wo spielt Unterhaltung, wo Information eine größere Rolle?

3 Welche Personengruppen versuchen die drei Zeitschriften mit ihren Inhaltsverzeichnissen vor allem anzusprechen?

4 Welche euch bekannten Jugendzeitschriften könnten sich hinter den Inhaltsverzeichnissen verbergen?

5 Welches der Inhaltsverzeichnisse sagt euch am meisten zu? Begründet eure Entscheidung.

Beispiel A

Stars Aktuell
SCHOCK DER WOCHE
ATEMLOS
PRELUDERS
OVERGROUND
ELIJAH WOOD
DSDS GIRLS
DSDS BOYS
INTERVIEW: LUMIDEE
FRESH!
SHOW-BIZZ

Musik News
NEUE STARS
CD-NEWS
CHART-NEWS
STARS AUF TOURNEE

Kino News
HERR DER RINGE – TEIL 3
NEUE FILME AM START

TV News
WAYNE CARPENDALE („UNTER UNS")
„DIE MOTORRADCOPS"
TV-HIGHLIGHTS PLUS
SOAP-NEWS

Report
41 KILO – EINFACH WEG!
MINI PIGS

Foto-Love-Story
„VOLL VERLIEBT"

Mode
BEACHWEAR
TRENDY MAKE-UP

Emotions
TEST: „HAST DU ANGST VOR DER LIEBE?"
LOVE & SEX
OUE LOVE
DR.-SOMMER-TEAM
MEIN ERSTES MAL

Fun & More
FUN PAGE
HOROSKOP
KEINE PANIK!
SERVICE:
COMPURESPIELE
LESER ZU *NSYNC
SPIEL UND SPASS
PREISRÄTSEL
NEW GAMES
CARTOONS

Poster
LUMIDEE
ATEMLOS
ROBBIE WILLIAMS
EVANESCENCE

Standards
ZENTRALE
AKTION LESER-REPORT
MAILBOX
SONGBOOK
IMPRESSUM

Jugendzeitschriften untersuchen

Beispiel B

EDITORIAL
Eure besten Ideen für den „Geschenkten Tag"

MENSCHENKINDER
Wenn Jungs mit Falken und Mädchen mit Nashörnern spazieren gehen

ROBOTER
Clevere Computerhirne oder blöde Blechdosen?

BILDRÄTSEL MIT 15 FEHLERN
Mozart zwischen Alphörnern? Ein Musical mit Misstönen

CUBA
Lucumi, der kleine Trommelmeister

DACKEL
Ein Welpe entdeckt die Welt

SPURLOS VERSCHWUNDEN
Was geschieht eigentlich im Bermuda-Dreieck?

SCHUHSCHNABEL
Der Vogel mit den Riesenzinken

KNISTER! BRITZEL!
Vier tolle Experimente mit Elektrizität

RÄTSELECKE
Buchstabensalat, Zahlenreihen und komische Vögel

KENYA, DEUTSCHLAND Vietnam
Drei Kinder – und die Welt, in der sie leben

UNICEF
Wie geht es den Mädchen und Jungen dieser Welt morgen?

BERUF
Goldschmied – ein schillerndes Handwerk

GROSSER WETTBEWERB
Erfinder-Kinder: Wir suchen eure verrücktesten Konstruktionen

GLETSCHERFORSCHER
Das Geheimnis der Eishöhlen

COMIC
Abschied von den Maya

LESERBRIEFE

IMPRESSUM

Beispiel C

Titelthemen
Michael Ballack: Bayerns Dribbel-Star greift an
Trefft die Bundesliga-Stars! Wir sagen euch, wo sie trainieren und spielen
Die Tennis-Girls – so kennt ihr sie noch nicht
Der Sommerhit: Wakeboarding
Streetsurfen: Surfing in the City

Extra
Zwölf Champion-Cards zum Sammeln

Fußball
Exklusiv: Bei Roque Santa Cruz in Paraguay
Borussia Dortmund: Sparen, fighten, beten!

Basketball
Close-up: Alle Facts zum Superstar des NBA-Finalisten – Latrell Sprewell

Leichtathletik
Stabhochsprung. Das deutsche Super-Quartett vor der WM

Poster
Serena und Venus Williams
Oliver Kahn
Pit Beirer

Style
Funsport-News.
55 Teile zu gewinnen

Fun
BMX: Rookie Sascha rast allen davon
European Downhillskate-Championships
NEU! Sportspiele für den Gameboy

Radsport
Tour de France: Alle fahren für Erik Zabel

Motocross
Pit Beirer: Der WM-Spitzenreiter

Schwimmen
Franziska von Almsick: Nicht zu stoppen

Serie
Die größten Sportler: Ayrton Senna

Formel 1
Magny-Cours: Schumacher macht alle nass!

Rubriken
Anpfiff
Spaß
Phone-line
Center
Rätsel/Doc/Ticker
News
TV-Highlights

7.2.5 Jugendzeitschriften untersuchen/Inhaltsverzeichnisse vergleichen

Texte
in Jugendzeitschriften

Jugendzeitschriften untersuchen

> Ich lese bei den Artikeln meistens nur die Überschriften und schaue mir die Bilder an.

> Ich verschlinge fast immer den ganzen Artikel.

1 Wie lest ihr Jugendzeitschriften? Nehmt Stellung zu den zwei Sprechblasen.

2 a) Wie ist das Verhältnis von Bildern zu Text in diesem Artikel?
b) Welches Leseverhalten wird dadurch unterstützt?

3 a) Worüber berichtet der Artikel? Verwendet zum besseren Lesen Copy 15.
b) Welche Leser will dieser Artikel in erster Linie ansprechen?

4 Im Artikel stehen Dinge über das Privatleben der Musiker. Suche diese Stellen heraus. Warum beschäftigt sich die Verfasserin damit?

5 Der Text weist ein Reihe von umgangssprachlichen Fomulierungen auf.
a) Sucht entsprechende Stellen heraus.
b) In welchen Passagen treten diese Ausdrücke auf?
c) Warum ist der Text so geschrieben?

6 Mit welcher geschäftlichen Absicht könnte dieser Artikel geschrieben worden sein? Belegt eure Vermutungen mit Stellen aus dem Text.

7 Sucht einen aktuellen Artikel in einer Jugendzeitschrift. Vergleicht ihn mit der Online-Version im Internet.

8 Haben solche Artikel Einfluss auf eure Meinungsbildung (z. B. über Bands)? Diskutiert diese Frage aufgrund eurer eigenen Erfahrungen.

Einen Kultur-Kalender entwickeln

Was ist ein Kultur-Kalender?

1
a) Seht euch den Kultur-Kalender oben genau an: Welche Termine enthält er?
b) Welche Termine findet ihr interessant?
c) Welche weiteren Informationen könnt ihr erkennen?
d) Einige Veranstaltungen wurden schon besucht. Woran erkennt man das?
e) Warum ist es sinnvoll, in der Klasse einen solchen Plan anzulegen?

2
a) Führt ein Brainstorming durch: Welche Eintragungen sollte euer Kultur-Kalender enthalten?
b) Ordnet eure Vorschläge nach Bereichen. Erstellt dazu eine Mindmap.

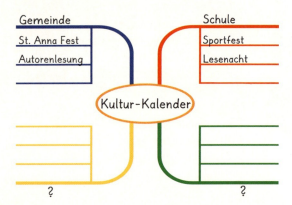

INFO

Kultur-Kalender

1. Ein Kultur-Kalender ist eine Übersicht, in der wichtige Termine und Ereignisse, z.B. Schulfeste, Filmnacht, Schultheater, Tag des Kindes, Ereignisse in der Gemeinde, wichtige Fernsehsendungen usw. vermerkt sind. Er hilft gemeinsame Unternehmungen zu planen und ermöglicht, später auf Veranstaltungen zurückzublicken, die man zusammen besucht hat. Darüber hinaus enthält er viele Anregungen für private Unternehmungen.
2. Es empfiehlt sich, den Kalender alle Vierteljahr im Voraus zu planen, also zu Beginn des Schuljahres, vor Weihnachten, nach dem Zwischenzeugnis und um Pfingsten herum.
3. Der Kultur-Kalender enthält nicht nur die Eintragungen bestimmter Ereignisse. Er kann auch ergänzt werden durch Angaben von wichtigen Informationsquellen (z. B. Internetadressen) und durch Zeitungsausschnitte sowie eigene Text- und Bildbeiträge. Aus diesem Grund sollte er auf einem großen Wandplakat Platz finden.

Einen eigenen Kultur-Kalender entwickeln

Informationsbeschaffung:

Wichtige Termine   Auskunft woher?
1. Klassentermine
2. Schultermine
3. Veranstaltungen
   der Gemeinde
4. Veranstaltungen
   der örtlichen Vereine
5. Info-Veranstaltungen
   des Arbeitsamtes
6. Musikveranstaltungen
7. Theateraufführungen
8. Interessante Filme
9. ...

1
a) Entwickelt einen eigenen Plan. Notiert zuerst, welche Veranstaltungen euch interessieren.
b) Sammelt gemeinsam Ideen, woher ihr die Informationen für die Veranstaltungen bekommen könnt.
c) Teilt die Informationssuche in Gruppen auf und informiert euch. Beachtet die Tipps auf den Seiten 22 und 40.

2 Beruft eine Redaktionskonferenz ein: Welche Termine sollen in den Kalender, welche nicht?

3
a) Erstellt einen Wandkalender. Lest dazu den Tipp.
b) Tragt die Termine ein.
c) Ergänzt den Kalender mit Informationen (Bilder, Texte) zu den Veranstaltungen. Durch Wollfäden oder Ähnliches könnt ihr diese Zusatzinformationen mit dem Termin verbinden.

4
a) Nicht alle interessanten Veranstaltungen werdet ihr gemeinsam besuchen können. Entwickelt daher jeder für sich einen eigenen Kultur-Kalender.
b) Aktualisiert euren Kalender regelmäßig.

TIPP

Wandkalender besorgen oder selbst erstellen

1. Große Wandkalender bekommt ihr bei Sparkassen, Versicherungen, Krankenkassen und großen Firmen. Solche Jahreskalender erhält man meistens erst am Jahresende für das folgende Jahr. Fragt rechtzeitig nach – am besten persönlich oder mit einem Klassenbrief.

2. Einen Wandkalender als Din-A3-Plakat könnt ihr auch selbst herstellen: Mit der Tabellenfunktion eines Textverarbeitungsprogrammes lässt sich auf einem DIN-A4-Blatt ein Kalender erstellen, der anschließend hochkopiert werden kann. Legt diesen Kalender nach dem Schuljahr an, also von September bis Juli.

3. Klebt euren Kalender auf einen großen Bogen Papier, damit ihr ihn durch Informationen zu den Terminen ergänzen könnt.

Erzählwerkstatt

Eine Erzählung **planen** und **schreiben**

Die große Gelegenheit

„So ein Mist! Warum bin ich nur so vergesslich?" Hannes drehte sich schlagartig um und marschierte wieder Richtung Schule. Das Mathematikbuch durfte er keinesfalls in der
5 Schule lassen. Eine weitere fehlende Hausaufgabe konnte er sich nicht mehr leisten. Er wollte sich nicht noch einmal von seinem Mathelehrer Riedl tadeln und von Robert, seinem größten Feind, schadenfroh angrinsen
10 lassen.
Es war ruhig im Schulgebäude. Hannes lief die Treppe hinauf zu seinem Klassenzimmer. Als er es erreichte, bemerkte er etwas Unglaubliches: Riedl hatte doch glatt seinen
15 Schlüsselbund vergessen. Er hing noch immer am Türschloss. Vorsichtig öffnete Hannes die Tür einen Spaltbreit. Das durfte doch nicht wahr sein! Auf dem Pult lag das schwarze Notizbuch und die Brieftasche seines Lehrers.
20 Daneben stapelten sich die Hefte mit dem heutigen Diktat.

Plötzlich erkannte Hannes durch den schmalen Türspalt eine Hand, die entschlossen nach den Heften griff. Hannes öffnete die Tür etwas weiter und erkannte Robert, der gerade ein 25 Diktatheft aus dem Stapel nahm, etwas verbesserte und das Heft wieder zurücklegte. Jetzt drehte sich Robert herum. Er schien kurz zu erschrecken, doch dann ergriff er ein weiteres Heft, schrieb etwas hinein und mein- 30 te grinsend: „So, jetzt hast du auch vier Fehler weniger. Für einen guten Freund mache ich alles!"
Dann ging Robert auf Hannes zu und flüsterte leise: „Halt ja den Mund, sonst bist du mit 35 dran!"

---

1 Wie könnte die Geschichte weitergehen?
   a) Besprecht in Gruppen, wie ihr euch den weiteren Verlauf vorstellt.
   b) Tauscht eure Vorstellungen in der Klasse aus.

2 Vielleicht möchtest du schon vorher auf den Verlauf der Handlung Einfluss nehmen. Dann setze die Geschichte nach dem zweiten Absatz fort.
   a) Entwickle allein oder mit anderen einen Erzählplan. Lies dazu den Tipp.
   b) Entscheide dich für eine Idee und schreibe die Geschichte auf. Überlege genau, welches Ereignis für den Ausgang der Handlung entscheidend ist. Schreibe deinen Entwurf auf ein Blatt Papier mit einem breiten Rand.

> **TIPP**
>
> **So entwickelst du einen Erzählplan:**
> 1. Lege ein A4-Blatt quer auf den Tisch.
> 2. Zeichne am linken Rand in der Mitte einen Kreis wie bei einem Cluster (siehe Seite 144). Trage in Stichworten den Beginn deiner Geschichte ein.
> 3. Beschreibe in weiteren Kreisen die folgenden Handlungsschritte.
> 4. Manchmal hast du mehrere Ideen, wie es weitergehen könnte. Dann lässt du von der letzten Station zwei (oder mehr) Striche ausgehen. Jetzt kannst du mehrere Ideen weiterverfolgen und dich dann entscheiden.

Erzählwerkstatt

Über Nacht eingesperrt
NEW YORK Zwei Jungen im Alter von 7 und 13 Jahren wurden in einem großen Warenhaus in New York über Nacht eingeschlossen. Laut Untersuchung der örtlichen Polizei waren die Jungen durch die Unachtsamkeit eines Angestellten in der Spielwarenabteilung übersehen worden. Erst am nächsten Morgen konnten die Eltern ihre vermissten Kinder in die Arme schließen. Die beiden Schüler waren zwar erschöpft, aber begeistert.

3 a) Lest den Zeitungsbericht und sprecht darüber.
b) Versetzt euch in die Lage der beiden Jungen.
– Welche Kaufhausabteilung würdet ihr besuchen?
– Was würdet ihr dort machen?
Haltet zu zweit oder in Kleingruppen eure Vorstellungen in einem Wortnetz fest.
Lest dazu den Tipp unten und seht euch das Beispiel rechts an.
c) Tauscht eure Vorstellungen aus.

4 a) Legt euch allein oder in Partnerarbeit einen Erzählplan an. Lest dazu den Tipp rechts unten.
b) Schreibt einen Entwurf für eure Geschichte. Verwendet treffende Verben und anschauliche Adjektive und Wie-Vergleiche (*hungrig wie ein Wolf*).

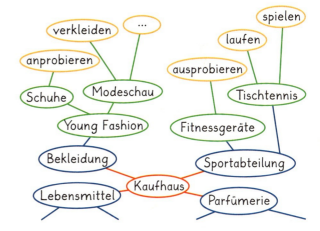

5 Überarbeitet euren Entwurf in einer Schreibkonferenz. Lest dazu die Seiten 118–119.

TIPP

So legst du ein Wortnetz an:
In einem Wortnetz sammelst du zu einem Thema unterschiedliche Begriffe.
So gehst du vor:
1. Schreibe das Thema in die Mitte eines Blattes.
2. Suche Oberbegriffe zu dem Thema (hier: Abteilungen eines Kaufhauses) und verbinde sie mit dem Ausgangswort.
3. Suche zu den Oberbegriffen Unterbegriffe. Das können Gegenstände oder Handlungen sein.
4. Verbinde durch Striche Wörter miteinander, die inhaltlich eng zusammen gehören.

TIPP

Nach einem Zeitungsbericht erzählen
Der Bericht enthält nur einen Handlungskern.
Du kannst selbst entscheiden:
– Wo und wann spielt die Handlung?
– Welche Personen sind für deine Erzählung wichtig und wie heißen sie?
– Welches Ereignis soll im Mittelpunkt deiner Erzählung stehen?
– Wie willst du die Geschichte erzählen?
Ich-Erzählung: *Ich war noch ganz verschlafen, als mich meine Mutter weckte.*
Erzählung in der 3. Person: *Betty war noch ganz verschlafen, als ihre Mutter sie weckte.*

Texte überarbeiten

Achtung, Fehler!

Pferd wird zum Helden
POLLING Ein 12-jähriges Mädchen entging nur knapp einer großen Gefahr, als es einen Ausritt in unbekanntes Gelände unternahm. Am Rande eines Steinbruchs war die Reiterin vom Pferd gestürzt und hatte sich beide Fußgelenke gebrochen. Als das Pferd ohne seine Reiterin zu Stall zurückkehrte, wurde sofort eine Suchaktion gestartet, die am Abend erfolgreich beendet werden konnte.

Der Reitunfall
An einem schönen Herbstag ging ich zum Pferdestall. Ich sattelte das Pferd und ritt los. Ich ritt über eine Wiese und dann in einen Wald. Plözlich wusste ich
5 nicht mehr, wo ich war, und hatte Angst. Ich sagte: „Wie komme ich nur wieder zum Pferdestall zurück?" Ich schaute um mich. Dann bin ich weiter geritten und kam endlich aus dem Wald heraus. Aber
10 ich wusste immer noch nicht wo ich war. Und so ritt ich weiter und weiter, bis ich in einem Steinbruch war. In dem Steinbruch hörte der Weg auf einmal auf. Da rollten ein par Steine von oben herun-
15 ter und mein Pferd hat sich erschrocken. Ganz plötzlich blieb es stehen und ich bin im hohen Bogen auf die Steine gefallen. Alles tat mir weh. Ich wollte aufstehen, aber es ging nicht. Beide Füße taten so
20 weh, dass ich nicht mehr aufstehen konnte. Das schlimmste war das mein Pferd davongelaufen ist. Zum Glück ist es zum Stall zurückgelaufen. Gleich haben mich alle gesucht und auch gefunden. Da habe
25 ich noch einmal Glück gehabt.

1 Lest den Zeitungsbericht oben.
Worum geht es in diesem Artikel?

2
a) Der Schüleraufsatz rechts wurde zu diesem Text geschrieben.
Bildet Gruppen und besprecht den Aufsatz in einer Schreibkonferenz. Lest dazu den Tipp.
b) Lest den Text in der Gruppe vor.
c) Tauscht eure Eindrücke zu diesem Text aus:
– Was gefällt euch?
– Wo seht ihr Verbesserungsmöglichkeiten?

TIPP

Wie führt man eine Schreibkonferenz durch?
Schreibkonferenzen lassen sich am besten in kleinen Gruppen von 2–4 Mitgliedern durchführen.
So könnt ihr vorgehen:
1. Die Autorin/der Autor liest den Entwurf vor.
2. Tauscht eure ersten Eindrücke aus.
3. Untersucht die erzählte Handlung:
– Wo ist etwas unklar?
– Wo ist die Handlung nicht folgerichtig?
– Hat die Geschichte einen Höhepunkt?
4. Überprüft den Text Satz für Satz und verbessert sprachliche Mängel.
5. Überprüft zum Schluss die Rechtschreibung und die Zeichensetzung.

3 Untersucht gemeinsam die Handlung:
a) Ist die Handlung verständlich?
Stellt zu dem Text W-Fragen und überprüft, ob der Text Antworten auf diese Fragen gibt.
b) Wie erklärt ihr euch, dass im Steinbruch plötzlich Steine herunterrollen?
c) Wie könnte man den Höhepunkt der Erzählung verbessern?
d) Schreibt eure Verbesserungsvorschläge zur Handlung in Stichworten auf.

Erzählwerkstatt

4 Untersucht, wie man den Text sprachlich verbessern kann.
Geht dazu die Checkliste durch und macht euch Notizen.

> Vorschläge für sprachliche Verbesserungen:
> 1. Namen für den Pferdestall und das Pferd finden, z. B. ...
> 2. Andere Wörter für reiten: galoppieren, im Schritt reiten ...
> 3. Wörtliche Rede kann man in der Zeile 22 einfügen, als das Pferd wegläuft ...
> 4. ...

5 Eine Erzählung kann man durch sprachliche Bilder lebendig und anschaulich gestalten.
Lest zum Punkt 5 der Checkliste auf den Seiten 184–185 nach, was man unter einem sprachlichen Bild versteht. Beachtet auch die Beispiele auf dieser Seite.

6 Untersucht die Rechtschreibung und die Zeichensetzung. Ihr könnt fünf Rechtschreibfehler und zwei Zeichensetzungsfehler finden.
Lest zur Zeichensetzung die Info auf Seite 221.

CHECKLISTE

Checkliste für die sprachliche Überarbeitung
1. Haben die Personen oder Tiere einen Namen?
2. Werden treffende Verben (z.B. *schleichen, flüstern*) und anschauliche Adjektive (*der gruselige Film*) verwendet?
3. Kommt wörtliche Rede vor? („*Komm her!*", *rief ich.*)
4. Wurden Gefühle und Gedanken wiedergegeben? (*Ob mir das jemand glaubt?*)
5. Wo kann man durch Wie-Vergleiche (*schnell wie der Blitz*) und sprachliche Bilder (*pfeilschnell*) noch anschaulicher schreiben?
6. Wird die richtige Zeitform eingehalten? (Präteritum: *spielten, lauschte, rannte.* An spannenden Stellen kannst du auch das Präsens verwenden.)
7. Gibt es vermeidbare Wortwiederholungen?
8. Sind die Satzanfänge abwechslungsreich?
9. Macht die Überschrift neugierig, ohne zu viel zu verraten?
10. Ist der Text in Absätze gegliedert?

Zu einem **Bild** erzählen

1
a) Schaut euch das Bild rechts genau an.
b) Sprecht über das Bild:
Was findet ihr verblüffend oder erstaunlich?

2
a) Schließt das Buch.
b) Was habt ihr gesehen?
Notiert auch die Einzelheiten auf ein Blatt Papier.
c) Vergleicht eure Ergebnisse und ergänzt eure Notizen.

3
a) Das Bild gibt einige Rätsel auf.
Stellt in Partner- oder Gruppenarbeit Fragen an das Bild. Teilt dazu ein A4-Blatt in der Mitte. Schreibt in die linke Spalte eure Fragen.
b) Sucht anschließend Antworten zu euren Fragen. Schreibt eure Vermutungen in Stichworten in die rechte Spalte.
c) Vergleicht eure Ergebnisse.

> – Wo spielt die Geschichte?
>
> – Woher kommt der Drache?
>
> – Welche Beziehung haben das Mädchen und der Drache?
>
> – Ist er ein Freund oder ein Feind des Mädchens?
>
> – ...

4 Das Mädchen auf dem Bild schaut nicht auf den Drachen. Wer könnte noch im Raum sein? Tauscht eure Vermutungen aus.

5 Auch du könntest in der Geschichte eine Rolle spielen. Stell dir vor, du sitzt am Tisch und vor dir steht deine Tasse:
– Welche Rolle spielst du in der Geschichte?
– Gehörst du zur Familie des Mädchens?
– Bist du ein Freund oder ein Fremder?
– Bist du selbst ein Fabelwesen?
Mach dir Notizen.

6 Entwickle mithilfe deiner Notizen einen Erzählplan. Lies dazu den Tipp auf Seite 116. Versuche in deine Erzählung möglichst viele Einzelheiten des Bildes einzubeziehen. Wenn du möchtest, kannst du eine der beiden Anfänge fortsetzen.

> „Mach schnell die Tür zu", rief mir meine Freundin Bianca entgegen, als ich wieder ins Zimmer kam. Ich staunte nicht schlecht ...

> Die Geschichte, die ich euch erzählen möchte, ist sehr ungewöhnlich. Sie hat viel mit meiner Freundin Bianca zu tun, die auch sehr ungewöhnlich ist. Aber der Reihe nach ...

7
a) Besprecht eure Entwürfe in einer Schreibkonferenz. Lest dazu den Tipp auf Seite 118 und die Checkliste auf Seite 119.
b) Legt euch für eure Erzählungen ein Portfolio an. Lest dazu die Info.

INFO

Portfolio
Ein Portfolio ist eine Sammelmappe, in der man selbst verfasste Texte ablegt. Sie enthalten nicht nur das Endergebnis, sondern auch die Zwischenschritte eines Schreibvorgangs. In einem Portfolio für Deutsch kann man daher Erzählungen, aber auch andere selbst erstellte Texte ablegen.

Erzählwerkstatt

7.3.1 Durch unterschiedliche Anlässe zum Erzählen kommen/Bilder/Texte überarbeiten/Portfolio

Es war einmal und passiert auch noch heute

A Es war einmal ein Mädchen, das hieß Rosa. Seit Rosa denken konnte, färbte sie sich die Haare rot. Deshalb wurde sie von allen Rothärchen genannt. Wieder einmal wollte sie ihre Großmutter besuchen, um ihr die neuesten Modekataloge vorbeizubringen.
Großmutter wohnte am anderen Ende der Stadt und Rothärchen musste sich sputen, wenn sie mit der U-Bahn rechtzeitig zum Kaffeetrinken da sein wollte. Schnell griff sie ihr Handy und die Kataloge und lief los.

C Darauf schnallten Wölfchen und Rosel ihre Inlineskates an und machten sich auf den Weg zur Großmutter. Mitten in der Fußgängerzone begegneten sie Hansi und Greta, die beide von einer Techno-Party zurückkamen.
Natürlich hatten auch sie einen Bärenhunger und freuten sich, als Rosel die beiden einlud doch mit zur Großmutter zum Kaffeetrinken zu fahren. Als sie bei der Großmutter ankamen, saß diese gerade am Computer und schrieb ein Fax an den Großvater in New York.

B Dann brauste sie in ihrem roten Wagen los. Mitten auf der Autobahn begann der Wagen plötzlich zu stottern und dann setzte der Motor ganz aus. Ein Blick auf die Benzinuhr zeigte Rosi, dass sie vergessen hatte zu tanken. Wo sollte sie jetzt nur Benzin herbekommen?
Da hielt schon ein schnittiger Sportwagen. Ein Mann stieg aus, kam auf sie zu und sagte: „Guten Tag, mein Name ist Wolf. Kann ich etwas für Sie tun?"

Erzählwerkstatt

1 Den Texten A bis C liegt ein Märchen zu Grunde, das ihr sicher kennt. Wie heißt es?

2 Was geschah im ursprünglichen Märchen? Wenn ihr euch nur ungenau erinnern könnt, besorgt euch das Märchen und lest es vor.

3 In den Texten A bis C weichen einige Dinge von der ursprünglichen Fassung ab. Nennt die wichtigsten Veränderungen.

4 Trotz der Veränderungen habt ihr das Originalmärchen wiedererkannt.
– Was wurde in den einzelnen Texten aus dem Originalmärchen übernommen?
– Welcher Text entfernt sich in der Handlung am weitesten von der Vorlage? Belegt eure Meinung.

5 Ihr könnt einen der drei Texte auswählen und vervollständigen.
a) Überlegt, wie ihr den Anfang der Texte B und C gestaltet und wie ihr die Texte fortsetzt.
b) Wie lässt sich Text A weiterführen?
– Wölfe sind heute nicht mehr anzutreffen. Wer könnte Rothärchen und ihre Großmutter in eine bedrohliche Situation bringen?
– Wer könnte die Rolle des rettenden Jägers einnehmen?

TIPP

So kann man in der Märchenform erzählen:

1. Märchen lassen sich in die Jetzt-Zeit versetzen (z. B. wird aus einem Schloss eine Luxusvilla). Dabei bleibt die Handlung des Originalmärchens weitgehend erhalten.
2. Man kann aber auch ein Ereignis aus der heutigen Zeit in die Märchenwelt versetzen (Beispiel: Schneewittchen hält Unterricht, die Zwerge sind die Schüler ...).
3. Der neue Text sollte dabei die Merkmale eines Märchens enthalten:
   – Es werden keine genauen Orts- und Zeitangaben gemacht („Es war einmal ...").
   – Es kommen Begebenheiten vor, die es in Wirklichkeit nicht gibt (z. B. Tiere können reden).
   – Die Hauptfigur des Märchens muss Gefahren und Prüfungen bestehen.
   – Die Zahlen 3, 6, 7 und 12 spielen eine besondere Rolle.
   – Oft finden sich formelhafte Sprüche („Spieglein, Spieglein an der Wand ...").
   – Am Schluss werden die Bösen bestraft und die Guten belohnt.

7.3.1 Durch unterschiedliche Anlässe zum Erzählen kommen

Vorgänge beschreiben

Texte mit ClipArts gestalten

Verschenke
kleines schwarz-weißes Kätzchen
8 Wochen alt, stubenrein
Tel.: 089/334455

1 Wenn du Freunde zu deinem Geburtstag einladen möchtest, kannst du deinen Karten am Computer mit Bildern eine persönliche Note geben.
a) Wie du ein ClipArt-Bildchen in den Text einfügen kannst, zeigen der Text und die Bilder auf Seite 125. Probiere die Kurzanleitung aus.
b) Frage erfahrene Mitschüler, deine Lehrerin oder deinen Lehrer, wenn du Schwierigkeiten hast, die Anleitung umzusetzen.
c) Dieses Vorgehen sollst du anschließend genau beschreiben. Dadurch entsteht eine Gebrauchsanweisung, die dir oder anderen eine Hilfe sein kann. Am besten machst du dir beim Ausprobieren Notizen, die du bei deiner Beschreibung verwenden kannst.

2 Schreibe einen Entwurf deiner Gebrauchsanweisung. Lies dazu den Tipp.
Du kannst deinen Text mit dem Computer schreiben.

> 1. Schreibe deinen Text in Word und formatiere Schrift und Text.
> 2. Klicke mit dem Mauszeiger auf ...

3 a) Überarbeite deinen Entwurf mithilfe des Rechtschreibprogramms. Lies den Tipp auf Seite 225.
b) Du kannst auch Screenshots der Computerbefehle einfügen. Lies den Tipp auf Seite 35.

TIPP

So beschreibst du Vorgänge:
1. In einer Gebrauchsanweisung beschreibst du bestimmte Handlungen ganz genau. Verwende dazu das Präsens (Gegenwart).
2. So kannst du Anleitungen formulieren:
   – Zuerst schreibst du den Text ...
   – Zuerst schreibt man den Text ...
   – Schreibe zuerst den Text ...
   Behalte die einmal gewählte Form bei.
3. Mit folgenden Wörtern kannst du die Abfolge der Handlungen ausdrücken:
   danach, daraufhin, zuerst, zuletzt, anschließend, nun, dann, bevor;
4. Achte darauf, dass die Satzanfänge und die Satzstellungen abwechseln, z.B.:
   – *Mit der linken Maustaste klickst du dann auf diese Schaltfläche.*
   – *Dann klickst du mit der linken Maustaste auf diese Schaltfläche.*
   – *Auf diese Schaltfläche klickst du mit der linken Maustaste.*

Vorgänge beschreiben

1. Text in Word erfassen und formatieren
   (siehe Seite 32)

2. *Einfügen- Grafik - ClipArt* anklicken
   (siehe Abbildung 1)

3. Bildkategorie oder *Clips suchen* anklicken
   (siehe Abbildung 2)

4. Begriff eingeben, z.B. Geburtstag

5. Bildchen auswählen und anklicken
   (siehe Abbildung 3)

6. Im kleinen Menü *Clip einfügen* wählen
   (siehe Abbildung 4)

7. ClipArt-Menü schließen

8. Bildchen anklicken

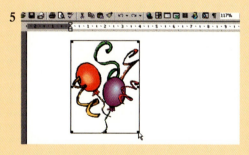

9. Mit schwarzem Ziehrahmen Bildgröße verändern
   (siehe Abbildung 5)

10. *Ansicht-Symbolleisten-Grafik* anklicken
    (siehe Abbildung 6), kleines Untermenü erscheint

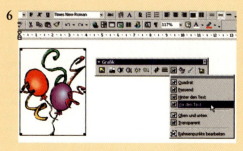

11. *Textfluss* (Hund) anklicken

12. *Vor dem Text* auswählen

13. Mit Verschiebekreuz Bild positionieren

7.3.1 Informieren/Vorgänge beschreiben, Sachverhalte wiedergeben

Unterrichtsergebnisse zusammenfassen

1. Stichpunkte erstellen

Text A
Der König lebt im Schloss Versailles

Der Herzog von Saint-Simon lebte am Hof Ludwigs XIV. In seinen Lebenserinnerungen schreibt er: „Einen Sumpf, in dem Nattern, Kröten und Frösche gehaust, hatte der König (Ludwig XIV.) gewählt" für den Bau seines neuen Schlosses Versailles. 28 Jahre lang waren bis zu 36000 Arbeiter damit beschäftigt, das kleine Jagdschloss zur glanzvollen Residenz auszubauen. Die Gartenseite des Schlosses erhielt eine Länge von 580 Metern mit 375 Fenstern. In dem prunkvollen Schloss mit seinen 2000 Räumen konnten gut 15000 Gäste unterkommen. Das Gelände hinter dem Schloss ließ Ludwig zu einem prächtigen Park umgestalten. Die Alleen und Wege in diesem Garten führten hin zum Mittelbau des Schlosses, wo sich die Gemächer des Königs befanden. Die Bäume im Schlosspark ließ der Gartenbaumeister pyramiden-, kegel- oder kugelförmig, ja sogar zu Tierformen zurechtstutzen. „Es gefiel Ludwig XIV., auch die Natur zu tyrannisieren", schrieb Saint-Simon.

1 In den Sachfächern müsst ihr häufig Informationen aus mehreren Texten zusammenfassen. Lest im Tipp nach, wie man dabei vorgeht.

2 Beurteilt die beiden Notizzettel rechts
– nach der äußeren Form (Anordnung, Übersichtlichkeit, Gliederung),
– inhaltlich (Vollständigkeit, Ausführlichkeit, Reihenfolge, sachliche Richtigkeit).

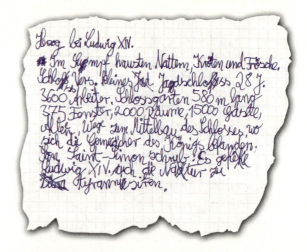

TIPP

Drei Schritte zur Zusammenfassung
1. Lege zu jedem Text (oder jedem Schaubild) einen eigenen Stichwortzettel an. Schreibe darauf nur die wichtigsten Informationen in Stichwörtern (keine Sätze!). Untergliedere die Stichwörter durch Striche, Punkte, Buchstaben oder Ziffern.
2. Übertrage die Informationen deiner Stichwortzettel in eine Stoffsammlung.
3. Mithilfe dieser Stoffsammlung schreibst du eine Zusammenfassung.
4. Achte bei deinem Artikel auf eine saubere Handschrift.

Unterrichtsergebnisse zusammenfassen

2. Eine Stoffsammlung anlegen

Text B
Es herrscht hier in Versailles eine Pracht, die du dir nicht ausdenken kannst. An Marmor und Gold wurde nicht gespart. Edelsteine, Spiegel, Edelhölzer, Teppiche, wohin du schaust. Kostbare Gemälde und Statuen an den Wänden. Und erst die Springbrunnen, Wasserspiele und Pavillons in dem riesigen Park. Oft komme ich mir vor wie ein Vogel im goldenen Käfig. Da tänzeln mehr als 200 Hofdamen und Diener um mich herum, sodass ich keinen Schritt allein tun kann. Das ist aber nichts gegen die Dienerschaft des Königs und der Königin. Es sollen um die 20000 zum Hofstaat gehören, darunter eine Leibwache von mehreren tausend Mann. 383 Köche, 125 Sänger, 80 Pagen, 74 Kapläne, 68 Quartiermeister, 48 Ärzte, 40 Kammerherren, 12 Mantelträger, 8 Rasierer, 3 Bindenknüpfer. Ein Festmahl des Königs, zu dem oft 5000 Gäste geladen sind, kostet 300000 Livres. (Jahreslohn eines Maurers: 180 Livres)

Text C
Ludwig XIV. verglich sich selbst gerne mit der Sonne, die Licht und Wärme spendet und das Leben auf der Erde ermöglicht. Er verlieh durch seine Person der Hofgesellschaft Glanz, und es waren keine Hoffeste ohne ihn denkbar. So erhielt er den Beinamen „der Sonnenkönig". Nur durch ihn gelangten Grafen und Herzöge zu Macht und Ansehen. Ihr Dienst am königlichen Hof war zur wichtigsten Aufgabe des Adels geworden und bedeutete zugleich höchste Ehre. Wer nicht am königlichen Hof lebte und dem König dienen durfte, war gesellschaftlich bedeutungslos.

1
a) Lege zu Text A und zu Text B je einen Stichwortzettel an.
b) Überlege, wie du die Stichpunktreihen zu den Texten A bis C in einer Stoffsammlung zusammenfassen und übersichtlich gliedern kannst. Lies dazu den Tipp und wende die Hinweise an.

<u>Der Sonnenkönig Ludwig XIV.</u>

1. Königsresidenz
   - Schloss Versailles
   - riesiges Prunkschloss (2000 Räume)
   - Bau dauerte 28 J.
   - bis zu 36000 Arbeiter
   - Königsgemächer im Mittelbau
   - prächtiger Schlosspark
   - ...
2. Hofstaat
   - ca. 20000 Menschen
   - ...

TIPP
So erstellst du eine Stoffsammlung:
1. Lies deine Stichwortzettel durch. Kennzeichne durch Farben oder andere Zeichen (z.B. –, •, →), welche Stichpunkte inhaltlich zusammengehören.
2. Suche für die zusammengehörenden Stichpunkte geeignete Teilüberschriften.
3. Suche eine passende Überschrift für die Stoffsammlung. Schreibe sie auf einen gesonderten Zettel.
4. Überlege eine sinnvolle Reihenfolge der Teilüberschriften. Schreibe sie mit großen Abständen unter der Überschrift der Stoffsammlung auf.
5. Ordne die Stichpunkte den jeweiligen Teilüberschriften zu.

7.3.1 Informieren/Unterrichtsergebnisse zusammenfassen/Stoffsammlung

3. Eine Zusammenfassung schreiben

A
Ludwig XIV. baute in Versailles seine Residenz. Es war ein riesiges Prunkschloss mit 2000 Räumen.
Der Bau dauerte 28 Jahre.
Bis zu 36000 Arbeiter wurden benötigt.
Die Königsgemächer lagen im Mittelbau des Schlosses.
Ein prächtiger Park umgab das Schloss.
Die Zimmer des Schlosses waren mit Gold und Marmor ausgestattet. Im Park gab es Springbrunnen und Wasserspiele.

B
Ludwig XIV. ließ das Schloss Versailles zur Königsresidenz ausbauen. An diesem riesigen Prunkschloss, das ungefähr 2000 Räume mit kostbaren Einrichtungen enthielt, wurde 28 Jahre lang gebaut. Dabei wurden bis zu 36000 Arbeiter eingesetzt. Im Mittelbau des Schlosses lagen die Königsgemächer, die wie alle Räume mit Gold und Marmor kostbar eingerichtet waren. Ein prächtiger Park mit Springbrunnen und Wasserspielen umgab das Schloss.

1 Beiden Zusammenfassungen liegt die Stoffsammlung von Seite 127 zugrunde. Vergleicht beide Texte mit der Stoffsammlung und untersucht, wie die Stichpunkte zu Sätzen erweitert wurden.

2 a) In der Zusammenfassung A ist die Darstellung am Schluss unzusammenhängend. Welchen Fehler hat der Verfasser gemacht?
b) Wie hat der Verfasser des Textes B diesen Fehler vermieden?

3 a) Lest beide Texte einmal laut vor und vergleicht die Wirkung.
b) Worauf ist die unterschiedliche Wirkung beider Texte zurückzuführen?
c) Wie lässt sich Text A durch Umstellung von Satzgliedern in einigen Sätzen verbessern?

4 Wie lassen sich die Sätze im Text A verbinden? Lest euch dazu die Info-Texte in der Einheit Sätze verknüpfen (Seite 148–151) durch.

5 Welche Überschrift passt zu dieser Zusammenfassung?

6 Schreibe mit Hilfe deiner Stoffsammlung eine Zusammenfassung. Wenn du den Computer nutzt, kannst du bei der Überarbeitung die Rechschreibprüfung einsetzen (siehe Seite 225).

TIPP
So schreibst du eine Zusammenfassung:
1. Schau dir die Stichpunkte unter einer Teilüberschrift an:
   – Lässt sich nach der Abfolge der Stichpunkte ein Text schreiben?
   – Ist es sinnvoll, den einen oder anderen Stichpunkt umzustellen?
2. Schreibe einen Entwurf.
3. Überarbeite deinen Entwurf:
   – Sind die Sätze vollständig?
   – Wo lassen sich Sätze verknüpfen?
   – Lassen sich Wiederholungen in der Satzstellung und in der Wortwahl vermeiden?
   – Gibt es „Bandwurmsätze"?

Unterrichtsergebnisse zusammenfassen

Eine Übersicht erstellen

1. Eure Zusammenfassung über Ludwig XIV. könnt ihr durch eine Übersicht abschließen.
Schaut euch die angefangene Übersicht an und erklärt den Aufbau.

2. a) Vergleiche die Übersicht mit deiner Stoffsammlung. Welche Teilüberschriften, welche Stichwörter möchtest du ergänzen?
Denke dabei auch an weitere Informationen, die du im Fach G/S/E über den „Sonnenkönig" bekommen hast.
b) Fertige eine Übersicht zu deiner Zusammenfassung an.
c) Vergleicht und besprecht eure Ergebnisse.

3. Ihr könnt eure Übersicht auch als Plakat gestalten. Lest dazu den Tipp auf Seite 53.

TIPP

So erstellst du eine Übersicht:
1. Orientiere dich beim Aufbau deiner Übersicht an der Gliederung deiner Stoffsammlung.
2. Kennzeichne durch farbige Pfeile, Linien und Umrahmungen, welche Teile zusammengehören.
3. Hebe Wichtiges durch Unterstreichen oder durch eine auffällige Schrift hervor.
4. Überlege, durch welche Bilder und Grafiken du deine Übersicht anschaulich gestalten kannst.

Sich mit Sachtexten auseinander setzen

Den Text kennen lernen

1 a) Lest die Überschriften zu dem Zeitungsartikel rechts und betrachtet das Bild.
Worum geht es in diesem Artikel?
b) Was wisst ihr schon von „Stuntgirls"?

2 a) Lest den Text „mit dem Bleistift".
Benutzt zum Unterstreichen eine Folie oder Copy 16.
b) Unterstreicht alle unbekannten Begriffe.
c) Klärt sie aus dem Textzusammenhang oder schlagt sie im Wörterbuch nach.
d) Schreibt die Bedeutungen heraus.

3 Markiert – jeder für sich – alle Stellen, die ihr interessant oder bemerkenswert findet.

4 a) Bildet Gruppen von drei bis vier Schülern. Schaut die von euch markierten Stellen an und sprecht darüber:
– Warum habt ihr die Stellen angestrichen?
– Was findet ihr besonders interessant?
b) Stellt W-Fragen zum Text. Lest dazu den Tipp.
c) Jede Gruppe bekommt eine Folie und einen Folienstift. Entwickelt zwei bis drei Fragen, die sich mit Hilfe des Textes beantworten lassen.
d) Jede Gruppe legt ihre Folie mit den Fragen auf den Tageslichtprojektor.
Die Fragen werden nacheinander aufgedeckt.
e) Die Mitglieder der anderen Gruppen müssen auf diese Fragen Antworten finden und sie am Text belegen.

TIPP

W-Fragen an den Text stellen
1. Um festzustellen, ob ihr den Text verstanden habt, stellt Fragen an den Text, die mit Fragewörter mit *W* beginnen (*Wer ...? Wo ...? Wie ...? Wann ...? Womit ...? Warum ...? Wieso ...? Welcher ...? ...*).
2. Schreibt diese Fragen auf.
3. Stellt anschließend diese Fragen an eure Mitschüler. Sie sollen die Antworten im Text finden und die entsprechenden Zeilen nennen.

Das Risiko hat Andrea schon immer geliebt

16-jährige Schülerin ist Deutschlands jüngstes Stuntgirl

Ingolstadt (lb).
Schon als kleines Mädchen liebte sie es auf Bäume zu klettern. Später genoss sie es, als Beifahrerin mit einem rasanten Auto- oder Motorradfahrer unterwegs zu sein. Alle zwei Wochen trainiert sie in einer Turnhalle im Ingolstädter Ortsteil Etting Klettern, Fechten, Treppenstürze. Mit ihren 16 Jahren dürfte die Hauptschülerin Deutschlands jüngstes Stuntgirl sein.

„Sie hat eine Menge Talent", bekräftigt Sascha Borysenko, der die Ingolstädter Stuntmen-Schule leitet. „Ich werde sie bald zu den ersten Auftritten mitnehmen." Die Entscheidung für den ungewöhnlichen Beruf fiel vor drei Jahren. Andrea Keppler war 13 Jahre alt, als sie eine Show auf dem Bavaria-Filmgelände in München besuchte. „Da stand für mich fest: Das will ich auch mal machen", erinnert sich die Schülerin, die in Pfullingen in Baden-Württemberg zu Hause ist. Zur Sicherheit wird sie nach dem Schulabschluss im Herbst eine Lehre als Friseurin beginnen. Beide Ausbildungen laufen parallel.

Alle 14 Tage treffen sich die angehenden Stuntmen in Ingolstadt, sie reisen aus ganz Deutschland an. Das Training in der Turnhalle beginnt mit Aufwärmübungen. Die Schüler lernen das richtige Abrollen und Hinfallen, Sprünge auf dem Trampolin und aus der Luft. „Stürze vom Basketballkorb kann ich schon", erzählt Andrea Keppler. Die 16-Jährige selbstbewusst: „Was ich mir nicht zutraue, das lasse ich." Andrea Keppler hat eine zierliche Figur. Sie ist 1,65 Meter groß und 50 Kilogramm schwer.

Anfragen von TV-Shows

Nun fiebert Andrea ihrem ersten Auftritt entgegen. Sascha Borysenko koordiniert die Termine. Es gibt Anfragen von TV-Shows. Später sind auch Rollen bei Spielfilmen drin. Die 16-Jährige hofft, eine Marktlücke zu schließen. „Als Frau hat man mehr Chancen weiterzukommen. Es gibt einfach nicht viele, die das machen."

Durch brennende Reifen springen, vom Pferd fallen, über die Kühlerhaube eines Autos schlittern, eine Fechtszene nachspielen – Andrea Keppler hat keine Angst vor diesen Herausforderungen. „Ich habe schon immer gerne gefährliche Sachen gemacht."

Nach einem Beitrag aus der Augsburger Zeitung vom 23. Mai 2000

Fragen zum Text beantworten

Aufgaben zum Text „Das Risiko hat Andrea schon immer geliebt"

1 Benenne Titel, Autor und Quelle des Textes.

2 Ordne den folgenden Begriffen einen deutschen Ausdruck zu.
A rasant
B parallel
C koordiniert

3 Gib den folgenden Satz mit eigenen Worten wieder und ersetze das Wort „Talent".
„Sie hat eine Menge Talent."

4 Überprüfe, ob die Aussagen richtig sind:
A Andrea hat viele Talente
B Sie hat sich nur auf den Beruf des Stuntgirls spezialisiert.
C Alle 14 Tage treffen sich die angehenden Stuntmen in Pfullingen.
D Andrea macht nichts, was ihr zu gefährlich ist.
E Sie glaubt, als Frau viele Rollen zu bekommen.
F Sie hat oft Angst vor den Herausforderungen.
G Alle zwei Wochen trainiert Andrea Klettern und Fechten.

5 Im Text heißt es, dass Andrea zur Sicherheit eine zweite Ausbildung macht. Suche die Textstelle und zitiere sie.

6 Fasse die wichtigsten Aussagen ab Zeile 11 Abschnitt für Abschnitt zusammen.

7 Untersuche, welche sprachlichen Mittel in diesem Text gehäuft (mehr als dreimal) auftreten. Nenne sie. Zitiere Beispiele und gib die entsprechenden Zeilen im Text an.
A Fachwörter
B Aufzählungen
C Wörtliche Rede

8 Könntest du dir vorstellen, Stuntgirl/Stuntman zu werden?
Schreibe deine Meinung und begründe sie.

---

1 Solche und ähnliche Aufgaben werden dir jetzt öfter zu Texten gestellt.
a) Lies diese Aufgaben in Ruhe durch.
b) Beantworte die Aufgabe schriftlich. Wenn es nicht anders von dir verlangt wird, dann schreibe in vollständigen Sätzen.
c) Ziehe dabei immer den Text zu Rate und unterstreiche die entsprechenden Textstellen.
d) Im Tipp auf Seite 133 findest du zu den einzelnen Aufgabenstellungen Hinweise und Hilfestellungen.

> Beantwortung der Fragen zum Text „Das Risiko hat Andrea schon immer geliebt"
>
> 1. rasant = schnell
>   parallel = ...

Sich mit Sachtexten auseinander setzen

TIPP

Hinweise zur Lösung der Aufgaben

Aufgabe 1:
Schau an den Anfang des Textes. Dort findest du in der Regel den Titel. Der Name des Autors oder die Quellenangabe stehen oft am Ende des Textes oder unter dem Titel. Wenn kein Verfasser genannt ist, schreibe: „Der Autor wird nicht genannt."

Aufgabe 2 und 3:
Lies die Aufgabenstellung ganz genau. Bei Aufgabe 2 schreibst du jeweils ein Wort, bei Aufgabe 3 einen ganzen Satz.

Aufgabe 4:
Suche zu jeder Aussage die entsprechende Textstelle und vergleiche sie. Gib die Textzeilen an. Schreibe so:
A ja (Z. 11)
B nein (Z. 20-23) usw.

Aufgabe 5:
Suche im Text die Stelle, die dieser Aussage entspricht. Schreibe sie wortwörtlich aus dem Text heraus. Man nennt dies zitieren. Setze das Zitat in Anführungszeichen und gib dahinter in Klammern die Zeilen an.

Aufgabe 6:
Schreibe nicht den Text ab, sondern gib das Wichtigste mit eigenen Worten in ein bis zwei Sätzen wieder.

Aufgabe 7:
Nenne die sprachlichen Mittel und gib dazu Beispiele an. Schreibe die jeweilige Zeilenangabe in Klammern hinter jedes Beispiel. Bei wörtlicher Rede reicht es, wenn du den Anfang und das Ende zitierst: *„Sie ... Talent" (Z. 11).*

Aufgabe 8:
So könntest du beginnen:
Ich kann mir vorstellen, Stuntman/Stuntgirl zu werden, weil ...
Ich kann mir nicht vorstellen, Stuntman/Stuntgirl zu werden, da ...

Literarische Texte zusammenfassen

Was ist wichtig?

Die Sache mit den Klößen
Erich Kästner

1 Der <u>Peter</u> war ein Renommist.
   Ihr wisst vielleicht nicht, was das ist?
   Ein Renommist, das ist ein Mann,
   <u>der viel verspricht und wenig kann</u>.

2 Wer fragte: „Wie weit springst du, Peter?",
   bekam zur Antwort: „Sieben Meter."
   In Wirklichkeit – Kurt hat's gesehn –
   sprang Peter bloß drei Meter zehn.

3 So war das immer: <u>Peter log</u>,
   dass sich der stärkste Balken bog.
   Und was das Schlimmste daran war:
   <u>Er glaubte seine Lügen gar</u>!

4 Als man einmal vom Essen sprach,
   da dachte Peter lange nach.
   Dann sagte er mit stiller Größe:
   „Ich esse manchmal dreißig Klöße."

1 Lest euch das Gedicht sorgfältig durch. Worum geht es in diesem Gedicht?

2 Dieses Gedicht erzählt eine kleine Geschichte, deren Inhalt ihr zusammenfassen sollt. Lest dazu in der Info den ersten Abschnitt.

3 Lest den Text „mit dem Bleistift", wie in den ersten drei Strophen schon geschehen. Unterstreicht auf einer Folie oder in Copy 17 jede Information, die euch wichtig erscheint (Schlüsselstellen).

4 Schreibt in Stichworten wichtige Angaben auf:
– Wer ist die Hauptperson?
– Was wird über sie ausgesagt?
– Gibt es Angaben, wann und wo die Geschichte spielt?

INFO

Inhalte zusammenfassen
Eine Inhaltszusammenfassung informiert in knapper Form über den Inhalt eines literarischen Textes.
In der Inhaltszusammenfassung werden
– die Hauptfiguren und – sofern angegeben – Ort und Zeit der Handlung genannt,
– die wichtigsten Erzählschritte im Präsens zusammengefasst.

Was sind Erzählschritte?
Die Handlung eines Textes besteht aus mehreren Erzählschritten. In jedem Erzählschritt geschieht etwas Neues. Ein Erzählschritt kann in einem Satz abgeschlossen sein, er kann aber auch mehrere Absätze umfassen.

Literarische Texte zusammenfassen

5 Die anderen Kinder lachten sehr,
doch Peter sprach: „Wenn nicht noch mehr!"
„Nun gut", rief Kurt, „wir wollen wetten."
(Wenn sie das bloß gelassen hätten!)

6 Der Preis bestand, besprachen sie,
in einer Taschenbatterie.
Die Köchin von Kurts Eltern kochte
die Klöße, wenn sie's auch nicht mochte.

7 Kurts Eltern waren ausgegangen.
So wurde endlich angefangen.
Vom ersten bis zum fünften Kloß,
da war noch nichts Besondres los.

8 Die anderen Kinder saßen stumm
um Peter und die Klöße rum.
Beim siebten und achten Stück
bemerkte Kurt: „Er wird schon dick."

9 Beim zehnten Kloß ward Peter weiß
und dachte: Kurt erhält den Preis.
Ihm war ganz schlecht, doch tat er heiter
und aß, als ob's ihm schmeckte, weiter.

10 Er schob die Klöße in den Mund
und wurde langsam kugelrund.
Der Anzug wurde furchtbar knapp.
Die Knöpfe sprangen alle ab.

11 Die Augen quollen aus dem Kopf.
Doch griff er tapfer in den Topf.
Nach fünfzehn Klößen endlich sank
er stöhnend von der Küchenbank.

12 Die Köchin Hildegard erschrak,
als er so still am Boden lag.
Dann fing er grässlich an zu husten,
dass sie den Doktor holen mussten.

13 „Um Gottes Willen", rief er aus,
„der Junge muss ins Krankenhaus."
Vier Klöße steckten noch im Schlund.
Das war natürlich ungesund.

14 Mit Schmerzen und für teures Geld
ward Peter wieder hergestellt.
Das Renommieren hat zuweilen
auch seine großen Schattenseiten.

5 a) Welche Erzählschritte lassen sich unterscheiden? Lest dazu den zweiten Abschnitt in der Info.
b) Seht euch die folgenden Notizen an. Begründet, warum Strophe 1 bis 3 einen Erzählschritt bilden.

> 1. Erzählschritt:
> Peter ist ein Angeber.
>
> 2. Erzählschritt
> ...

c) Welche Strophen bilden den zweiten Erzählschritt? Schaut euch dazu eure angestrichenen Schlüsselstellen an. Fasst den Inhalt dieses Erzählschrittes in Stichworten oder in einem Satz zusammen.
d) Sucht in gleicher Weise die weiteren Erzählschritte heraus und fasst deren Inhalt zusammen.
e) Vergleicht eure Erzählschritte und begründet eure Abgrenzungen.

6 Schreibe mithilfe deiner Notizen eine Inhaltszusammenfassung. Du kannst den folgenden Text fortsetzen.

> Das Gedicht „Die Sache mit den Klößen" stammt von Erich Kästner. Die Hauptperson ist Peter, ein richtiger Angeber. Eines Tages geht er mit seinen Freunden eine gefährliche Wette ein ...

7.3.1 Informieren/sich mit literarischen Texten auseinander setzen

Literarische Texte erschließen

Fragen zum Text beantworten

1 a) Lies den Text „Geräusch der Grille – Geräusch des Geldes" mit dem Bleistift.
Benütze dazu eine Folie oder Copy 18.
b) Kläre alle unbekannten Begriffe aus dem Textzusammenhang oder schlage im Wörterbuch nach.

2 Worum geht es in dieser Geschichte? Tauscht eure Gedanken aus.

3 a) Rechts findest du Fragen zum Text, die du schriftlich beantworten sollst. Lies dazu den Tipp.
b) Bearbeite die Aufgaben.

Aufgaben zum Text:

1. Um welche Textsorte handelt es sich bei diesem Text? Wähle den richtigen Begriff aus.

   Märchen Sachtext Fabel
   Schwank Erzählung Sage

2. a) Nenne die beiden Hauptpersonen.
   b) Woher kommen sie?
   c) Was erfährst du über den Ort, an dem die Geschichte spielt?

3. Erkläre die Begriffe „Reservation" und „Asphalt".

4. Nenne ein sprachliches Mittel, wodurch dieser Text besonders lebendig wird.
   Zitiere dafür zwei Beispiele.

5. Wie erklärt der Weiße, wie der Indianer die unterschiedliche Wahrnehmung?
   Zitiere und gib die Zeilen der Textstellen an.
   Der Weiße erklärt: „Dein Gehör ist …"
   Der Indianer erklärt: „…"

6. a) Der Text gliedert sich in fünf Erzählschritte. Gib die Zeilen der ersten zwei Erzählschritte an.
   Erster Erzählschritt: Ein Indianer besucht einen Weißen.
   Zweiter Erzählschritt: Der Indianer hört eine Grille zirpen, der Weiße nicht.
   b) Finde die anderen Erzählschritte selbst heraus und schreibe sie wie in den Beispielen oben auf.

7. Fasse den Inhalt mithilfe der Erzählschritte in 8–10 Sätzen zusammen.

8. Überlege dir eine Geschichte, in der der Indianer etwas <u>sieht</u>, was der Weiße nicht wahrnimmt. Ändere den Text ab Zeile 10:
   Bleib doch einmal stehen. Siehst du auch, was ich sehe? …

TIPP

Hinweise zur Lösung der Aufgaben:
1. Lies die Aufgaben in Ruhe durch.
2. Wenn es nicht anders von dir verlangt wird, schreibe die Antworten in vollständigen Sätzen auf.
3. Was man unter „sprachlichen Mitteln" (Aufgabe 4) versteht, kannst du in der Info auf Seite 94 nachlesen.
4. Wenn du Textstellen zitierst, gib in Klammern an, in welcher Zeile du die Stelle gefunden hast.
5. Bei längeren Zitaten reicht es, wenn du den Anfang und das Ende aufschreibst:
   „Du täuschst dich, … es dir beweisen."
   (Z. 37–40)
6. Wenn du den Inhalt zusammenfassen sollst, verwende die Zeitform des Präsens. Vermeide Satzanfänge wie
   „Im ersten Abschnitt …",
   „Im zweiten Abschnitt …".
   Verwende Überleitungen wie
   zunächst, darauf, anschließend, dann, während, obwohl, schließlich.

Geräusche der Grille – Geräusche des Geldes

Frederik Hetmann

Eines Tages verließ ein Indianer die Reservation und besuchte in der Stadt einen weißen Mann, mit dem er befreundet war.

In einer großen Stadt zu sein – mit all dem Lärm, den Autos und den vielen Menschen, die es alle so eilig haben – war neuartig und recht verwirrend für den Indianer.

Der rote und der weiße Mann gingen die Straße entlang, als plötzlich der Indianer seinem Freund auf die Schulter tippte und sagte: „Bleib doch einmal stehen. Hörst du auch, was ich höre?"

Der weiße Mann antwortete: „Alles, was ich höre, ist das Hupen der Autos und das Rattern der Omnibusse. Und dann freilich auch die Stimmen und das Geräusch der Schritte vieler Menschen. – Was ist es denn, was dir besonders aufgefallen ist?"

„Nichts von alledem, aber ganz in der Nähe höre ich eine Grille zirpen."

Der weiße Mann horchte: Dann schüttelte er den Kopf. „Du musst dich täuschen, Freund", sagte er, „hier gibt es keine Grillen. Und selbst wenn es irgendwo eine Grille gäbe, würde man doch ihr Zirpen bei dem Lärm nicht hören können."

Der Indianer ging ein paar Schritte. Vor einer Hauswand blieb er stehen. Wilder Wein rankte an der Mauer. Er schob die Blätter auseinander, und da – sehr zum Erstaunen des weißen Mannes – saß tatsächlich eine Grille, die laut zirpte. Nun, da der weiße Mann die Grille sehen konnte, nahm er auch das Geräusch wahr, das sie von sich gab.

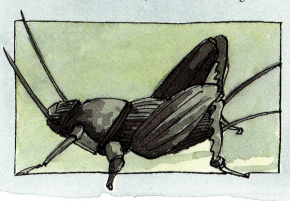

Als die beiden Männer weitergegangen waren, sagte der Weiße nach einer Weile: „Freilich hast du die Grille hören können. Dein Gehör ist eben besser geschult als meines. Indianer hören eben einfach besser als Weiße."

Der Indianer lächelte, schüttelte den Kopf und erwiderte: „Du täuschst dich, mein Freund. Das Gehör eines Indianers ist nicht besser und nicht schlechter als das eines weißen Mannes. Pass auf, ich will es dir beweisen."

Er griff in die Tasche, holte ein 50-Cent-Stück heraus und warf es auf das Pflaster. Es klimperte auf dem Asphalt und die Leute, die mehrere Meter von dem weißen und dem roten Mann entfernt gingen, wurden auf das Geräusch aufmerksam und sahen sich um. Endlich hob einer von ihnen das Geldstück auf, steckte es ein und ging weiter.

„Siehst du", sagte der Indianer, „das Geräusch, das das 50-Cent-Stück gemacht hat, war nicht lauter als das Geräusch der Grille, und doch hörten es viele der weißen Frauen und Männer und drehten sich um, während das Geräusch der Grille niemand hörte außer mir. Es stimmt nicht, dass das Gehör der Indianer besser ist als das der weißen Männer. Der Grund liegt darin, dass wir alle stets das gut hören, worauf wir zu achten gewohnt sind."

Ein Anliegen vorbringen

Ein Anliegen für euch?

Ängstliches Auftreten ermutigt die Täter
Selbstverteidigungs-Kurse für Schülerinnen

Ingolstadt (DK) Seit der ersten Schulwoche nach den Osterferien gibt es am Christoph-Scheiner-Gymnasium zwei jeweils zwölfstündige Selbstverteidigungskurse für Mädchen der 8. bis 10. Jahrgangsstufen. Diese Kurse wurden vom Elternbeirat organisiert und gesponsert. Der Beitrag je Schülerin betrug daher nur 30 .
Die beiden Kurse finden montags und freitags statt. Insgesamt hatten sich 37 Schülerinnen gemeldet. Ich selbst besuche den Freitagskurs bei Doris G., die die Selbstverteidigungsschule „Cara Mia" leitet. Doris war allen in der Gruppe gleich in der ersten Stunde sympathisch.
Als erstes erarbeiteten wir gemeinsam die drei Teile, aus denen die Selbstverteidigung besteht, nämlich Auftreten, Nein-Sagen und körperliches Wehren. Danach lernten wir, wie und wo man im Ernstfall richtig zuschlagen kann. Außerdem lernten wir, dass bei der Selbstverteidigung neben dem richtigen Zuschlagen auch das Auftreten eine wichtige Rolle spielt. Dies übten wir in verschiedenen Rollenspielen; ebenso das Verhalten in schwierigen Situationen und wie wir bewusst unsere Körpersprache einsetzen können. Wir beschäftigten uns weiter mit dem richtigen „Nein-Sagen-Können". Am Ende jeder Stunde fanden zehn Minuten „Schlagtraining" statt. Ich bin der Meinung, dass der Kurs seine 30 locker wert ist. Jetzt, da der Kurs schon fast zu Ende ist, sind alle aus der Gruppe viel selbstbewusster als am Anfang. Vor allem strahlen wir, wenn wir abends weggehen, keine Angst mehr aus. Wir jedenfalls sind keine „Opfer-Typen" mehr!

Lisa Kopp, Klasse 8a

1
a) Worum geht es in diesem Bericht? Sprecht darüber.
b) Sollte ein solcher Kurs nur für Mädchen angeboten werden? Nehmt dazu Stellung!
c) Wer von euch würde an einem solchen Kurs teilnehmen wollen? Begründet eure Meinung!
d) Welche Vorteile hätte es, wenn so ein Kurs an eurer Schule angeboten würde?

2 Um jemanden für ein Anliegen zu gewinnen, braucht man überzeugende Begründungen.
a) Schreibt aus dem Text Informationen heraus, die sich zur Begründung eines Kurses eignen.
b) Sammelt weitere Begründungen. Unter folgenden Internetadressen findet ihr Informationen:
http://www.karate-online.de
http://www.judo.de
http://www.aikikai.de

Ein Anliegen vorbringen

Einen Antrag schriftlich formulieren

1 Natürlich muss die Schulleitung von eurem Anliegen informiert werden, um z. B. Räume und Lehrkräfte zur Verfügung zu stellen. Wie würdet ihr vorgehen?
Diskutiert die folgenden Möglichkeiten:

A Die Schulleitung anrufen.

B Die Schulleitung um ein Gespräch bitten.

C Das Anliegen auf den Anrufbeantworter sprechen.

D An die Schulleitung einen Brief schreiben.

E An die Schulleitung ein E-Mail schicken.

2 Vielleicht zieht ihr es vor zunächst in einem Gespräch die Schulleitung von eurem Anliegen zu informieren. Warum ist es aber auch notwendig, einen schriftlichen Antrag zu stellen?

3 Entwerft einen Brief an die Schulleitung, in dem ihr die Einrichtung eines Selbstverteidigungskurses beantragt.
a) Lest dazu die Info.
b) Überlegt in Partnerarbeit oder in Kleingruppen, mit welchen Begründungen ihr den Adressaten von eurem Anliegen am besten überzeugen könnt. Bezieht in eure Überlegungen auch die Informationen ein, die ihr auf Seite 138 gesammelt habt.
c) Vergleicht eure Ergebnisse und einigt euch auf einen Entwurf.

INFO

Einen Antrag stellen
Ein schriftlicher Antrag enthält eine genaue Beschreibung des Vorhabens und wichtige Begründungen. Aufgrund dieser Angaben muss sich der Adressat ein genaues Bild von dem Anliegen machen und sich auch von der Richtigkeit und Notwendigkeit des Vorhabens überzeugen können.
Daher muss man zu folgenden Fragen im Antrag Informationen finden:
1. Wer will etwas?
2. Was will jemand?
3. Von wem will jemand etwas?
4. Warum will jemand etwas?
5. Wann will jemand etwas?

Anträge haben oft folgenden inhaltlichen Aufbau:
1. Anrede *(Sehr geehrter Herr Wüchner, … Sehr geehrte Damen und Herren, …)*
2. Der Absender stellt sich in einem einleitenden Satz vor und nennt kurz das Anliegen.
3. In einem oder mehreren Absätzen wird die Situation beschrieben und das Anliegen begründet.
4. Der Antrag endet mit einer Zusammenfassung, einem Dank und der Grußformel.

Ein Anliegen vorbringen

Ein Anliegen im Brief vorbringen

1 Um ein Anliegen überzeugend vorzubringen, muss nicht nur der Inhalt, sondern auch die äußere Form entsprechend gestaltet sein. Lest dazu die Info.

2 Im folgenden Kasten sind die wichtigsten Bestandteile eines sachlichen Briefes in falscher Reihenfolge aufgeführt. Seht euch den Brief auf Seite 141 an und schreibt die richtige Abfolge in euer Heft.

3 Entwerft euren Antrag. Das Muster auf der folgenden Seite kann euch helfen. Stellt eure Gruppenergebnisse vor.

4 a) Benützt, wenn ihr die Möglichkeit habt, für die Reinschrift des Antrages einen Computer.
b) Schreibt euren Brief und überprüft ihn mit dem Rechtschreibprüfungsprogramm.
Lest dazu aber den Tipp auf Seite 225.

- **A** Anschrift des Empfängers
- **B** Kurzgefasste Angabe, worum es in dem Schreiben geht (Betreff)
- **C** Briefinhalt
- **D** Grußformel
- **E** Anschrift des Absenders
- **F** Anrede
- **G** Orts- und Datumsangabe
- **H** Unterschrift

INFO

Der Antrag als sachlicher Brief
Anträge werden – sofern es nicht wie bei Behörden bestimmte Antragsformulare gibt – in Form eines sachlichen Briefes verfasst.
Auf der folgenden Seite findet ihr dafür ein Muster.
Denkt daran, dass ein Antrag ein Brief ist. Ihr müsst die Höflichkeitsanreden *Sie, Ihr* und deren gebeugte Formen großschreiben:
Wir hoffen, dass Sie uns unterstützen.
Für Ihre Mühe möchten wir ...
Schreibt höflich und freundlich.
Vermeidet daher Formulierungen wie „Wir fordern daher ...; Sie sollten ..."

Ein Anliegen vorbringen

Hauptschule Neuburg
Klasse 7 b
86633 Neuburg a. d. Donau
Tel. (0 84 31) 81 76

Neuburg, 20. Juni 2...

Schulleitung der Hauptschule Neuburg
Amalienstraße 22

86633 Neuburg a. d. Donau

Sehr geehrte Frau Bayerl,

wir, die Schülerinnen und Schüler der Klasse 7 b, wenden uns an Sie mit der Bitte einen Kurs in Selbstbehauptung und Selbstverteidigung einzurichten.

Leider sind in der letzten Zeit immer wieder Schülerinnen und Schüler aus unserer Klasse belästigt worden. Dies geschah sowohl auf dem Schulweg als auch in der Freizeit. Wir haben deshalb in der Klasse ausführlich darüber diskutiert. Nach unserer Meinung ...

Wir hoffen, dass Sie unser Vorhaben unterstützen werden.

Mit freundlichen Grüßen

Saskia Lorenz

(Klassensprecherin der Klasse 7 b)

7.3.1 Meinungen und Anliegen darlegen/Antrag

Schreibabsicht und Adressatenbezug

Sport auf dem Pausenhof?

1 a) Über welches Problem unterhalten sich die Schülerinnen und Schüler?
b) An wen kann man sich eurer Meinung nach mit Lösungsvorschlägen wenden?

2 Ein Gespräch mit der SMV könnte dazu führen, dass die SMV entscheidet, sich mit Vorschlägen an die Schulleitung zu wenden.
a) Lest dazu den nebenstehenden Brief.
b) An wen wendet sich der Brief?
c) Welche Absicht verfolgt die SMV mit dem Brief?
d) Versetzt euch in die Rolle der Empfängerin. Wie würdet ihr auf diesen Brief reagieren?
e) Welche Stellen im Brief erscheinen euch inhaltlich und sprachlich unangemessen?

3 Überarbeitet den Brief oder entwerft ein eigenes Schreiben, in dem ihr euer Anliegen darstellt. Achtet auf die angemessene äußere Form (siehe Seite 141).

SMV Wiesenstein

Hi Frau Meiler,
wie Sie ja sicherlich selbst schon gesehen haben, ist unser Pausenhof in einem echt groben Zustand. Die SMV der Hauptschule Wiesenstein meint daher, dass hier etwas passieren muss. Sie müssen uns dabei helfen, schließlich sind Sie ja die Leiterin der Schule. Wir erwarten von Ihnen, dass Sie dafür sorgen, dass möglichst bald Sportgeräte für den Pausenhof angeschafft werden. Für eine neue Einrichtung Ihres Büros ist ja schließlich auch Geld da. Eine Tischtennisplatte und ein Streetballkorb sollten es mindestens schon sein. Wir warten auf Ihre Antwort.

Die SMV

Schreibabsicht und Adressatenbezug

A Zusammen mit unserer Schulleiterin, Frau Meiler, und den Lehrern der Schule wollen wir etwas dagegen tun.

B Wir fangen um 12.05 Uhr an, denn Frau Meiler hat die letzte Stunde frei gegeben (Applaus).

C Mit freundlichen Grüßen

D Folgende Attraktionen warten auf euch:

E die ultimative Straßendisco mit den neuesten Hip-Hop-Songs,

F An den Elternbeirat der Hauptschule Wiesenstein

G ein Streetballturnier für Mannschaften aus allen Klassen,

H ein Tombola-Hauptgewinn ist ein Plakat von Michael Jordan mit Originalunterschrift,

I Butterbrezeln bis zum Abwinken von uns geschmiert für nur 0,50 Euro das Stück.

J Wir zählen auf euch.

K Sehr geehrte Damen und Herren,

L wie Sie sicher wissen, ist unser Pausenhof in keinem sehr schönen Zustand.

M Wir möchten gerne auf dem Pausenhof einen Streetballkorb und eine Tischtennisplatte aufstellen.

N Mitschülerinnen und Mitschüler, aufgepasst und mitgemacht!

O Die SMV der Hauptschule Wiesenstein

P Vom Erlös werden Tischtennisschläger und ein Basketball angeschafft.

Q Aber leider stehen der Schule nicht die dafür notwendigen Mittel zur Verfügung.

R Am Freitag steigt das megacoole Event dieses Schuljahres. Zur Einweihung unseres Mini-Sportparks (Streetballkorb und Tischtennisplatte) lädt die SMV alle Schülerinnen und Schüler herzlich ein.

S Deshalb bitten wir Sie, unser Anliegen finanziell zu unterstützen.

T Wir hoffen auf Ihr Verständnis.

U Eure SMV

4
a) Zwei Texte der SMV sind hier durcheinander geraten. Wenn ihr auf den Inhalt, die Sprache und auf die Adressaten achtet, könnt ihr die zueinander gehörenden Briefteile herausfinden. Ordnet die Textteile mithilfe einer Folie oder mit der Copy 19.
b) Schreibt beide Texte in der angemessenen Form auf.
c) Mit welchen unterschiedlichen Absichten wurden die beiden Texte geschrieben?
d) Untersucht, ob die Sprache im Hinblick auf die Adressaten und das Anliegen angemessen ist.
e) Begründet eure Meinung.

TIPP — Beim Schreiben an den Adressaten denken

Mit einem Text können unterschiedliche Absichten verfolgt werden: unterhalten, informieren, überzeugen, zu etwas auffordern oder etwas kritisieren. Damit ein Text den gewünschten Erfolg hat, muss man bei der sprachlichen Gestaltung den Empfänger (Adressaten) berücksichtigen: Ein gleichaltriger Jugendlicher will anders angesprochen werden als ein Erwachsener.

7.3.1 Meinungen und Anliegen darlegen/die Wirkung auf den Adressaten einschätzen

Freies Schreiben

Nach einem Cluster Texte schreiben

1 Du kennst bestimmt die Redewendung *Ein Herz und eine Seele* sein. Hierzu kann man einen Text schreiben, der lustig oder ernst ist oder nachdenklich stimmt.
Um für solch einen Text Ideen zu sammeln, ist das Cluster-Verfahren sehr geeignet.
Lies dazu den Tipp.

2 So könnte ein Cluster zu der Redewendung anfangen:

3 Lege nun selbst einen Cluster an, z.B. zu einem der folgenden Sprichwörter oder Redensarten:

1. Aus allen Wolken fallen
2. Ein Brett vor dem Kopf haben
3. Morgenstund' hat Gold im Mund.
4. Wo ein Wille ist, da ist auch ein Weg.
5. Eine Schraube locker haben
6. Eine lange Leitung haben

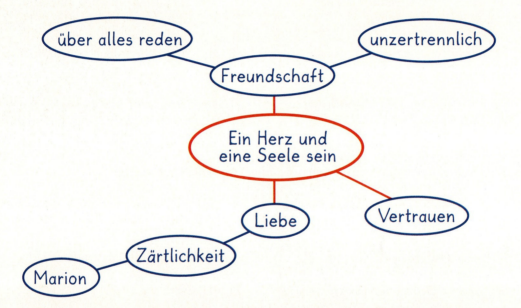

TIPP

Einen Cluster anlegen

Das Wort Cluster kommt aus dem Amerikanischen und bedeutet *ungeordnete Anhäufung*. Man kann das Wort mit *Gedankenschwarm* übersetzen.
Cluster zu bilden ist eine Möglichkeit, Gedanken zu einem Thema oder einem Begriff stichwortartig zu sammeln.
Ein solcher Gedankenschwarm ist eine sinnvolle Vorarbeit für ein Gespräch, für ein Referat oder eine Geschichte bzw. ein Gedicht. Die Sammelarbeit kann einzeln oder in Gruppen erfolgen.

So legst du einen Cluster an:
1. Du zeichnest in die Mitte eines Blattes einen Kreis, in den du ein Stichwort (oder eine Redewendung) hineinschreibst.
2. Wenn dir zu diesem Wort weitere Begriffe einfallen, legst du weitere Kreise an und schreibst sie hinein.
3. Nachdem du alle Begriffe aufgeschrieben hast, überlegst du, mit welchen Wörtern du arbeiten willst. Die anderen kannst du durchstreichen.

Freies Schreiben

4 Deine Clusterideen kannst du nun zu einem Text weiterverarbeiten.
Schau dir dazu den folgenden Text an.
a) Wie ist es Alexandra gelungen, aus ihrer Wörtersammlung ein Gedicht zu machen?
b) Lass dich von diesem Text zu einem eigenen kleinen Gedicht anregen.

Ein Herz und eine Seele sein,
das können Geschwister,
Eltern oder Freunde sein.
Ein Herz und eine Seele sein,
zu Freunden ist das Gewissen rein.
Ein Herz und eine Seele sein,
zu Geschwistern ist man nicht gemein.
Ein Herz und eine Seele sein,
die Eltern sind niemals allein.

Alexandra, 12 Jahre

5 Du kannst zu deinem Cluster auch eine kleine Geschichte aufschreiben wie in dem Beispiel unten.

Ich lernte ihn in der Schule kennen.
Eines Tages fuhr ich mit dem Bus
nach Hause, als ich bemerkte, dass
er neben dem Bus her radelte.
Er warf mir Luftküsse zu und als ich ausstieg,
fragte er mich nach meinem Namen. Dann
tauschten wir unsere Adressen aus.
In der nächsten Zeit schrieben wir
uns viele Briefe und gingen ab und
zu ins Kino. Auf dem Heimweg haben wir
dann immer geflirtet. So wurde unsere
Freundschaft immer enger und heute sind
wir ein Herz und eine Seele.

Sandra, 13 Jahre

Freies Schreiben

Schreiben an **bestimmten Orten**

1 Es können sehr unterschiedliche Orte sein, die zum Schreiben einladen.
Lies die Schülertexte auf dieser Seite und überlege, wo sie entstanden sein könnten.

2 Überlege, wo du Lust zum Schreiben hättest.
Suche den Ort auf.
Lasse dich beeinflussen von dem,
– was du siehst,
– was du hörst,
– was du fühlst,
– was du denkst,
– was du riechst.
Schreibe deine Eindrücke und Empfindungen auf.

Ich sehe Schüler, die spielen, und höre Geschrei auf dem Pausenhof.
Ich sehe Schüler, deren Unterricht erst nach der Pause beginnnt.
Ich sehe Schüler, die im Pausenhof raufen.
Ich sehe Schüler, die mit der Pausenaufsicht reden.
Ich sehe Schüler, die andere Schüler ärgern.
Ich sehe Schüler, die ganz alleine im Pausenhof stehen.
So wie heute wird es jeden Tag auf dem Pausenhof zugehen.
Ingo

Schon toll, dieses Gefühl der Weite und Unendlichkeit. Kreisende Möwen – Fliegen muss herrlich sein.
Von oben bekommt man sicher einen anderen Blick der Dinge.
Alles scheint so klein und einfach zu sein.
Ich fühle mich gut. Nur dazusitzen,
mit offenen Augen zu träumen,
mir die Meeresluft um die Nase wehen zu lassen. Ferien sind Klasse.
Jürgen

Heute ist der Himmel fast ohne Wolken.
Die Sonne scheint auf den Marktplatz, Tauben fliegen über uns hinweg und suchen Futter.
Nur ein paar Autos stören die Ruhe. Viele Menschen erledigen ihre letzten Einkäufe vor dem Wochenende.
Jetzt verschwindet die Sonne hinter einer Wolke, es wird kalt und trostlos.
Man kann seinen eigenen Atem sehen.
Der Vormittag geht dem Ende zu.
Es wird ruhig auf den Straßen.
Der Brunnen mitten auf dem Marktplatz ist abgedeckt, Winterschlaf.
Schön, die Sonne kommt wieder.
Stefan

Freies Schreiben

3 Auch einfache Gedichtformen wie die unten stehenden Haikus eignen sich für solche Texte. Schreibe zu dem Bild oben oder zu einem anderen Bild einen Haiku. Lies die Info.

> Ich will allein sein
> ruhiges Plätzchen draußen
> Gedanken sind frei

> Über den Wolken
> die grenzenlose Freiheit
> einfach fort fliegen

> Am Meeresufer
> die Muschel in meiner Hand
> was erzählt sie mir?

4 Solche persönlichen Gedanken und Texte, wie ihr sie in dieser Einheit gelesen habt, findet man oft auch in einem Tagebuch.
Diskutiere mit deinem Nachbarn über den Sinn und Zweck eines Tagebuchs.

5 Auch der Auszug unten stammt aus einem Tagebuch. Überlegt gemeinsam, warum für Robert das Aufschreiben seines Problems hilfreich sein kann.

> Wenn man eifersüchtig ist, ist das so, als ob ein Feuer in einem brennt. Es ist einfach nicht zum Aushalten. Man hat eine Freundin, man mag sie und dann kommt so ein anderer Typ und sie knutscht mit ihm rum. Man könnte in die Luft gehen.
> Solche Typen sind einfach das Letzte.
> Ich könnte ihn verprügeln.
> Aber ich muss mich einfach von ihr trennen und sie vergessen.
> Robert

INFO

Haiku
Ein Haiku besteht aus drei Zeilen mit insgesamt 17 Silben:
1. Zeile: 5 Silben,
2. Zeile: 7 Silben,
3. Zeile: 5 Silben.

Texte sprachlich überarbeiten

Wiederholungen vermeiden

In dem Jugendbuch „Der Stern der Cherokee" von Forrest Carter geht es um einen kleinen Indianerjungen. Der Indianerjunge gehört zum Stamm der Cherokee-Indianer. Schon früh verliert der Indianerjunge seine Eltern. Der Junge wächst als Waisenjunge bei den Großeltern auf. Er wird von den Großeltern liebevoll „Little Tree" genannt. Die Großeltern erziehen Little Tree nach alter indianischer Tradition. Der Junge lernt die Kultur und Lebensform seiner Vorfahren kennen ...

1 Ihr seid Mitglieder einer Schreibkonferenz. Euch liegt der Entwurf einer Buchbesprechung zu dem Jugendbuch *Der Stern der Cherokee* vor. Der Text beginnt mit einer Inhaltszusammenfassung.
 a) Lest den Ausschnitt oben und achtet auf die sprachliche Gestaltung. Was fällt euch auf?
 b) Unterstreicht alle Wörter, die mehrfach im Text vorkommen. Verwendet dazu eine Folie oder die Copy 20.
 c) Überlegt, wie sich diese vermeiden lassen. Der erste Hinweis im Tipp hilft euch dabei. Notiert eure Vorschläge und vergleicht sie.

2 a) Welche Wiederholungen wurden im Verbesserungsvorschlag A vermieden?
 b) Mit welchen Mitteln ist dies gelungen?

A
Der Junge wächst als Waisenjunge bei den Großeltern auf, die ihn liebevoll „Little Tree" nennen. Sie erziehen ihn nach alter indianischer Tradition.

3 a) Vergleicht den Verbesserungsvorschlag B mit dem Ausgangstext.
 b) Welcher Unterschied besteht zum Vorschlag A?

B
Der Junge wächst als Waisenjunge bei den Großeltern auf. Er wird von ihnen liebevoll „Little Tree" genannt und nach alter indianischer Tradition erzogen.

4 Überarbeitet den Text oben und vergleicht eure Lösungen.

TIPP
So kannst du Wiederholungen im Text vermeiden:
1. Ersetze Nomen durch Pronomen (er, sie es, ihn, ihre, ihnen ...).
2. Ersetze Verben oder Adjektive durch Wörter aus dem gleichen Wortfeld: sagen – sprechen, erzählen, berichten
...
3. Verknüpfe Sätze miteinander.
Es geht um einen kleinen Indianerjungen. Der Indianerjunge gehört zum Stamm der Cherokee-Indianer. Es geht um einen kleinen Indianerjungen, der zum Stamm der Cherokee-Indianer gehört.

Gleichförmige Sätze vermeiden

1 Der nebenstehende Auszug gibt die persönliche Meinung des Schreibers wieder.
   a) Lest den Text.
   b) Warum wirkt er so eintönig?

2 a) Vergleicht die Satzanfänge.
   b) Bestimmt in mehreren Sätzen die Reihenfolge der Satzglieder. Was fällt euch auf?
   c) Stellt in einigen Sätzen die Satzglieder um. Wie wirkt der Text jetzt?

> Dieses Buch hat mir super gefallen. Es beschreibt ausführlich die Kultur und die Lebensweise der Indianer. Es schildert auch gut, wie diese im Einklang mit der Natur stehen. Es wird am Beispiel gezeigt, wie ungerecht die indianischen Urbewohner Nordamerikas durch die weißen Eroberer behandelt wurden. Von den Siedlern wurden sie aus ihrer Heimat vertrieben, von den Soldaten wurden viele Indianer getötet, die ihnen mit ihren Waffen überlegen waren. Vom Staat wurden sie gezwungen aus ihren Stammesgebieten in Reservate umzusiedeln. Der Cherokee-Familie von Little Tree bleibt dieses Schicksal erspart, sie kann sich in den Bergen vor den Weißen verstecken.

3 a) Wodurch entsteht im folgenden Satz eine falsche gedankliche Beziehung?

> Von den Soldaten wurden viele Indianer getötet, die ihnen mit ihren Waffen überlegen waren.

b) So könnt ihr den Sinnbezug richtig stellen:
1. Stellt die Satzglieder des Hauptsatzes um.
2. Verändert die Stellung des Nebensatzes im Satzgefüge.
Probiert beide Möglichkeiten aus.

4 a) Überprüft auch bei den übrigen Satzgefügen im Text, ob eine Textverbesserung durch die Umstellung von Satzgliedern oder Nebensätzen erreicht werden kann.
   b) Bearbeitet den Text so, dass er im Satzbau keine sprachlichen Mängel mehr enthält.

TIPP

So kannst du gleichförmige Sätze überarbeiten:
1. Verändere die Stellung der Satzglieder:
   Von den Siedlern / wurden / sie / aus ihrer Heimat / vertrieben.
   Sie / wurden / von den Siedlern / aus ihrer Heimat / vertrieben.
   Aus ihrer Heimat / wurden / sie / von den Siedlern / vertrieben.
2. Untersuche, ob du in Satzgefügen durch eine Umstellung des Nebensatzes eine Textverbesserung erreichen kannst:
   Wie ungerecht die indianischen Ureinwohner Nordamerikas durch die weißen Eroberer behandelt wurden, wird am Beispiel der Cherokee-Indianer gezeigt.

Bandwurmsätze vermeiden

Das Tolle an diesem Buch ist nicht etwa, dass die Handlung besonders spannend wäre, sondern dass man sich gut in die indianische Lebensweise einfühlen kann und auch die Trauer und den Stolz, mit dem die Indianer leben, nachempfinden kann, den sie, obwohl sie ungerecht behandelt worden sind, bis heute bewahrt haben. Jeder, der das Buch liest, wird bestimmt feststellen, dass er bisher falsche Vorstellungen von Indianern und Weißen hatte, die beim Lesen der alten Wildwestgeschichten oder durch die vielen Westernfilme entstanden sind, denn in Wirklichkeit stimmt es ja gar nicht, dass alle, die eine rote Haut hatten, ihre Feinde brutal und grausam getötet haben und dass jeder, der weiß war, immer nur tapfer gekämpft hat, um sein Leben zu verteidigen und um sein Recht zu kämpfen.

1 Welche Textstellen habt ihr nicht gleich verstanden? Woran liegt das?

2 Zum ersten Satz liegt folgender Verbesserungsvorschlag vor:

> Das Tolle an diesem Buch ist, dass man sich gut in die indianische Lebensweise einfühlen kann. Ebenso kann man die Trauer und ...

Vergleicht diesen Vorschlag mit dem Ausgangstext. Wie wurde der Bandwurmsatz aufgelöst?

3 a) In dem folgenden Verbesserungsvorschlag wurde der Bandwurmsatz auf eine andere Weise vermieden. Durch welchen „Kniff" ist das gelungen?

> Das Tolle an diesem Buch ist nicht etwa die besonders spannende Handlung, sondern dass man sich gut in die indianische Lebensweise einfühlen kann. Ebenso kann man die Trauer und ...

b) Lest den Tipp und versucht den weiteren Text zu verbessern, indem ihr die Bandwurmsätze auflöst.

TIPP

So kannst du Bandwurmsätze auflösen:
1. Oft kann man schon durch Streichen viel erreichen. Kontrolliere aber, ob das Wesentliche der Aussage erhalten bleibt.
2. Überprüfe, ob du den langen Satz in zwei oder drei Sätze auflösen kannst.
3. Prüfe, ob du einen Nebensatz durch ein einfaches Satzglied ersetzen kannst:
   Jeder, der das Buch liest, wird feststellen ...
   Jeder Leser wird feststellen ...

Texte sprachlich überarbeiten

Mit der Checkliste
Texte sprachlich überarbeiten

Achtung, Fehler!

<u>Die Geschichte und Kultur der Cherokee</u>
Die Geschichte der Cherokee ist ein typisches Beispiel für das Schicksal der Indianer. Die Indianer haben seit mehr als 2 000 Jahren als Prärie-, Wald-, Küsten- oder
5 Puebloindiander in Nordamerika gelebt. Die Europäer haben das Land in ihren Besitz genommen. Die Europäer haben den Indianern innerhalb von 200 Jahren ihr Land genommen.
10 Sie haben sie unterdrückt und sie haben sie getötet. Die Cherokee-Indianer lebten ursprünglich östlich der Großen Seen. Die Cherokee lebten später weiter südlich im Alleghanygebirge.
15 Sie lebten neben der Jagt vom Ackerbau. Sie fingen im 18. und 19. Jahrhundert sogar mit Baumwollanbau und Schafzucht an.

Der Cherokee Sequoya führte 1820 eine Schriftsprache ein, die er zur Einheitssprache für alle Indianer machen wollte. 20 Sequoya führte die erste indianische Verfassung für die Cherokee ein. Bei der zwangsweisen Umsiedlungsaktion von 1830 die festlegte das kein Indianer mehr östlich des Mississippi leben durfte, 25 mussten 140 000 Cherokee zu Fuß den 800 Meilen langen Weg nach Westen marschieren, um in das Reservat in Oklahoma zu kommen. Sie waren sechs Monate unterwegs, jeder vierte starb, etwa 1 000 Cherokee konnten 30 in das Mississippi-Alabama-Gebiet fliehen sie konnten sich in den Bergen verstecken, etwa 6 000 Nachkommen sind heute noch im Mississippi-Alabama-Gebiet.

1 Den Text auf dieser Seite könnt ihr mithilfe der Checkliste überarbeiten.
Verwendet dazu eine Folie oder die Copy 21.
a) Markiert beim Durchlesen in eurer Textvorlage Stellen, an denen ihr sprachliche Mängel feststellt.
b) Notiert am Rand oder im Text, was ihr an den entsprechenden Stellen verbessern möchtet.
c) Bearbeitet den Text und schreibt ihn auf. Ihr könnt den Text auch in der ursprünglichen Fassung in den Computer eingeben und die Berarbeitung am Bildschirm vornehmen.

2 Überprüft, ob der Text Fehler in der Rechtschreibung oder Zeichensetzung enthält. Wenn ihr diese Prüfung mit dem Rechtschreibprogramm des Computers vornehmt, lest den Tipp auf Seite 225.

CHECKLISTE

Texte sprachlich überarbeiten
1. Wortwiederholungen?
   Siehe Tipp Seite 148.
2. Gleichförmiger Satzbau?
   Siehe Tipp Seite 149.
3. Bandwurmsätze?
   Siehe Tipp Seite 150.
4. Rechtschreibfehler?
5. Zeichensetzung?

7.3.1 Texte vorbereiten, schreiben und überarbeiten

Wortarten wiederholen

Unsere Wortartenpalette

Nomen
der Pinsel, die Farbe, das Bild
Test: Nomen haben ein grammatisches Geschlecht, das am Artikel erkennbar ist. Sie können im Singular oder im Plural und in einem der vier Fälle stehen:
Nominativ (wer, was?): *das Bild*
Genitiv (wessen?): *des Bildes*
Dativ (wem?): *dem Bild*
Akkusativ (wen, was?): *das Bild*

Verben
malen, zeichnen, abbilden, sehen
Test: Von Verben kann man verschiedene Zeitformen und Personalformen bilden:
Präsens: *Tina und Kevin malen ein Bild.*
Präteritum: *Tina malte ein Bild.*
Perfekt: *Tina hat ein Bild gemalt.*
Plusquamperfekt: *Tina hatte ein Bild gemalt.*
Futur I: *Tina wird ein Bild malen.*
Futur II: *Tina wird ein Bild gemalt haben.*

Adjektive
bunt, blau, schön
Test:
Adjektive können vor Nomen stehen:
Das lustige Bild gefällt mir.
Adjektive können sich auch auf ein Verb beziehen: *Das Bild hängt schief.*
Viele Adjektive lassen sich steigern:
Positiv: *das interessante Bild*
Komparativ: *das interessantere Bild*
Superlativ: *das interessanteste Bild*

Pronomen
du, unser, jener, dieser, welcher
Personalpronomen: *ich, du, er, sie, es, wir, ihr, sie …*
Possessivpronomen: *mein, dein, sein, unser, euer, ihr*
Demonstrativpronomen (siehe Seite 156):
der, die, das; dieser, diese, dieses; derjenige, diejenige, dasjenige;
derselbe, dieselbe, dasselbe; jener, jene, jenes …
Relativpronomen (siehe Seite 157):
der, die, das; welcher, welche, welches …
Test: Pronomen können ein Nomen begleiten, es ersetzen oder darauf verweisen:
Picasso ist mein Lieblingsmaler.
Er malte viele schöne Bilder.
Das Bild, das dort an der Wand hängt, ist von ihm.

Artikel
der, die, das, ein, eine …
Test: Der Artikel gibt das grammatische Geschlecht des Nomens an:
feminin: *die Farbe, eine Farbe*
maskulin: *der Maler, ein Maler*
neutrum: *das Bild, ein Bild*

Wortarten wiederholen

Rest-Farbtopf
In dieses Feld legt ihr alle Wörter, die ihr nicht eindeutig bestimmen könnt.

Adverbien
gestern, draußen, manchmal, deshalb
Test: Adverbien beschreiben, wann, wo, wie und warum etwas geschieht. Sie lassen sich im Satz umstellen:
Große Bilder hängen überall im Raum.
Überall hängen große Bilder im Raum.

1
a) Erkundet, welche Farbschälchen angeboten werden.
b) Wo stehen die Wortarten, die veränderbar sind?
c) Welche Wortarten lassen sich nicht verändern?

Die kräftigen Farben des Bildes leuchten.

2
a) Ordnet die Wörter dieses Satzes zu zweit den Wortarten-Farbtöpfen zu. Lest den Tipp.
b) Klärt im Klassengespräch die Wortarten der Wörter, die ihr in den „Rest-Farbtopf" gelegt habt.

Präpositionen
an, auf, durch, in, wegen
Test: Die Präpositionen bestimmen den Fall des folgenden Nomens:
während des Malens
mit dem Pinsel
zwischen den Bildern
auf die Leinwand
In einigen Präpositionen ist ein Artikel enthalten:
im (= in dem) *Museum*
zur (= zu der) *Ausstellung*

3 Sprecht darüber:
– Welche Wortarten erkennt ihr leicht?
– Bei welchen Wortarten habt ihr Schwierigkeiten sie zu erkennen?

TIPP
So findest du die Wortart heraus:
1. Prüfe zuerst: Lässt sich das Wort beugen und damit in der Wortgestalt verändern?
Ist dies der Fall, dann suche bei den veränderbaren Wortarten in den Farbtöpfen 1 bis 5.
Nicht veränderbare Wortarten findest du in den Farbtöpfen 6 bis 8.
2. Kläre bei den entsprechenden Farbtöpfen anhand der Wortbeispiele und der Tests, zu welcher Wortart dein Wort gehört.
3. Wörter, die du nicht eindeutig zuordnen kannst, legst du in den Rest-Farbtopf.

Konjunktionen
und, oder, aber, sondern, denn, jedoch, dass, weil, bevor, während, ob, wenn, obwohl, indem, als …
Test: Diese Wörter verbinden Wörter und Sätze miteinander.
Der Maler und sein Bild …
Ich warte, bis du mit dem Bild fertig bist.

7.4.1 Die unterschiedliche Funktion der Wortarten kennen

Wörter nach **Wortarten** bestimmen

1
a) Malt auf einem DIN-A4-Blatt eine eigene Wortarten-Palette auf. Ihr könnt auch Copy 22 verwenden.
b) Schreibt in die Töpfchen die Namen der Wortarten und gebt ihnen die entsprechende Farbe.
c) Schneidet euch für die Wörter ca. 20 Wortkärtchen (2 x 4 cm) aus.

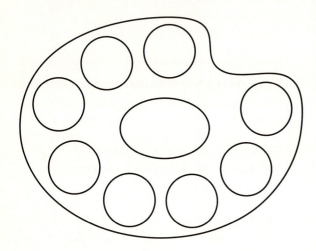

Roy Liechtenstein, M–Maybe, 1965

2
a) Unten findet ihr fünf Sätze. Jeder wählt sich einen Satz aus und schreibt die Wörter einzeln auf Wortkärtchen.
b) Ordnet die Kärtchen den richtigen Farbtöpfen auf eurer Palette zu. Wenn ihr bei einem Wort unsicher seid, legt es in den Rest-Farbtopf.
c) Kontrolliert in Partnerarbeit eure Ergebnisse. Überlegt gemeinsam, zu welchen Wortarten die Wörter aus dem Rest-Farbtopf gehören. Wenn ihr unsicher seid, stellt eure Fragen an die Klasse.

1. Ein Mann tritt seinen neuen Job im Museum an.
2. Am Abend des ersten Arbeitstages sieht ihn der Direktor.
3. „Gefällt Ihnen die Arbeit?", fragt ihn dieser.
4. Der Angestellte strahlt und erzählt stolz:
5. "Ich habe heute Gemälde von Picasso, Dürer und Rembrandt an Touristen verkauft."

3
a) Formuliert drei Sätze, die euch zu dem Bild einfallen, und schreibt sie an die Tafel.
b) Jeder wählt sich einen Satz aus und schreibt die Wörter auf einzelne Wortkärtchen. Diese werden in die eigene Palette eingeordnet.
c) Tauscht die Wortkärtchen mit eurem Nachbarn und übt mit seinem Satz.

4
a) Arbeitet zu zweit. Schreibt die Wörter oben auf einzelne Kärtchen.
b) Erweitert den Satz, indem ihr abwechselnd immer ein Wort ergänzt. Ihr dürft aber erst ein Wort anlegen, wenn ihr auch die Wortart bestimmt habt.
c) Prüft, ob sich in eurem Satz die Nomen durch Pronomen ersetzen lassen.

Wortarten wiederholen

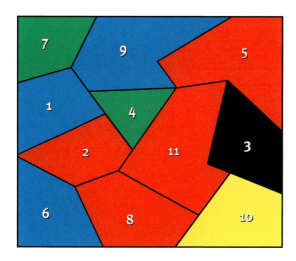

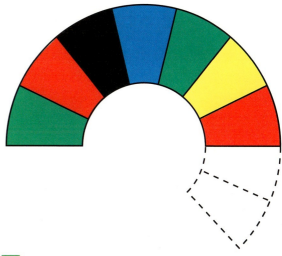

5 a) Welcher Satz versteckt sich in diesem Bild? Die Wörter findet ihr in der Liste unten.
Die Farben geben die Wortart an und die Reihenfolge wird durch die Ziffern angezeigt.
b) Entwickelt selbst ein ähnliches Rätsel.

> in – leuchtenden – an – Blätter –
> im – Bäumen – erstrahlen – Herbst –
> den – die – Farben

6 Schreibt den folgenden Satz ab, indem ihr für jedes Wort die Farbe verwendet, die es aufgrund seiner Wortart auf der Palette besitzt.

> Ein modernes Kunstwerk wurde gestern von einer Putzfrau in die Mülltonne geworfen, weil sie es für Abfall hielt.

7 a) Schreibt nach den Farbangaben oben einen Satz auf.
b) Vergleicht eure Ergebnisse in Partnerarbeit.

8 Setzt in den Text die fehlenden Wörter ein und bestimmt die Wortart. Schreibt so:
1. neuen = Adjektiv

Anstrengende Arbeit
Der Chef gibt dem (1) Lehrling den Auftrag, auf einer Bundesstraße (2) Mittelstreifen nachzumalen. Der (3) nickt und zieht los.
(4) großer Begeisterung beginnt er (5) Arbeit. Sehr (6) malt er den ersten Streifen. (7) betrachtet er stolz das Ergebnis. Nach einigen Tagen (8) der Chef, dass der Junge (9) Tag mehr Zeit für die Streifen braucht. „Woran liegt es, dass du immer (10) wirst?", fragt der Chef ärgerlich.
„Das kommt daher", antwortet der Lehrling, „(11) ich jeden Tag weiter zum Farbtopf zurücklaufen muss, (12) ich den Pinsel eintauchen will."

Demonstrativpronomen

Eine neue Brille für Timo
Frau Hütte: Schau einmal, Timo, was hältst du denn von <u>dieser</u> Brille, hier?
Timo: Welche? Etwa <u>die</u> mit den Schnörkeln?
Frau Hütte: Wenn du keine Verzierungen magst, dann kommt vielleicht eher <u>dieses</u> Gestell für dich in Frage.
Timo: <u>Das</u> kann doch nur ein Witz sein!
Frau Hütte: Und was ist mit <u>der</u>?
Timo: Welche? <u>Jene</u> mit dem roten Gestell? Unmöglich!
Frau Hütte: Okay! Aber <u>diese</u> ist doch nett!
Timo: <u>Dieselbe</u> Brille trägt Hyronimus. Und das ist <u>derjenige</u> aus meiner Klasse, den ich am wenigsten leiden kann.

Frau Hütte: Jetzt bin ich bald ratlos. Oh, probiere doch mal diese auf!
Timo: Dasselbe altmodische Gestell hast du mir eben schon einmal gezeigt. Übrigens trägt die auch unser Klassenlehrer.
Frau Hütte: Und nun?
Timo: Ich denke, ich werde diese hier nehmen. Das ist diejenige, die mir von allen am besten gefällt.
Zu Hause stellen Timo und seine Mutter fest, dass sie Timos alte Brille noch einmal gekauft haben.

Schüler aufgepasst!
☆ wird euch begeistern: die Superbrille für kluge Köpfe! Schlechte Noten? Schulstress? Wer kennt solche Sorgen nicht? Doch ☆ können schon bald der Vergangenheit angehören. Und ☆ geht so: Du setzt ☆ Brille einfach nur auf und schon erscheinen alle Lösungen vor deinem Auge. Und auch ☆ wird dich begeistern: Kommt Ärger auf dich zu, so beginnt die Brille zu vibrieren. Mit ☆ Brille erkennst du frühzeitig jede Gefahr. Auch ☆ unter euch, die schüchtern sind, werden aufatmen. Durch den integrierten Beliebtheitsfaktor werdet ihr schon bald zu ☆ gehören, die sich vor Einladungen kaum noch retten können. Also: Kratzt euer Taschengeld zusammen, damit ihr schon bald zu ☆ gehört, die alle Schulprobleme los sind!

2 Schreibt den Text oben ab und setzt passende Demonstrativpronomen ein. Die Info hilft euch dabei. Manchmal sind mehrere Lösungen möglich.

1 a) Lest die erste Hälfte des Gesprächs mit verteilten Rollen. Wie würdet ihr die unterstrichenen Wörter sprechen?
b) Lest die Info.
c) Im unteren Teil des Gespräches wurden sechs Demonstrativpronomen nicht hervorgehoben. Sucht sie heraus.
d) Nennt aus dem Text Beispiele für Demonstrativpronomen, die ein Nomen ersetzen.

INFO

Demonstrativpronomen
Demonstrativpronomen sind Wörter, die auf eine Person oder Sache hinweisen.
Sie können ein Nomen begleiten oder es ersetzen.
Zu den Demonstrativpronomen zählen:
der, die, das / dieser, diese, dieses / derjenige, diejenige, dasjenige / derselbe, dieselbe, dasselbe / jener, jene, jenes.

Relativpronomen

Mutig fragt ein Siebtklässler seinen Klassenlehrer, ☆ er erst seit kurzem kennt:
„Herr Jung, wie kann man merken, dass ein Schüler für die Hauptschule nicht geeignet ist?"
Der Lehrer, ☆ sich über die Frage wundert, antwortet ruhig: „Ganz einfach: Wenn der Schüler eine Frage, ☆ eigentlich ganz einfach ist, nicht beantworten kann. Zum Beispiel: Wie lange dauerte der Dreißigjährige Krieg?" Da antwortet der Junge, ☆ der Lehrer mit dieser Frage wohl verunsichert hat: „Das ist unfair, das ist doch ein Thema, ☆ wir bis jetzt im Geschichtsunterricht noch gar nicht behandelt haben!"

1 a) Lest den Witz vor. Setzt dabei in die Lücken passende Relativpronomen ein.
Die Info hilft euch dabei.
b) Besprecht gemeinsam, auf welches Nomen sich diese Relativpronomen jeweils beziehen.

INFO

Relativpronomen
Ein Relativpronomen bezieht sich auf ein vorangegangenes Nomen.
Kennst du den Schüler, der dort sitzt?

Zu den Relativpronomen gehören:
der, die, das, dem, den, dessen, deren, welcher, welche, welches, welchem, welchen.
Relativpronomen leiten einen Relativsatz ein (siehe Seite 177). Vor dem Relativpronomen steht immer ein Komma.

Kleiner Pronomen-Test
Sina kommt von der Schule nach Hause. Dort trifft sie auf ihre Mutter. Diese ruft sogleich: „Hallo, Sina! Na, wie ist eure Schulaufgabe gelaufen?" Müde antwortet die Schülerin: „Die ersten Fragen habe ich garantiert richtig beantwortet. Aber jetzt möchte ich gern meine Ruhe haben." Erleichtert erzählt die Mutter dies nun dem Vater, der sichtlich stolz ist. Interessiert fragt er daraufhin seine Tochter, welche Fragen zu Beginn gestellt worden seien. „Vorname, Nachname, Datum, usw.", antwortet Sina ihrem Vater. Entsetzt über diese Antwort bleibt ihm der Mund offen stehen.

2 a) Schreibt den Text ab (oder benützt Copy 23).
Unterstreicht anschließend alle Pronomen.
b) Bestimmt die Pronomen:

> Personalpronomen: sie, ...
> Possessivpronomen: ...
> Demonstrativpronomen: ...
> Relativpronomen: ...

Formen des Verbs

Was drückt das Präsens aus?

Wann kommst du heute nach Hause?

**Düsenjäger stürzt ins Kornfeld
Pilot rettet sich mit Fallschirm**

Sie verbinden das Gerät mit einer 220V-Stromquelle und halten anschließend den Power-Knopf für drei Sekunden gedrückt. Auf dem Display erscheint das Datum ...

Wir wohnen seit einigen Jahren in Nürnberg

Stell dir vor, gestern, als ich so über den Stachus schlendere, treffe ich meinen alten Freund Olaf ...

Im Feldmodus muss Invictus, der Spieler, eine Reihe von Aufgaben bewältigen, um sein Ziel zu erreichen. Er führt sieben Helden an, die Vertreter der Menschheit sind.

Morgen geht es endlich in den Urlaub.

1 a) Lest die Sätze durch. Wer könnte sie gesagt oder geschrieben haben?
b) In allen Texten wird das Präsens verwendet. In welchen Beispielen wird dennoch etwas Vergangenes oder Zukünftiges ausgedrückt?
c) Woran kann man den Vergangenheits- bzw. Zukunftsbezug jeweils erkennen?

2 a) In welchen Beispielen drückt das Präsens einen Vorgang aus, der immer gilt?
b) Lest die Info.

3 a) Lest die Erzählung unten. Setzt die unterstrichene Stelle ins Präsens.
b) Lest beide Stellen nacheinander vor und vergleicht die Wirkung der veränderten Stelle.
c) An welchen anderen Stellen könnte man die Verben ebenfalls ins Präsens ändern?
d) Setze die Geschichte fort. Überlege, an welchen Stellen du das Präsens verwendest.

INFO

Verwendungsweisen des Präsens

1. Das Präsens beschreibt in der Regel eine Handlung in der Gegenwart:
Ich male gerade die Figur an.
2. Das Präsens kann sich auf ein zukünftiges Geschehen beziehen und anstelle des Futurs stehen. Oft wird dies durch die Zeitangabe deutlich:
*Nächstes Jahr fahre ich nach London.
Schreiben wir morgen eine Schulaufgabe?*
3. In Erzählungen kann statt des Präteritums das Präsens stehen, um das Gesagte lebendiger und gegenwärtiger erscheinen zu lassen:
Gestern ging ich nichts ahnend im Park spazieren. Da kommt doch ein Mann auf mich zu und schenkt mir seinen Hund!
4. Das Präsens steht auch in Anleitungen, da diese Angaben immer gelten.

Ich sah mich um, als ich die Tasche abstellte. Beobachtete mich jemand?
Da drüben lugte ein alter Mann hinter seiner Zeitung hervor. Ich stellte mich so, dass die Tasche zwischen meinen Beinen stand, und tat, als wartete ich auf den Bus. Drinnen rührte sich das Etwas und schien aufzuwachen. Es war höchste Zeit! Jetzt war die Luft rein. Aber konnte ich es auch wirklich bis zur nächsten Hausecke schaffen? <u>Und dann rannte ich los. Ich erreichte fast die Hausecke, als ein gräßlicher Schrei ertönte</u>. Der Kobold hatte sich aus der Tasche befreit ...

Formen des Verbs

Mündlich berichten im **Perfekt**

Anna: „Hey, wie geht's dir so?"
Laura: „Nach der Party gestern – blendend!"
Anna: „Ach ja, du <u>hast</u> ja mit Björn <u>getanzt</u> – ganz schön eng, würd' ich mal sagen. Geht da was zwischen euch?"
Laura: „Mal schaun, wir treffen uns heute Nachmittag."
Anna: „Mensch, und „Nightlife" <u>ist</u> super drauf <u>gewesen</u>, <u>hat</u> eine Zugabe nach der anderen <u>gespielt</u>."
Laura: „Und beim Überraschungsgast bin ich völlig ausgetickt. Dass die SMV den gekriegt hat ... Aber sie hat sich ja auch lange um ihn bemüht!"
Anna: „Ich hab mir die Ohren zugehalten, weil alle so geschrien haben!"
Laura: „Super ist auch die Bar gewesen. Die Drinks – richtig krass. Mir hat der „Dirty Devil" am besten geschmeckt. Ich hab mal gefragt, wie die den gemacht haben, aber keine Info – Geheimnis, hat Cetin hinter der Bar gesagt."
Anna: „Also wegen mir kann es heute gleich noch mal 'ne Party geben ..."

1 a) Lest die Unterhaltung von Anna und Laura über die Schulparty.
b) In welcher Zeitform stehen die unterstrichenen Verbformen? Lest die Info.
c) Sucht im Text weitere Verben im Perfekt und schreibt sie heraus.

2 Berichtet in Partnerarbeit über ein Ereignis, z.B. über das letzte Fußballtraining, über einen Kinofilm ...
Einer erzählt und der andere schreibt die verwendeten Zeitformen auf. Anschließend wechselt ihr.

3 Bilde mit den folgenden Verben kurze Sätze im Perfekt:
klettern, gewinnen, sehen, erleben, radeln, verhandeln, durchnehmen, lernen, ankommen, vertreten

> 1. Gestern bin ich auf einen Baum geklettert.
> 2. ...

INFO

Die Zeitform Perfekt
1. Das Perfekt (2. Vergangenheit) drückt Geschehen oder Zustände in der Vergangenheit aus. Es wird vor allem im Mündlichen verwendet:
Was ich gestern gemacht habe?
Zuerst einmal habe ich ausgeschlafen, dann bin ich...
2. Das Perfekt wird mit Formen der Verben *sein* oder *haben* gebildet:
Er <u>hat</u> den Ball <u>gehalten</u>!
Er <u>ist</u> ins Fettnäpfchen <u>getreten</u>.
Die meisten Verben bilden das Perfekt mit *haben*.
Mit *sein* wird das Perfekt vor allem bei Verben der Bewegung gebildet:
Ich <u>bin</u> nach Forchheim <u>geradelt</u>.
Wir <u>sind</u> <u>gerannt</u>.

Schriftlich berichten: Präteritum und Plusquamperfekt

Schulparty ein voller Erfolg!

Unsere SMV hatte die Location schon lange vor dem Abend genial hergerichtet. Die Sporthalle war nicht wiederzuerkennen: Eine Trennwand unterteilte die Halle in zwei Räume. So konnten alle Gäste ganz im Stile einer professionellen Diskothek zwischen zwei Tanzflächen und Musikrichtungen wählen. Im „Rockcenter" kam Rock aller Richtungen dran, im „HipHop" vor allem Rap und House. Schon lange vor Beginn war der Andrang für diesen Wettbewerb groß gewesen. Auch unsere Lehrer (lassen) sich nicht zweimal bitten und (zeigen), was sie drauf (haben).

Uns (fallen) auf, dass einige Lehrer sehr ausgelassen (tanzen), nachdem sie ein Glas Sekt (trinken). Die Bar (sein) ein Traum: Karibikflair durch Palmen, Sand und coole Drinks, und über die Preise (können) wirklich keiner meckern. Als Stargast (kommen) Max Müller vom FCB, der Fußball-Frauenschwarm und Jungnationalspieler. Nachdem er rechtzeitig vom Training (kommen), (bleiben) fast bis zum Ende! Wie es ihm (gefallen), könnt ihr im Interview unten nachlesen.

1
a) Lies den ersten Absatz des Berichts aus einer Schülerzeitung: In welcher Zeitform wurde er geschrieben?
b) Suche im ersten Absatz die zwei Plusquamperfekt-Formen heraus. Lies die Info.
c) Welche der unterstrichenen Verben im ersten Absatz sind stark, welche schwach?

2 Setze im zweiten Absatz die Verben in Klammern in die richtige Vergangenheitsform. Achtung: Zweimal musst du das Plusquamperfekt einsetzen.

3 Schreibe den Schülerzeitungsbericht zu Ende. Beziehe dabei den Text von Seite 159 mit ein.

4 Bilde mit den Verben das Präteritum und das Plusquamperfekt in der Du-Form:
du schwammst – du bist geschwommen.
schwimmen, fliegen, sinken, vergessen, schießen, fahren, schreiben, springen, singen, fallen, biegen, heißen, leiden, waschen, schneiden, binden, greifen, essen, wiegen, singen, schlafen.
Schlage in Zweifelsfällen im Wörterbuch nach.

INFO

Die Zeitformen Präteritum und Plusquamperfekt

1. Das **Präteritum (1. Vergangenheit)** drückt Geschehen oder Zustände aus, die in der Vergangenheit liegen: *Gestern regnete es.* Diese Zeitform wird vor allem im Schriftlichen verwendet. Die Bildung des Präteritums richtet sich danach, ob ein Verb stark oder schwach ist:
Schwache Verben bilden ihr Präteritum mit *–te* am Ende: *er sagte, er lachte, es regnete.*
Starke Verben ändern im Präteritum und im Perfekt der Wortstamm: *gehen – er ging – er ist gegangen – er war gegangen.*

2. **Das Plusquamperfekt (3. Vergangenheit)** wird gebildet mit der Präteritumsform von *sein* oder *haben* (= war/waren; hatte/hatten):
Ich hatte ihn schon gesehen.
Sie war mir gleich aufgefallen.
Das Plusquamperfekt drückt ein Geschehen aus, das vor einem anderen Ereignis in der Vergangenheit liegt. Häufig tritt es in Sätzen auf, die mit *nachdem* oder *als* beginnen:
Nachdem der Nebel sich gehoben hatte, tauchte die Sonne auf.
Als die Schulaufgabe geschrieben war, fühlte sie sich erleichtert.

Formen des Verbs

Futur

Ich sehe eine wunderbare Zukunft vor dir liegen: Du wirst einen tollen Schulabschluss machen mit einem Einser-Schnitt. Nach dem Führerschein, den du noch mit 17 auf Anhieb schaffst, wird ein Sportwagen auf dich warten.
5 Deine Eltern werden ihn sponsern. Eine deiner neuen Freundinnen, die sich alle dann heftig um dich bemühen werden, wird besonders gut zu dir und deinem Auto passen. Die Kollegen in deiner zukünftigen Firma, werden dich beneiden. Natürlich auch um dein großes Haus, die Pferde,
10 na, du weißt schon ...
Aaah, und noch was kann ich deutlich erkennen: Du wirst jetzt gleich fünf Euro für die guten Nachrichten bezahlen.

1 Glaubst du an Wahrsager?

2 a) An welchen Stellen spricht die Wahrsagerin von zukünftigen Handlungen und Ereignissen? Woran erkennt ihr das?
b) Sucht alle Verbformen heraus, mit denen sie ein Geschehen in der Zukunft vorhersagt. Lest dazu die Info.

3 a) Lies den Wetterbericht rechts durch. Was fällt dir auf?
b) Schreibe den Text ab und ersetze alle Präsensformen durch Futur.
c) Vergleiche deinen Text mit dem Ausgangstext. Warum wohl verwendet man häufig das Präsens für Aussagen, die auf die Zukunft bezogen sind?

4 Schreibe einen Wetterbericht für morgen. Besorge dir die nötigen Informationen aus den Medien und wechsle Futur- und Präsensformen sinnvoll ab.

5 Schreibe deine Pläne für die nächsten drei Jahre auf. Verwende dabei das Futur I.

> Mit 15 werde ich meinen Mofaführerschein machen. Ein Jahr später wird unser Verein Kreismeister im Handball.
> Wenn ich 17 bin ...

Das Wetter
Vom Süden zieht schwülwarme Meeresluft über die Alpen nach Bayern. Im ganzen Voralpenland wird es am Spätvormittag zu heftigen Wärmegewittern kommen, die im Norden dagegen nur vereinzelt auftreten. Am Abend dann wird sich das Wetter in ganz Bayern beruhigen und die Wolken lockern auf. Die Höchsttemperaturen liegen um 28 Grad, die Tiefstwerte um 17 Grad.

INFO

Futur
Das **Futur** bezeichnet etwas, das in der Zukunft geschehen wird: *Es wird regnen*.
Das Futur wird mit der Präsensform von *werden* und der Grundform (Infinitiv) des Verbs gebildet:
*ich werde kommen   wir werden kommen
du wirst kommen   ihr werdet kommen
er/sie/es wird kommen   sie werden kommen*
Zukünftige Ereignisse werden auch im Präsens ausgedrückt (siehe Seite 158):
Abends kommt es zu schweren Hagelstürmen.
Häufig verweisen Zeitangaben (*abends, übermorgen, in zwei Stunden, später*) darauf, dass ein Ereignis erst noch stattfindet.

Formen des Verbs

Aktiv und Passiv

1 a) Die übereinander stehenden Bilder zeigen fast das Gleiche. Worin besteht der Unterschied?
b) Auch mit der Sprache kann man diesen Unterschied ausdrücken. Zu welchem Bild gehört Satz 1 und zu welchem Satz 3?
1. Carola wirft den Ball.
2. Der Teppich wird gesaugt.
3. Der Ball wird geworfen.
4. Moritz saugt den Teppich.
5. Die Blumen werden gegossen.
6. Judy gießt die Blumen.

c) Ordnet die anderen Sätze den Bildern zu.

2 Vergleicht die zusammengehörenden Sätze:
– Welche Sätze drücken aus, wer etwas tut?
– Welche Sätze drücken aus, was geschieht?

3 Die Sätze zu der oberen Bilderreihe nennt man Aktiv-Sätze. Die Sätze zu den Bildern der unteren Reihe heißen Passiv-Sätze. Vergleicht die Verbformen.

4 Auch zu den Bildern in der oberen Reihe könnt ihr Passiv-Sätze bilden, z.B.:
Der Ball wird von Carola geworfen.
Bildet auch zu den anderen Bildern Passiv-Sätze.

5 a) Vergleicht die beiden Sätze:
Carola wirft den Ball.
Der Ball wird von Carola geworfen.
An welcher Stelle steht im Aktiv-Satz die „Täterin", wo erscheint sie im Passiv-Satz?
b) Was für ein Satzglied ist „Der Ball" im Aktiv-Satz? Welches Satzglied wird daraus im Passiv-Satz?

INFO

Aktiv – Passiv
Das **Aktiv** betont den „Täter":
Carola wirft den Ball.
Das **Passiv** betont das Geschehen:
Der Ball wird geworfen.
Das Passiv wird mit *werden* und dem Partizip Perfekt des Verbs (*geworfen, gehalten, unterschrieben*) gebildet.
Der „Täter" wird, wenn er genannt wird, durch das Wörtchen *von* angekündigt:
Der Ball wird von Carola geworfen.
Das Objekt im Aktiv-Satz wird im Passiv-Satz zum Subjekt:
Martina füttert das Pferd.
Das Pferd wird von Martina gefüttert.

Formen des Verbs

6 Lest die Info. Bildet aus den Aktiv-Sätzen Sätze im Passiv und schreibt sie ins Heft:
1. Die Mutter beobachtet ihre Kleinen.
   Die Kleinen werden von ihrer …
2. Der Gast bezahlte die Hotelrechnung.
3. Der Beamte hat mir die Fahrkarte gegeben.
4. Wir feiern den Geburtstag meines Vaters.
5. Ein Krankenwagen brachte die Verletzten in die Klinik.
6. Ich werde die Karten bestellen.

7 a) Lest den folgenden Text laut vor und achtet auf die Wirkung.

Der Trick mit der Wundertüte
Zuerst wird die Wundertüte hergestellt. Den Zuschauern wird die leere Tüte gezeigt. Vor allen Augen wird die Münze in die Tüte gesteckt. Die Tüte wird nun mit beiden Händen umfasst. Mit geheimnisvollen Bewegungen wird ein Zauberspruch gemurmelt und dabei die Tüte gedreht. Die Tüte wird den Zuschauern gezeigt. Sie ist leer. Wieder wird die Tüte mit entsprechendem Hokuspokus gedreht. Die Münze ist plötzlich wieder in der Tüte.

INFO
Die Verbformen im Aktiv und Passiv in den verschiedenen Zeitstufen

Aktiv
Präsens: Ich hole dich ab.
Präteritum: Ich holte dich ab.
Perfekt: Ich habe dich abgeholt.
Plusquamp.:   Ich hatte dich abgeholt.
Futur: Ich werde dich abholen.

Passiv
Präsens: Ich werde abgeholt.
Präteritum: Ich wurde abgeholt.
Perfekt: Ich bin abgeholt worden.
Plusquamp.:   Ich war abgeholt worden.
Futur: Ich werde abgeholt werden.

Auf der Seite 164 findest du eine Übersicht für alle Personalformen.

8 a) Schreibt fünf einfache Aktiv-Sätze auf.
b) Verwandelt sie in Passiv-Sätze.

b) Lest den Tipp und formuliert einige Sätze in dem oben stehenden Text um.
c) Vergleicht eure Lösungen.

TIPP
Nicht immer das Passiv verwenden
In Gebrauchsanweisungen und anderen Beschreibungen wird häufig das Passiv verwendet. Wenn mehrere Passiv-Sätze aufeinander folgen, wirkt der Text holprig und umständlich.
So kannst du sie vermeiden:
Den Zuschauern wird die leere Tüte gezeigt.
– Der Zauberer zeigt den Zuschauern die leere Tüte.
– Man zeigt den Zuschauern die leere Tüte.
– Zeige den Zuschauern die leere Tüte.

Verbformen im Überblick

1 In der Info findet ihr alle Verbformen, die ihr bis jetzt kennen gelernt habt. Zum Üben der Zeitformen könnt ihr das folgende Würfelspiel durchführen.

Regeln für das Würfelspiel:
1. Spielt zu zweit.
2. Besorgt euch einen Spielwürfel. Jeder hat drei Würfe.

1. Wurf:
Die Zahlen 1–5 geben die Zeit an (siehe die Nummerierung der Zeiten in der Info), bei der Zahl 6 kannst du die Zeit wählen.

2. Wurf:
Die Zahlen 1–6 ermitteln die Person.
Die Zahlen 1–3 bedeuten 1.–3. Person/Einzahl:
1. Person/Einzahl= ich
2. Person/Einzahl = du
3. Person/Einzahl = er, sie, es
Die Zahlen 4–6 bedeuten 1.–3. Person/Mehrzahl:
1. Person/Mehrzahl= wir
2. Person//Mehrzahl = ihr
3. Person/Mehrzahl = sie

3. Wurf:
Bei den Zahlen 1–3 wird das Aktiv gewählt, bei den Zahlen 4–6 das Passiv.
Einigt euch, wer anfängt.
Wer würfelt, muss die richtige Zeitform ansagen. Der Partner wählt ein Verb aus.

Verbbox:
beißen, biegen, bringen, drängen, empfangen, entdecken, erschrecken, fangen, feiern, fressen, fordern, gießen, greifen, halten, lieben, mögen, nehmen, rufen, schlagen, schneiden, sehen, stechen, werfen, unterschreiben, wählen

INFO

Zeitformen des Verbs

1. Präsens Aktiv — **Präsens Passiv**
ich ziehe — ich werde gezogen
du ziehst — du wirst gezogen
er zieht — er wird gezogen
wir ziehen — wir werden gezogen
ihr zieht — ihr werdet gezogen
sie ziehen — sie werden gezogen

2. Präteritum Aktiv — **Präteritum Passiv**
ich zog — ich wurde gezogen
du zogst — du wurdest gezogen
er zog — er wurde gezogen
wir zogen — wir wurden gezogen
ihr zogt — ihr wurdet gezogen
sie zogen — sie wurden gezogen

3. Perfekt Aktiv — **Perfekt Passiv**
ich habe gezogen — ich bin gezogen worden
du hast gezogen — du bist gezogen worden
er hat gezogen — er ist gezogen worden
wir haben gezogen — wir sind gezogen worden
ihr habt gezogen — ihr seid gezogen worden
sie haben gezogen — sie sind gezogen worden

4. Plusquamp. Aktiv — **Plusquamp. Passiv**
ich hatte gezogen — ich war gezogen worden
du hattest gezogen — du warst gezogen worden
er hatte gezogen — er war gezogen worden
wir hatten gezogen — wir waren gezogen worden
ihr hattet gezogen — ihr wart gezogen worden
sie hatten gezogen — sie waren gezogen worden

5. Futur Aktiv — **Futur Passiv**
ich werde ziehen — ich werde gezogen werden
du wirst ziehen — du wirst gezogen werden
er wird ziehen — er wird gezogen werden
wir werden ziehen — wir werden gezogen werden
ihr werdet ziehen — ihr werdet gezogen werden
sie werden ziehen — sie werden gezogen werden

Achtung: Einige Verben verwenden das Perfekt und das Plusquamperfekt mit *sein*:
ich bin gewesen — *ich war gewesen*

Formen des Verbs

Partizipformen als **Adjektive**

Auf hoher See
Auf <u>schwankenden</u> Planken bei <u>wogender</u> See, so fand sich Harry nach kurzer Zeitreise am Steuer eines Viermasters wieder. Schnell hatte er den Dreh raus und durchfuhr die <u>anschwellenden</u> Brecher mit dem großen Schiff. Sein auf den Horizont <u>fixierter</u> Blick verhinderte jede Übelkeit. Niemand schien den <u>ungeladenen</u> blinden Passagier zu bemerken, dessen seltsame Reise ein nicht <u>geplantes</u> Zwischenziel gefunden hatte.

1 a) Die unterstrichenen Wörter sind Adjektive. Sie stammen aber von Verben ab. Weist dies nach.
b) Lege die folgende Tabelle an.
Trage die Partizipformen oben in die richtige Spalte ein. Lies dazu die Info.

Partizip Präsens	Partizip Perfekt
schwankenden	☆ ☆ ☆

2 Erkläre den Bedeutungsunterschied:
1. ein frierendes Huhn – ein gefrorenes Huhn
2. ein trinkender Mann – ein trunkener Mann
3. ein stehlender Fuchs – ein gestohlener Fuchs
4. ein fallendes Blatt – ein gefallenes Blatt
5. eine kochende Suppe – eine gekochte Suppe
Nenne die jeweilige Partizipform.

3 Verkürze durch Partizipien die folgenden Sätze. Lies dazu den vierten Absatz in der Info.

1. Meine Uhr, die mir gestohlen wurde, war sehr wertvoll.
2. Wir müssen den Fisch, der gefroren ist, erst auftauen.
3. Wir helfen im Winter Vögeln, die hungern.
4. Hast du schon einen Bären gesehen, der tanzt?
5. Heiner ist ein Mensch, der schnell aufbraust.
6. Wo sind die Bücher, die ich entliehen habe?
7. Wir freuten uns über den Abend, der wirklich gelungen war.

INFO

Partizipformen des Verbs
1. **Partizip Präsens:**
   singend, überzeugend, lächelnd
   Das Partizip Präsens wird mit dem Wortstamm und der Endung *(e)nd* gebildet.
   Kinder, die singen = die singenden Kinder
   Das Partizip Präsens bezieht sich auf eine gerade vollziehende Handlung.
2. **Partizip Perfekt:**
   gesungen, überzeugt
   Das Partizip Perfekt wird von der Perfektform des Verbs gebildet:
   ich habe gesungen = das gesungene Lied.
   Das Partizip Perfekt bezieht sich auf eine abgeschlossene Handlung.
3. **Partizipien können wie Adjektive gebraucht werden.**
   – Er hat eine <u>überzeugende</u> Idee.
   – Er verteidigt <u>überzeugend</u> seinen Vorschlag.
   – Sein Vorschlag ist <u>überzeugend</u>.
   Das Partizip Präsens kann als Adjektiv auch gesteigert werden: *überzeugend, überzeugender, am überzeugendsten.*
4. **Mit Partizipien kann man Sätze verkürzen:**
   Wir stimmten seinen Vorschlägen, die uns überzeugten, zu.
   Wir stimmten seinen überzeugenden Vorschlägen zu.

Satzglieder

Satzglieder ermitteln

In zwei Wochen fahre ich mit dem Bus zur Schule.

Wer fährt mit dem Bus zur Schule?

Ich fahre in zwei Wochen mit dem Bus zur Schule.

Wohin fährst du?

Zur Schule fahre ich in zwei Wochen mit dem Bus.

1
a) Lest das Telefongespräch mit verteilten Rollen.
b) Der erste Satz oben wurde mehrfach umgestellt. Überprüft, welche Wörter jeweils in den Sätzen besonders betont werden.
c) Schreibt den ersten Satz in euer Heft und trennt die Satzglieder durch Schrägstriche. Falls ihr nicht mehr wisst, wie man Satzglieder erkennt, hilft euch die Info.

2
a) Stellt die Sätze unten jeweils zweimal um.
b) Trennt die einzelnen Satzglieder anschließend durch Schrägstriche.
c) Welcher Satz hat die meisten bzw. die wenigsten Satzglieder?
d) Welches Satzglied umfasst besonders viele Wörter?

1. Familie Baumann wohnt in einer gemütlichen Wohnung in der Stadt.
2. Im nächsten Monat werden sie in ein kleines Haus auf dem Lande ziehen.
3. Bei der Besichtigung einzelner Häuser erlebten sie viele lustige Dinge.
4. Einmal wurde den Baumanns merkwürdigerweise ein umgebauter Hühnerstall angeboten.

INFO

Satzglieder
Ein Satz besteht aus Satzgliedern. Diese können aus einem einzigen Wort oder aus mehreren Wörtern bestehen. Satzglieder kannst du durch die **Umstellprobe** ermitteln: Die Wörter, die beim Umstellen zusammenbleiben, bilden ein Satzglied.
Soll ein Satzglied betont werden, steht es oft am Anfang des Satzes.

Subjekt und Prädikat

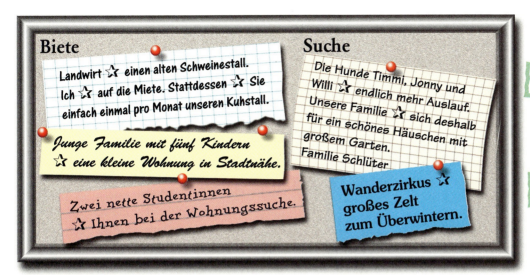

1 a) Schreibt die Sätze ab und setzt die passenden Prädikate ein. Die Beispiele am Rand helfen euch.
b) Kreist in jedem Satz das Prädikat ein.
c) Unterstreicht in jedem Satz das Subjekt. Lest dazu die Info.

2 Schreibe die folgenden Sätze ab. Unterstreiche in jedem Satz das Subjekt und kreise das Prädikat ein.
Achtung: Manchmal besteht das Prädikat aus zwei Teilen. Lies dazu die Info.

INFO

Subjekt und Prädikat
Das **Subjekt** kannst du mit der Frage „Wer oder was?" ermitteln. Es kann aus einem oder mehreren Wörtern bestehen:
Die Familie (Sie) sucht eine Wohnung.
Das **Prädikat** sagt aus, was jemand tut oder was geschieht. Du kannst es durch die Frage „Was tut er/sie?" ermitteln.
Im Aussagesatz steht das Prädikat immer an zweiter Satzgliedstelle.
Das Prädikat kann zweiteilig sein:
*Wir **sind** gestern **umgezogen**.*
*Wir **zogen** gestern **um**.*
Dann steht der erste Teil des Prädikats auch an der zweiten Satzgliedstelle.

Streit mit dem Nachbarn
1. Am letzten Wochenende zog Familie Schlüter um.
2. Bereits nach zwei Tagen bekam die fünfköpfige Familie Streit mit ihrem Nachbarn.
3. Der ältere Herr mochte ihre Hunde nicht.
4. Schließlich wollte er die Schlüters durch Gemeinheiten vertreiben.
5. Eines Abends nagelte er sogar den Eingang der Hundehütte zu.
6. Am nächsten Morgen lagen jedoch die drei Bernhardiner direkt vor seiner Verandatür.
7. Anstelle der Hundehütte hatten sich die Tiere nun dort ihr neues Quartier gesucht.

Objekte

1. Bitte lassen Sie <u>den Müll</u> nicht im Treppenhaus stehen. Stellen Sie die <u>Abfalltüten</u> lieber im Nebeneingang ab.
2. Halten Sie von 0 bis 24 Uhr <u>Ruhe</u>. Dann wird <u>Ihrer Familie</u> niemand Ärger machen.
3. Trauen Sie <u>niemandem</u>! Geben Sie <u>den Hausschlüssel</u> im Urlaub nicht <u>den Nachbarn</u>.
4. Geben Sie Dieben keine Chance. Verstecken Sie Wertsachen nicht im Briefkasten.
5. Baden Sie selten und sparen Sie Strom! Sie helfen damit der Umwelt.
6. Vertrauen Sie stets Ihrem Vermieter und belehren Sie ihn nie eines Besseren!

Ich danke Ihnen.

DER HAUSEIGENTÜMER

Liebe Hausbewohner!

Wir haben gestern die Dachgeschosswohnung bezogen und möchten uns nun gern vorstellen. Unsere Familie trägt den Namen Boller. Vielleicht kommt Ihnen mein Name bekannt vor. Ich züchte nämlich Ratten. Aus diesem Grunde habe ich der Zeitung vor kurzem ein Interview gegeben. Meine Frau Berta liebt das Trommeln und meine Buben spielen Trompete. Sie gehen ihrem Hobby aber nur nachts nach. Unseren drei Kindern haben wir die Namen Caspar, David und Balthasar gegeben. Sie werden Ihnen gefallen, denn sie machen immer so lustige Streiche.

Sicherlich werden wir gut miteinander auskommen!

Ihre Familie Boller

---

1 a) In den ersten drei Sätzen der Hausordnung sind alle Objekte unterstrichen.
Übertragt die folgende Tabelle in euer Heft und ordnet die Objekte richtig ein.
Bei der Ermittlung der Objekte hilft euch die Info.

Dativobjekt	Akkusativobjekt
ihrer Familie	den Müll

b) Sucht in den letzten drei Sätzen die Objekte heraus und ordnet sie in die Tabelle ein.
c) Genitivobjekte kommen heutzutage sehr selten vor. In der Hausordnung ist jedoch eines versteckt. Sucht es heraus.
d) Vergleicht eure Ergebnisse.

2 Im Text befinden sich 15 Objekte. Schreibe den Text ab und kennzeichne die Dativ- und Akkusativobjekte mit unterschiedlichen Farben. Du kannst auch Copy 24 verwenden.

INFO

Objekte
Satzglieder, die das Prädikat ergänzen, nennt man Objekte. Du kannst sie durch folgende Fragen ermitteln:
Genitivobjekt: Wessen?
Ein Umzug bedarf <u>guter Vorbereitung</u>.
Dativobjekt: Wem?
Der Mann gab <u>dem Mieter</u> den Schlüssel.
Akkusativobjekt: Wen oder was?
Der Mann gab dem Mieter <u>den Schlüssel</u>.

Satzglieder

Viele Prädikate verlangen Objekte

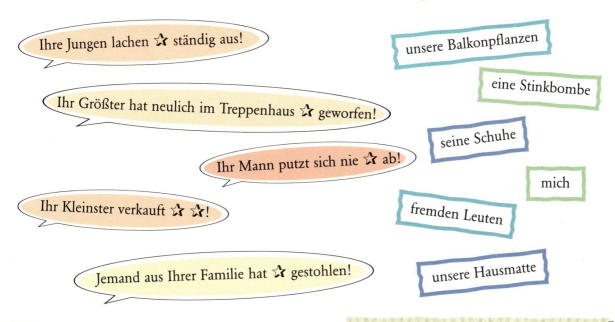

1 a) Schreibt die Sätze vollständig auf. Ergänzt dazu die fehlenden Objekte aus den rechten Kästchen.
b) Unterstreicht die Dativ- und Akkusativobjekte mit unterschiedlichen Farben.
c) Kreist in jedem Satz das Prädikat ein.

2 a) Übertragt die Tabelle in euer Heft.
b) Ordnet die Prädikate von Aufgabe 1 im Infinitiv in die entsprechenden Spalten ein.

Prädikat ohne Objekt	Prädikat mit einem Objekt	Prädikat mit zwei Objekten
...	auslachen	...

3 a) Wie viele Objekte benötigen die folgenden Verben? Bildet mit jedem Verb einen Satz.
b) Tragt die Verben in die Tabelle ein.
c) Vergleicht die Tabellen in Partnerarbeit.

> vermieten, schreien, verlassen, kündigen, lachen, erkennen, helfen, schreiben, vorlesen, verkaufen, weinen, einziehen

> Liebe Nachbarn,
>
> wir möchten bei Ihnen entschuldigen Es tut uns Leid, dass wir verschmutzt haben. Demnächst werden wir nicht mehr so viel Ärger bereiten. Wir werden nämlich über die Feuerleiter verlassen. Alles klar?
>
> Caspar, David und Balthasar Boller
>
> P.S.: Bitte geben Sie noch eine Chance!

4 a) Warum sind die Sätze unvollständig?
b) Verbessert den Text und vergleicht eure Ergebnisse.

INFO

Prädikate und Objekte
Wir können im Deutschen sehr kurze Sätze bilden: *Es regnet.*
Viele Prädikate aber brauchen Objekte, da die Sätze sonst unvollständig sind: *Er ärgert mich. Sie schenkt mir ein Bild.*
Es hängt vom Prädikat ab, wie viele Objekte im Satz einzufügen sind.

Adverbialien: Wann und wo?

Sehr geehrtes Ehepaar Boller,

hiermit möchte ich Sie bitten, (1 wann?) (2 wohin?) zu kommen. Wir treffen uns (3 wann?) (4 wo?).
(5 wann?) sind zahlreiche Beschwerden gegen Ihre Familie eingereicht worden. So wurde mir z.B. berichtet, dass Ihre Söhne (6 wann?) Knallkörper (7 wo?) zünden. Darüber hinaus soll der Geburtstag Ihres ältesten Sohnes unerlaubterweise (8 wo?) laut gefeiert worden sein. (9 wann?) fehlen (10 wo?) die Namensschilder. Stattdessen wurden (11 wo?) beleidigende Tierbilder angebracht.
Ich fordere Sie daher zu einer gemeinsamen Aussprache auf.

Hochachtungsvoll
Kurt Weber
(Hauseigentümer)

- zur diesjährigen Mieterversammlung
- um 15.00 Uhr
- am 15. April
- in der Augustgasse 3
- Seit diesem Tag
- dort
- Seit Ihrem Einzug
- jeden Sonntag
- an jeder Haustür
- im Treppenhaus
- auf dem Dachboden

1
a) Die Einladung ist unvollständig. Schreibt den Text ab (oder verwendet Copy 25) und ergänzt die passenden Temporal- und Lokaladverbialien (Zeit- und Ortsangaben).
b) Vergleicht und besprecht eure Lösungen.
c) Unterstreicht die Temporal- und Lokaladverbialien mit unterschiedlichen Farben.
d) Legt euch folgende Tabelle an und tragt die Temporal- und Lokaladverbialien ein.

Temporaladverbiale Wann?	Lokaladverbiale Wo?
am 15. April	zur diesjährigen Mieterversammlung

2
a) Unterstreicht in einem Zeitungs- oder Zeitschriftenartikel eurer Wahl alle Temporal- und Lokaladverbialien mit unterschiedlichen Farben.
b) Kontrolliert in Partnerarbeit eure Unterstreichungen.

INFO

Temporal- und Lokaladverbialien
Satzglieder, die Angaben über die Zeit und den Ort eines Geschehens machen, heißen Adverbialien oder adverbiale Bestimmungen. Du kannst sie durch folgende Fragen ermitteln:
– das Temporaladverbiale (adverbiale Bestimmung der Zeit): Wann? Seit wann? Wie lange?
– das Lokaladverbiale (adverbiale Bestimmung des Ortes): Wo? Woher? Wohin?

Satzglieder

Adverbialien: Warum und wie?

1. <u>Mit Lampenfieber</u> bereitet die Popgruppe „Angels" ihr Konzert vor.
2. Die ersten Fans klatschen schon <u>vor Ungeduld</u>.
3. Die Vorstellung beginnt <u>pünktlich</u>.
4. <u>Gekonnt</u> eröffnet der Manager die Show.
5. Wenig später singt die Sängerin <u>mit zarter Stimme</u> ins Mikrofon.

6. Zum Anwärmen spielt die Gruppe zunächst ein bekanntes Lied.
7. Mit geübten Handgriffen bedient ein Bandmitglied das Schlagzeug.
8. Ein anderes Mitglied begleitet die Melodie einfühlsam an seiner E-Gitarre.
9. Vor Freude jubelt die Menge.
10. Doch dann verstummen die Stars plötzlich wegen eines Kurzschlusses.
11. Aufgrund eines Blitzschlages fällt der Strom über Stunden aus.
12. So endet die Vorstellung vorzeitig und die Fans gehen enttäuscht nach Hause.

1
a) Lest die Sätze 1. bis 5. ohne die unterstrichenen Stellen vor. Welche Informationen gehen dadurch verloren?
b) Bei den unterstrichenen Angaben handelt es sich um Kausaladverbialien (Angaben des Grundes) und um Modaladverbialien (Angaben der Art und Weise). Lest hierzu die Info.
c) Legt eine Tabelle nach folgendem Muster an und ordnet die unterstrichenen Adverbialien ein:

Kausaladverbiale Warum? Wieso?	Modaladverbiale Wie? Auf welche Weise?
vor Ungeduld	mit Lampenfieber

d) Unterstreicht auf einer Folie oder in der Copy 26 auch in den Sätzen 6. bis 12. die Kausaladverbialien und die Modaladverbialien.
e) Ordnet die unterstrichenen Adverbialien in eure Tabelle ein.

2 Schreibt auf A7-Karteikarten Sätze mit Adverbialien und unterstreicht diese. Auf der Rückseite gebt ihr die Lösung an. Ihr könnt mit den Karten immer wieder üben.

> 1.   2.
> <u>Heute</u> ging ich <u>fröhlich</u>
> <u>nach Hause</u>.
>   3.

> 1. Temporaladverbiale
> 2. Modaladverbiale
> 3. Lokaladverbiale

INFO

Kausal- und Modaladverbialien
Das **Kausaladverbiale** (adverbiale Bestimmung des Grundes) ist ein Satzglied, das Angaben über den Grund eines Geschehens macht: Warum?
Aus Dankbarkeit spielten sie eine Zugabe.
Das **Modaladverbiale** (adverbiale Bestimmung der Art und Weise) sagt etwas über die Art und Weise eines Geschehens aus: Wie? Auf welche Art und Weise?
Dankbar spielten sie eine Zugabe.

Mit Adverbialien Texte überarbeiten

<u>Die Stimme aus dem Duschkopf</u>

In den letzten Ferien verbrachte unsere Familie 14 Tage auf einem Campingplatz. Von Anfang an hatten mein Bruder und ich dort viel Spaß. In der zweiten Woche allerdings war der Zeltplatz überfüllt. Daher mussten wir vor den Waschanlagen jeden Morgen lange warten. Wegen des großen Andrangs stand ich einmal schon um sechs Uhr auf.

Ich nahm mein Duschhandtuch und suchte die Waschräume auf. Ich bemerkte, dass ich der einzige war. Ich ging und stellte das Wasser an. Ich genoss den warmen Wasserschauer, bis ich ein Gemurmel hörte. Ich dachte mir nichts dabei. Doch es passierte etwas Merkwürdiges. Der Duschkopf begann zu vibrieren und ich vernahm einige Worte. Ich begann zu zittern. Eine Stimme sprach zu mir. Sie flüsterte: „Hallo! Bitte, du musst mir helfen!"

1 a) Im ersten Absatz der Erzählung befinden sich zahlreiche Adverbialien. Sucht sie heraus und ordnet sie im Heft den euch bekannten Adverbialien zu.

1. Temporaladverbialien: ...
2. Lokaladverbialien: ...
3. Kaulsaladverbialien: ...
4. Modaladverbialien: ...

b) Wie klingt dieser Textauszug ohne die Adverbialien? Probiert es aus.

2 Überarbeite den zweiten Absatz der Erzählung, indem du passende Adverbialien einfügst. Du kannst dazu die unten aufgeführten verwenden oder dir eigene ausdenken.

nun – müde – sofort – in Windeseile –
vor Aufregung – auf einmal – in aller Ruhe –
mit ängstlicher Stimme – plötzlich –
leise – dort – dann – in die Duschkabine –
voller Entsetzen

3 Schreibe die Erzählung zu Ende. Verwende möglichst viele Adverbialien, damit die Geschichte lebendig und anschaulich wird.

Sätze verknüpfen

Die Satzreihe

Wie man Energie sparen kann

A Ich dusche lieber.

B Häuser mit dicker Wärmedämmung lohnen sich.

C Regelmäßig abgetaute Gefrierschränke verbrauchen weniger Strom.

D Nicht alle Räume müssen ständig beheizt werden.

E Eine gut isolierte Tür spart Heizkosten.

1. Man hält sich sowieso nicht in allen Räumen ständig auf.

2. Allerdings ist vielen Menschen das ständige Abtauen lästig.

3. Das kostet weniger Energie als ein Vollbad.

4. Man darf natürlich nicht vergessen, sie zu schließen.

5. Im Winter schützen sie vor Kälte und im Sommer vor Hitze.

1 Fügt immer zwei zusammenpassende Sätze zu einer Satzreihe zusammen:
Ich dusche lieber, das kostet weniger Energie als ein Vollbad.

2 a) Verbindet im Text unten zwei Sätze zu einer Satzreihe. Verwendet dazu eine der folgenden Konjunktionen: *und, oder, aber, denn, doch*. Manchmal gibt es mehrere Möglichkeiten.
b) Beachtet die Kommasetzung. Lest dazu die Info.
c) Vergleicht eure Sätze mit den Ausgangssätzen. Welche gefallen euch besser? Begründet.

INFO

Die Satzreihe
1. Wenn man mehrere Hauptsätze in einem Satz aneinander reiht, so entsteht eine **Satzreihe**:
Ich dusche lieber, das kostet weniger Energie als ein Vollbad.
Die Hauptsätze in einer Satzreihe werden durch Komma voneinander getrennt.
2. Häufig werden die Hauptsätze in einer Satzreihe durch Konjunktionen wie *und, oder, aber, denn, doch* miteinander verbunden:
Ich dusche lieber, denn das kostet weniger Energie als ein Vollbad.
Nur vor *und* bzw. *oder* kannst du das Komma weglassen:
Ich dusche oder ich nehme ein Vollbad.

Stromausfall
1. Für uns ist Elektrizität etwas Alltägliches geworden. Das kann sich schnell ändern.
2. Durch eine Sturmkatastrophe könnten ganze Stadtteile vom Stromnetz plötzlich abgeschnitten werden. Ein Blitz könnte Stromleitungen durchtrennen.
3. Eine solche Unwetterkatastrophe trug sich vor Jahren in New York zu. Heute lacht man darüber.
4. Über viele Stunden herrschte völlige Dunkelheit. Die Menschen mussten sich so zurechtfinden.
5. Nach dieser Katastrophe hatten die Entbindungsstationen bald viel zu tun. Genau neun Monate später gab es einen Babyboom.

Das Satzgefüge

Energiesparen heißt Zukunft sichern!

1. Wir können unsere Umwelt schützen, …
2. Auch Energiesparen trägt zum Umweltschutz bei, …
3. Unsere Rohstoffvorräte werden geschont, …
4. Wir müssen mit der Energieverschwendung aufhören, …
5. Es kann keinen Zweifel geben, …
6. Wir können unsere Zukunft sichern, …

1 Ergänzt die Sätze dieses Aufrufs so, dass sich eine sinnvolle Aussage ergibt. Verwendet dabei jeweils eine der folgenden Konjunktionen: *da, weil, indem, als, wie, nachdem, bevor, ehe, solange, sobald, seitdem, bis, wenn, während, obwohl, dass, sodass, damit.* Schreibt die Sätze auf.

> Wir können unsere Umwelt schützen, indem wir unnötigen Müll vermeiden.

2 Die Sätze, die ihr gebildet habt, nennt man Satzgefüge. Lest dazu die Info.

3 Weist nach, dass in euren Sätzen Satzgefüge entstanden sind.
a) Unterstreicht – wie in der Info – in jedem Nebensatz die Konjunktion.
b) Rahmt in jedem eurer Nebensätze das Prädikat farbig ein.
c) Überprüft, ob das Prädikat am Ende des Nebensatzes steht.
d) Zeichnet – wie in der Info abgebildet – das Satzschema ein.

INFO

Das Satzgefüge
Wenn du einen Hauptsatz mit einem Nebensatz verknüpfst, entsteht ein **Satzgefüge**.
Den **Nebensatz** erkennst du an drei Merkmalen:
1. Er beginnt mit einer Konjunktion (z. B. *da, weil, indem, als, nachdem, bevor, sobald, seit, bis, wenn, während, obwohl, dass, sodass, damit*) oder mit einem Relativpronomen.
2. Das Prädikat steht immer am Ende des Nebensatzes.
3. Der Nebensatz ergibt allein keinen Sinn.

Sätze verknüpfen

Warum Energie sparen?
Energiesparen geht jeden an, weil durch den sparsamen Umgang mit Energie die Umwelt entlastet wird. Man kann zur Verringerung der Luftschadstoffe beitragen, wenn man weniger Brennstoffe verbraucht. Jeder Energiesparer sorgt dafür, dass unsere Energievorräte auch für zukünftige Generationen noch ausreichen. Jeder Einzelne sollte alle Möglichkeiten zum Energiesparen nutzen, da die Privathaushalte über die Hälfte der gesamten Endenergie verbrauchen. Alle müssen durch energiebewusstes Verhalten zum Schutz unserer Atmosphäre beitragen, solange es noch nicht zu spät ist.

4
a) Lest den Text einmal laut vor.
b) Woran liegt es, dass er monoton klingt?
c) Untersucht den Aufbau der Sätze.

INFO

Verknüpfungsmöglichkeiten von Hauptsatz und Nebensatz
Es gibt drei Möglichkeiten, Hauptsatz und Nebensatz zu verbinden:
1. Der Nebensatz kann dem Hauptsatz nachgestellt werden:
         Hauptsatz   Nebensatz
   | Wir können unsere Umwelt schützen |, | wenn wir Energie sparen |.

2. Der Nebensatz kann dem Hauptsatz vorangestellt werden:
       Nebensatz   Hauptsatz
   | Wenn wir Energie sparen |, | können wir unsere Umwelt schützen |.

3. Der Nebensatz kann in den Hauptsatz eingeschoben werden:
   HS (Anfang)   Nebensatz   HS (Fortsetzung)
   | Wir können |, | wenn wir Energie sparen |, | unsere Umwelt schützen |.

Ein Hauptsatz und ein Nebensatz werden immer durch ein Komma getrennt.
Achtung: Ein eingeschobener Nebensatz wird zu Beginn und am Ende durch ein Komma vom Hauptsatz getrennt.

5
a) Lest den Text in der Info.
b) Stellt in einigen Sätzen des Textes oben den Nebensatz an den Anfang.
Wie muss der Hauptsatz verändert werden?
c) Formuliert einige Sätze so um, dass der Nebensatz eingeschoben ist.
d) Schreibt den Text ab und verändert dort, wo es euch passend erscheint, die Stellung des Nebensatzes. Denkt an die Kommasetzung.

TIPP
So kannst du deine Texte verbessern:
Wenn du einen Text mit vielen Nebensätzen geschrieben hast, dann überprüfe beim Überarbeiten, ob sich der Text durch Umstellen einiger Nebensätze abwechslungsreicher gestalten lässt. Achte auf die Zeichensetzung (siehe Seite 221).

7.4.1 Satzverknüpfungen: Satzgefüge, Satzreihe, Relativsatz

Satzreihen und Satzgefüge im Vergleich

A Am letzten Wochenende gingen meine Eltern und ich ins Wellenbad. Wir hatten zunächst viel Spaß. Ich durfte den Schlüssel für unsere Umkleidekabine umbinden. Ich war darauf sehr stolz. Pünktlich zur vollen Stunde ertönte immer ein Gong, er kündigte die hohen Wellen an. Gegen Mittag griff ich an mein Handgelenk. Es fühlte sich anders an. Ich bekam einen Schreck, denn ich hatte den Schlüssel verloren. Meine Mutter war ganz aufgeregt. Sie schimpfte fürchterlich mit mir. Wir tauchten mehrmals zum Hallengrund. Doch das war vergeblich. Wir konnten nichts finden. Auch mein Vater machte mir nun Vorwürfe. Ich verliere immer alles. Der Bademeister fragte nach dem Grund der Aufregung. Wir erklärten ihm die Angelegenheit. Er zog unseren Schlüssel aus der Tasche, ein kleines Mädchen hatte ihn bei ihm abgegeben. Ich war erleichtert.

B Als meine Eltern und ich am letzten Wochenende ins Wellenbad gingen, hatten wir zunächst viel Spaß. Ich durfte den Schlüssel für unsere Umkleidekabine umbinden, worauf ich sehr stolz war. Pünktlich zur vollen Stunde ertönte immer ein Gong, der die hohen Wellen ankündigte. Gegen Mittag griff ich an mein Handgelenk, weil es sich anders anfühlte. Ich bekam einen Schreck, da ich den Schlüssel verloren hatte. Meine Mutter, die ganz aufgeregt war, schimpfte fürchterlich mit mir. Nachdem wir mehrmals vergeblich zum Hallengrund getaucht waren, gaben wir auf. Auch mein Vater machte mir nun Vorwürfe, dass ich immer alles verlieren würde. Wir erklärten dem Bademeister, der nach dem Grund der Aufregung fragte, die Angelegenheit. Er zog unseren Schlüssel, den ein kleines Mädchen bei ihm abgegeben hatte, aus der Tasche. Ich war erleichtert.

1 Die Texte zeigen deutlich Unterschiede im Satzbau.
  a) Beschreibt die Unterschiede.
  b) Welcher Text wirkt flüssiger, welcher eher abgehackt?
  c) An welchen Stellen im Text A würdet ihr die Satzreihen beibehalten?

2 a) Überarbeitet den rechten Text, indem ihr an geeigneten Stellen einzelne Sätze zu Satzgefügen umformt.
  b) Wenn ihr den Text in den Computer eingebt, könnt ihr verschiedene Möglichkeiten ausprobieren.

Ein nasses Vergnügen
Im letzten Jahr verbrachten wir unseren Urlaub an der Ostsee. Gegen Abend gingen wir meistens am Meer spazieren. Einmal begleitete uns auch mein Vater. Eigentlich hielt er sich vom Wasser fern. Er ist wasserscheu. An diesem Tag wurde es plötzlich sehr stürmisch. Auf dem Meer tobten die Wellen. Mein Vater protestierte. Er wollte zurück zur Ferienwohnung fahren. Wir überredeten meinen Vater noch zu einem kurzen Fußmarsch am Strand. Auf halber Strecke kam uns eine Urlauberin entgegen. Sie war gerade an uns vorbeigegangen. Mein Vater sah eine hohe Welle auf sie zukommen. Schnell rief er: „Achtung, meine Dame!" Doch weiter kam er nicht. Er wurde ebenfalls von einer Welle erfasst. Triefend nass verließ mein Vater den Strand. Von da an stand fest: Im nächsten Urlaub fahren wir in die Berge.

Sätze verknüpfen

Relativsätze

Am liebsten lese ich lustige Comics. Dagegen finde ich Comics, die mit Gewalt überhäuft sind, schrecklich. Besonders gut gefallen mir die Hefte von Asterix und Obelix. Dem superstarken Obelix passieren immer Sachen, die sehr lustig sind. Dem schlauen Asterix gelingt alles. Selbst ausweglose Situationen kann er meistern. Übrigens begeistern mich vor allem Asterixhefte im Dialekt.

1 a) Wodurch unterscheidet sich der erste Satz im Text von dem folgenden Satz? Wie wurde der Satz oben verändert?

> Am liebsten lese ich Comics, die lustig sind.

b) Den unterstrichenen Nebensatz nennt man Relativsatz. Welche Aufgabe hat er?
c) Im Text befinden sich noch zwei weitere Relativsätze. Schreibt sie auf. Unterstreicht das Relativpronomen und markiert die Kommas mit Rot.

2 a) Im folgenden Text werden viele Relativsätze verwendet. Unterstreicht sie auf einer Folie oder in der Copy 27.
b) Lest den Text laut vor. Wie wirkt er auf euch?
c) Überlegt, wie ihr durch andere Formulierungen einige Relativsätze vermeiden könnt, z.B. Zeile 3 *ein sehr beschäftigter Erwachsener*.

INFO

Relativsatz
Durch einen Relativsatz wird ein vorangegangenes Nomen näher beschrieben.
Relativsätze beginnen mit einem Relativpronomen (*der, die, das, dem, den, deren, dessen, welcher, welche, welches ...*) und enden mit der Personalform des Prädikats.
Ein Relativsatz ist dem Hauptsatz nachgestellt (Beispiel A) oder er ist eingeschoben (Beispiel B).
Beispiel A: *Ich verkaufe Comics, die fast neuwertig sind.*
Beispiel B: *Comics, die spannend sind, mag ich besonders.*
Relativsatz und Hauptsatz werden durch Komma voneinander getrennt.

Erwachsene und Comics

Wir alle kennen Comics, die witzig sind. Sie begeistern Kinder und Jugendliche. Doch darf sich auch ein Erwachsener, der sehr beschäftigt ist, mit solchen Heftchen abgeben? Mein
5 Vater z. B., welcher von Beruf Anwalt ist, liest gerne Asterix-Comics. Doch zugegeben hat er seine Leidenschaft, der er nur heimlich nachgeht, noch nie. An unauffälligen Orten, die uns jedoch bekannt sind, bewahrt er die
10 Büchlein, die ja recht dünn sind, auf. In bestimmten Momenten zieht er sich dann zurück und schmökert in den Heftchen, die spannend sind. Peinlich war es für ihn allerdings in der letzten Woche: Während eines
15 Gerichtstermins fiel ihm ein Superman-Heft, das ihm angeblich jemand zugesteckt hatte, plötzlich aus der Tasche. Arme Erwachsene!

7.4.1 Satzverknüpfungen: Satzgefüge, Satzreihe, Relativsatz

Wortbildung

Wörter zusammensetzen

Ein Hörgenuss der Extraklasse!

Sound 2000

Der klangstarke Stereoradiorekorder für besondere Ansprüche:
- ▶ vollautomatischer Sendersuchlauf
- ▶ Radioempfangsgerät mit zehn Stationstasten
- ▶ geräuscharmes Doppelkassettenlaufwerk mit Schnellkopierfunktion
- ▶ CD-Abspielgerät mit 20 Titelspeichern und Wiederholfunktionstaste
- ▶ benutzerfreundliche Multifunktionsfernbedienung
- ▶ Kopfhöreranschlussbuchsen
- ▶ formschönes Design

1 a) Was ist ein *Stereoradiorekorder*? Erklärt so: *Ein Stereoradiorekorder ist ein Rekorder mit ...*
b) Wie viele Wörter benötigt ihr, um das Wort *Doppelkassettenlaufwerk* zu erklären?
c) Welchen Vorteil hat es, Wörter zusammensetzen zu können?

2 Aus wie vielen Teilen bestehen die längsten Wortzusammensetzungen in dem Text oben? Löst die Zusammensetzungen in ihre Einzelwörter auf, damit ihr die Anzahl überprüfen könnt: *Doppel–kassetten–lauf–werk*.

3 a) Zusammensetzungen aus mehreren Wörtern sind oft schwer zu lesen. Es ist daher sinnvoll, lange Zusammensetzungen durch einen Bindestrich zu unterteilen: Stereo-Radiorekorder. Warum ist die Schreibweise *Stereoradio-Rekorder* falsch?
b) Setzt bei den folgenden Zusammensetzungen einen Bindestrich. Vergleicht eure Lösungen.
Doppelkassettenlaufwerk, Sendersuchlauf, Wiederholfunktionstaste, Schnellkopierfunktion, Kopfhöreranschlussbuchsen, Multifunktionsfernbedienung

INFO

Wortzusammensetzungen
1. Erinnere dich: Zusammengesetzte Wörter bestehen aus zwei oder mehr Wörtern. Mit ihnen kann man sich häufig kürzer ausdrücken. Durch **Zusammensetzungen** ist es auch möglich, neue Begriffe zu bilden und damit Bezeichnungen für neu entwickelte Geräte und Techniken zu finden.
2. In Zusammensetzungen gibt das **Grundwort** die Grundbedeutung an, das **Bestimmungswort** legt die genauere Bedeutung fest:

Bestimmungswort   Grundwort

3. Bei zusammengesetzten Nomen richtet sich der Artikel nach dem Grundwort.
4. Die Wortart des Grundwortes entscheidet auch über die Groß- und Kleinschreibung: *die Messeneuheit – die Neuheit* (Nomen); *jahrelang – lang* (Adjektiv).

Wortbildung

4 Sucht aus dem Werbetext auf Seite 178 Zusammensetzungen, bei denen das Grundwort ein Adjektiv ist, z.B. *klangstark*.
Wie müsste man schreiben, wenn es die Möglichkeit der Zusammensetzung nicht gäbe?

5 In der Werbung findet man oft ungewöhnliche Zusammensetzungen:

aprilfrisch   *limonengrün*   *schmuseweich*

a) Warum wählt man wohl solche Zusammensetzungen?
b) Sucht in Zeitungen und Zeitschriften nach Werbeanzeigen mit auffälligen Zusammensetzungen und bringt sie mit.

6 Bilde mit den folgenden Wörterlisten zusammengesetze Adjektive.
Welche Zusammensetzungen sind möglich, welche ungewöhnlich und welche ergeben keinen Sinn?

Energie	günstig
Preis	fein
Natur	stark
Haar	wert
Leistung(s)	zart
Farb(en)	rein
Hauch	aktiv

Achtung: Zusammensetzungen mit Adjektiven musst du kleinschreiben, z.B. *naturfein*.

7 Entwickelt selbst einen Werbetext, z.B. für einen Gegenstand, den ihr auf dem Flohmarkt anpreisen wollt:

Hier ein Schuh aus Meisterhand mit formstabiler Laufsohle, tiefgründigem Profil und supermoderner Hakeneinzelaufhängung ...

Superparty
Gestern war ich zu einer Party zum Tanzen im Zentrum der Jugend. Es gab viel Musik aus dem Bereich von Techno und es herrschte eine Stimmung, die bombig war. Auch zu Essen gab es reichlich. An einem Buffet zum Stehen konnte man sich Salate aus Nudeln und mit Wurst belegte Brötchen holen. Allerdings musste man mehr als ein Viertel einer Stunde anstehen. Auf dieser Party habe ich auch Oliver kennen gelernt. Er spendierte mir ein Glas mit Saft von Orangen. Vor Aufregung kippte er mir die Hälfte des Glases über meine Jacke aus Leder. Er wurde blass wie eine Leiche und ich war zunächst auch stinksauer.

8 a) Schreibe den Text ab und ersetze die etwas umständlich geschriebenen Textstellen durch Zusammensetzungen.
b) Du kannst den Text fortsetzen und entscheiden, ob es zum Happyend kommt.
c) Vielleicht reizt es dich ja auch, den Text mit Umschreibungen von Zusammensetzungen fortzusetzen.

Wörter **ableiten**

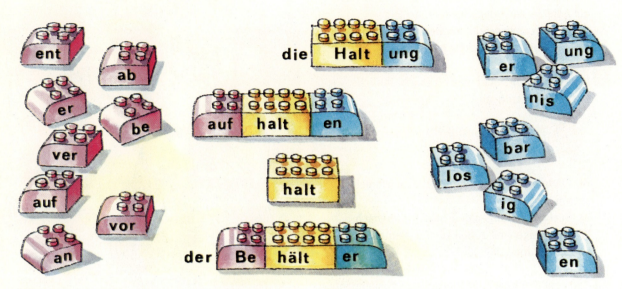

1 a) Welche Wörter kannst du mit dem Wortstamm *halt* bilden?
b) Schreibe alle Wörter in dein Heft. Kennzeichne die vorangestellten Bausteine rot und die nachgestellten Bausteine blau.
c) Welche nachgestellten Bausteine zeigen dir an, dass die Ableitung großgeschrieben werden muss?

2 Welche Bedeutungen haben folgende Ableitungen?

> aufhalten – erhalten – vorhalten

Bilde Beispielsätze.

INFO

Das Bausteinprinzip unserer Sprache

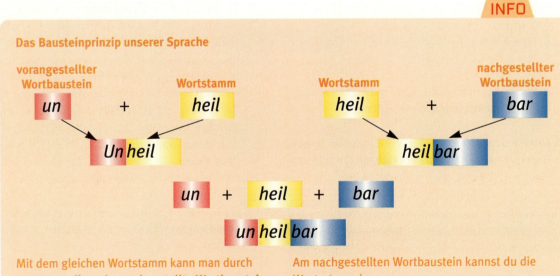

Mit dem gleichen Wortstamm kann man durch **vorangestellte** oder **nachgestellte Wortbausteine Ableitungen** bilden. Dadurch können viele Wörter mit verschiedenartigen Bedeutungen gebildet werden.

Am nachgestellten Wortbaustein kannst du die Wortarten erkennen:
Nomen: *ung, heit, keit, nis, schaft;*
Adjektive: *bar, ig, lich, isch, los;*
Grundform der **Verben:** *en.*

Wortbildung

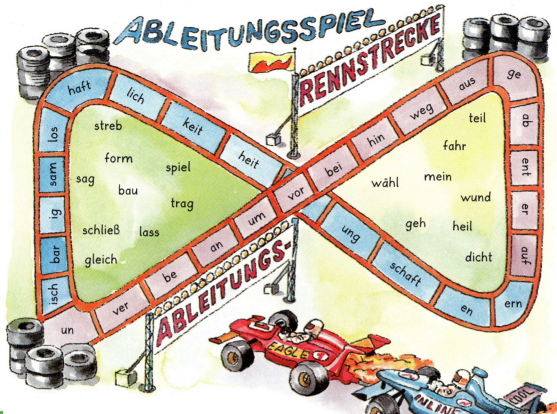

3 Orientiert euch auf der Ableitungsrennstrecke:
 a) Wo stehen die vorangestellten Wortbausteine und wo die nachgestellten Wortbausteine?
 b) Wo stehen die Wortbausteine, an denen du Nomen erkennst? Was musst du beim Aufschreiben beachten?

4 So könnt ihr spielen:
– Setzt euch in Gruppen zu drei bis fünf Personen zusammen.
– Jeder von euch hat einen Zettel und einen Bleistift.
– Der oder die Jüngste von euch beginnt und nennt einen Wortstamm aus den Innenfeldern. Jeder schreibt in 30 Sekunden möglichst viele Ableitungen zu diesem Wortstamm auf. Danach nennt ein anderer einen Wortstamm.
– Bei strittigen Ableitungen muss der jeweilige Spieler einen Beispielsatz mit dem Wort bilden. Entscheidet nach eurem Sprachgefühl, wenn euch das Wörterbuch nicht weiterhilft.
Achtung: Bei manchen Ableitungen ändert sich der Wortstamm: *schließen – das Schloss; wählen – die Wahl.*

In den folgenden Sätzen musst du das Verb um den vorangestellten Wortbaustein
(*be-, er-, ent-, ver-, zer-*) ergänzen:
 1. Als er die Klasse ☆trat, verstummten alle.
 2. Du sollst nicht deine Hose ☆reißen!
 3. Sie hat sich zu ihrer Tat ☆kannt.
 4. Ich hoffe, dass du mich nicht wieder ☆täuschst.
 5. Du darfst mein Geheimnis nicht ☆raten!
 6. Er möchte sich bei dir ☆schuldigen.
 7. Ich könnte vor Wut ☆springen.
 8. Wenn Sie das Lösungswort richtig ☆raten haben, können Sie einen schönen Preis gewinnen.
 9. Lina hat René ☆schuldigt ihr den Füller weggenommen zu haben.
10. René hat es zugegeben, aber betont, dass er ganz ☆streut gewesen sei.

Wortbildung

In der K. liegt die W.

1 a) Worüber unterhalten sich die beiden?
b) Im Text kommen Kurzwörter und Abkürzungen vor. Lies dazu die Info.
c) Suche alle Beispiele heraus und nenne ihre Bedeutung. Verwende dazu das Wörterbuch oder die Suchmaschine auf der Internetseite *www.abkuerzungen.de*.

2 a) In welchen Bereichen werden Kurzwörter verwendet? Nennt Beispiele.
b) Welche Vor- und Nachteile hat es, Wörter zu verkürzen?

3 Verkürze die Sätze, wo es möglich ist.

1. Für Mathematik braucht ihr ein Heft, Größe Deutsches Institut für Normung A4.
2. Nach dem ganzen Stress ist mein Akkumulator leer.
3. Schon wieder habe ich auf meinem Personalcomputer einen Virus festgestellt.
4. Jetzt wird die Sonderkommission eingesetzt.
5. Wann bekommen wir die Extemporale zurück?

4 a) Die Gruppe „Fanta 4" (*Die fantastischen 4*) hat den Rapsong rechts geschrieben. Versucht in Gruppenarbeit die Abkürzungen aus der ersten Strophe zu „übersetzen".
b) Tragt den Auszug als Rap vor.

MfG
ARD, ZDF, C&A
BRD, DDR und USA
BSD, HIV und DRK
GbR, GmbH – ihr könnt mich mal
THX, VHS und FSK
RAF, LSD und FKK
DVU, AKW und KKK
RHP, usw., LmaA
PLZ, UPS und DPD
BMX, BPM und XTC
EMI, CBS und BMG
ADAC, DLRG – ohjemine
EKZ, RTL und DFB
ABS, TÜV und BMW
KMH, ICE und Eschede
PVC, FCKW, – is nich' OK

INFO

Kurzwörter und Abkürzungen
1. **Kurzwort:**
   Foto(grafie), (Fahr)Rad, (Se)Basti(an)
2. **Initialwort (besteht aus den Anfangsbuchstaben = Initialien):**
   PKW (= Personenkraftwagen)
3. **Silbenwort:**
   Kripo (Kriminalpolizei),
4. **Abkürzung:**
   kg (Kilogramm)

Internationale Fremdwörter

Was soll das bedeuten?

Ein Computermärchen

In ihrer Mailbox fand ein Mädchen eine Mail ihrer Mutter: „Kind! Der Server deiner Großmutter wird von Viren bedroht. Surfe zu Omas Homepage und gib ihr Support!"
5 Da bekam es die E-Mail eines Chatters mit dem Namen Wolf. Er diskutierte mit ihm über virtuelle Blumensträuße für die Oma und bestellte das Mädchen zum Internet-Blumenshop. Zeitgleich steuerte er mit einer speziellen Software
10 direkt den PC der Großmutter an. Er klickte sich bis auf die Harddisk vor, wo er sämtliche Dateien der alten Dame löschte. Er installierte schnell eine Grafiksimulation der Großmutter und platzierte sich auf ihrem Speicherplatz. Sekunden später traf auch das Mädchen bei der Großmutter ein und 15 fragte: „Großmutter, warum hast du so ein großes Laufwerk?" „Damit ich Dich besser canceln kann", antwortete der Wolf über die angeschlossene Soundkarte.

1
a) Welches Märchen bildet die Grundlage für das Computermärchen?
b) Was bedeuten die unterstrichenen Fremdwörter in diesem Text? Versucht sie zu erklären. Zu einigen Wörtern findet ihr rechts „Übersetzungen".
c) Warum ist es schwierig, diese Fremdwörter durch deutsche Wörter zu ersetzen?

2
a) Viele dieser Fremdwörter sind Internationalismen. Lest dazu die Info.
b) Wie erklärt ihr euch, dass gerade im Bereich der Medien so viele gemeinsame Bezeichnungen entstehen?
c) Welche Vor- und welche Nachteile seht ihr in dieser Entwicklung?

3 Wie könnte die Geschichte ausgehen? Halte dich an die Vorlage von Rotkäppchen und schreibe sie zu Ende. Du kannst dabei folgende Internationalismen verwenden.

Firewall – Download – Modem – online – Chip – Notebook – Cyberspace – drag & drop – Scanner – Link – Homepage

A Festplatte im Computer, auf der Daten gespeichert werden können
B Auswärtiger Rechner oder Programm, der Anwendungen und Dokumente bereithält
C Programm-Code, der zerstörerisch im PC wirkt
D Hilfestellung, Unterstützung, meist durch Firmen, die ein Programm verkaufen.
E Abschalten, löschen, abbestellen
F Ein Datenträger wird vorbereitet, damit der PC die Daten korrekt lesen und schreiben kann.

INFO

Internationalismen
Internationalismen sind Fremdwörter, die in gleicher oder ähnlicher Form, mit gleicher Bedeutung in mehreren Sprachen vorkommen.

Englisch	Dänisch	Französisch
scanner	scanner	scanner, analyseur
server	server	serveur
software	software	logiciel

Viele Internationalismen sind Fachbegriffe, die in einem bestimmten Bereich Gegenstände oder Tätigkeiten eindeutig bezeichnen.

Sprachliche Bilder

Anschaulich vergleichen

Montagmorgen, sieben Uhr. Petra schläft noch wie ein Murmeltier. Als der Wecker rasselt, bekommt sie kaum die Augen auf. Sie pfeift auf das Frühstück, lieber schläft sie noch ein bisschen. Doch die Mutter reißt sie unsanft aus ihren Träumen: „Raus aus den Federn, du Schlafmütze!"

1
a) Der Text enthält vier sprachliche Bilder. Sucht sie mit Hilfe der Abbildungen heraus.
b) Erklärt ihre Bedeutungen mit eigenen Worten.
c) Ersetzt die sprachlichen Bilder im Text durch gleichbedeutende Umschreibungen, z.B. *Petra schläft noch fest*.
Vergleicht sie mit dem Ausgangstext. Was bewirken die sprachlichen Bilder?

2
a) Vervollständigt die folgenden Vergleiche und erklärt sie.
schreiben wie …, kämpfen wie …, schimpfen wie …, schmelzen wie …, brennen wie …, brüllen wie …
b) Kennt ihr noch weitere Vergleiche mit Verben?

3 Vergleiche werden auch mit Adjektiven gebildet. Ergänzt die Beispiele.
heiß wie …, bleich wie …,
schwarz wie …, weich wie …,
schwer wie …, flink wie …,
hart wie …, dumm wie …

4 Vergleiche gibt es auch als Wortzusammensetzungen, z.B. *eiskalt* (*kalt wie Eis*). Sammelt weitere Beispiele. Achtet auf die Kleinschreibung dieser Zusammensetzungen.

5
a) Zusammengesetzte Adjektive sind besonders häufig in Werbetexten. Sammelt sie.
b) Ersetzt die sprachlichen Bilder (z.B. *naturmild*) in Werbetexten durch das Grundwort (*mild*).
Vergleicht die unterschiedliche Wirkung.

6 In dem unten stehenden Ausschnitt aus einer Erzählung wird eine drohende Hochwasserkatastrophe geschildert.
Welche Vergleiche werden hier verwendet?

> Dieser Feind hier, das Wasser, war bösartig wie hundert Schlangen, die heranzischen, und todesdurstig wie der größte Puma auf dem Ast. Man konnte das Wasser schlagen, es wuchs. Man konnte hineinschießen, es griff an …
> *Aus: Günter Weisenborn, Zwei Männer*

INFO

Sprachliche Bilder
Sprachliche Bilder arbeiten mit Vergleichen. Dadurch können Vorgänge und Erlebnisse anschaulich und treffend dargestellt werden. Viele sprachliche Bilder sind Wie-Vergleiche: *schnell wie der Blitz*.

Sprachliche Bilder

7 a) Welche Wortzusammensetzungen sind in den Abbildungen wiedergegeben?
b) Welche übertragenen Bedeutungen haben diese Zusammensetzungen?
c) Warum ist ein Eselsohr ein passender Vergleich für einen Knick in einer Buchseite? Zeigt den Zusammenhang zwischen ursprünglicher und übertragener Bedeutung auch für die anderen Beispiele auf.

8 Was ist
– ein Wüstenschiff,   – ein Drahtesel,
– eine Autoschlange, – ein Tischbein,
– ein Ohrwurm,   – ein Flussarm?

9 Sucht selbst weitere Zusammensetzungen, die in übertragener Bedeutung gebraucht werden. Zeichnet die ursprüngliche Bedeutung an die Tafel. Die anderen erraten die Zusammensetzung und erklären die übertragene Bedeutung.

10 a) Auch der nebenstehende Sportbericht enthält bildhafte Ausdrücke. Schreibe sie heraus und ordne sie den folgenden Umschreibungen zu:

wichtigster Mittelfeldspieler   Häufung von Verletzungen
Fußballmannschaft mit Ersatzspielern   eingespielte Hintermannschaft

b) Warum werden diese bildhaften Ausdrücke verwendet?

WM-Qualifikation in Gefahr

Neue Ziele, alte Sorgen: Wie beim EM-Finale von Wembley lasten auch beim Start in die WM-Qualifikation nach einer alarmierenden Verletzungsflut alle Hoffnungen auf einer Verlegenheits-Elf. Denn nach dem Zusammenbruch des Abwehrblocks und dem Ausfall des Mittelfeldmotors Andreas Möller müssen heute in Eriwan gegen Armenien bisherige Aushilfskräfte und Neulinge die erste Hürde auf dem Weg zur WM überspringen.

11 Sucht in Zeitungen und Zeitschriften nach bildhaften Ausdrücken, die in übertragener Bedeutung gebraucht werden. Schaut euch dazu Sportberichte, Artikel über Mode oder Werbeanzeigen an.

12 Gibt es auch in der Jugendsprache Wortzusammensetzungen, die in übertragener Bedeutung gebraucht werden? Nennt Beispiele.

INFO

Wortzusammensetzungen und sprachliches Bild
Wortzusammensetzungen sind häufig sprachliche Bilder: *Drahtesel*.
Sie werden in übertragener Bedeutung verwendet. Durch solche sprachlichen Bilder kann man etwas anschaulich und ausdrucksstark wiedergeben.

Redensarten

Redensarten auf der Spur

1. Ilka sitzt auf glühenden Kohlen.

2. Da bist du aber bei ihr aber ins Fettnäpfchen getreten!

3. Das ist doch alles Seemannsgarn!

4. Heute mache ich mal blau.

5. Ich glaube, Tina steht wieder mal auf der Leitung.

1 a) Gebt mit eigenen Worten die Bedeutung der Redensarten in den Beispielsätzen wieder.
b) In welchen Situationen verwendet man sie heute? Denkt euch kleine Dialoge aus und spielt sie vor.

2 a) Die Redensarten kommen aus früheren Zeiten. Wie könnten sie entstanden sein? Stellt eigene Vermutungen an.
b) Lest die Info.
c) Ordnet die Redensarten oben den Erklärungen unten zu.

3 a) Redensarten kann man in der Regel gut zeichnen oder vorspielen. Zeichnet einige ausgesuchte Redensarten und organisiert eine Ausstellung.
b) Sucht in kleinen Gruppen geeignete Redensarten für eine pantomimische Darstellung (also ohne Worte) und bereitet sie für eine Aufführung vor. Lasst eure Mitschüler raten, um welche Redensart es sich handelt.

1. Menschen stellten sich zu Beginn der Fernmeldetechnik (um 1880) vor, Nachrichten würden wie Wasser durch einen Schlauch schießen.
2. Matrosen stellten aus alten Tauen neues Garn her und erzählten dabei Abenteuergeschichten.
3. Im Mittelalter war die Farbe für den Sonn- und Feiertagsanzug blau.
4. Im Erzgebirge stand früher in Bauernhäusern nahe der Tür ein Napf Fett zum Abdichten der Lederstiefel. Wer es durch Unachtsamkeit umstieß, bekam es wegen der Flecken auf den Dielen mit der Bäuerin zu tun.
5. Wer im Mittelalter angeblich mit dem Teufel im Bunde war, wurde manchmal zur Strafe auf glühende Kohlen gesetzt.

INFO

Redensarten
Redensarten sind bildhafte Wendungen. Ihnen liegen alltägliche Erfahrungen aus früherer Zeit zugrunde. Heute werden Redensarten im übertragenen Sinn gebraucht.
„Auf glühenden Kohlen sitzen" bedeutet: Etwas ist jemandem sehr unangenehm.
Von vielen Redensarten ist uns die ursprüngliche Bedeutung nicht bewusst. Es gibt aber Bücher (z.B. Lexikon der Redensarten), wo man sich informieren kann. Im Internet kannst du unter *www.redensarten-index.de* Informationen über Redensarten finden.
Viele Redensarten kommen aus dem Handwerk, aus der Seemanns- oder Jägersprache und aus der Bibel.
Da Redensarten sprachliche Wendungen sind, lassen sie sich in Sätze einbauen:
Er sitzt wie auf glühenden Kohlen und wartet auf ihren Anruf.

Sprichwörter

SprichWörtlich

1
a) Welches Sprichwort unten passt am besten zu welchem Bild? Begründet eure Lösung.
b) Was bedeuten die Sprichwörter genau?

> 1. a) Kräht der Hahn auf dem Mist, bleibt das Wetter, wie es ist.
>   b) Ein blindes Huhn findet auch einmal ein Korn.
> 2. a) Den letzten beißen die Hunde.
>   b) Hunde, die bellen, beißen nicht.
> 3. a) Ohne Fleiß kein Preis.
>   b) Wer anderen eine Grube gräbt, fällt selbst hinein.

2
a) Ergänze die Sprichwörter in deinem Heft.
1. Neue ☆ kehren gut.
2. Der dümmste ☆ hat die dicksten Kartoffeln.
3. Man soll ☆ nicht im Sack kaufen.
4. Einem geschenkten Gaul sieht man nicht ☆.
5. Wenn die Katze aus dem Haus ist, ☆ die Mäuse.
b) Erklärt die wortwörtliche Aussage der Sprichwörter.
c) Zu welchen Sprichwörtern 1–5 passen die übertragenen Bedeutungen A und B? Lest die Info.

> A Ein Geschenk sollte man nicht bemängeln oder kritisieren, sondern dankbar annehmen.
> B Sagt man, wenn jemand ohne größere geistige Anstrengung einen hohen Gewinn erzielt.

d) Erklärt die anderen Sprichwörtern an Beispielen. Lest dazu die Hinweise in der Info.

3 Ordne die Sprichwörter anderer Länder den deutschen zu.
1. Fehler sind wie Berge: Man steht auf dem Gipfel seiner eigenen und redet über die der anderen. (Afrika)
2. Wer sich in Dinge einmischt, die ihn nichts angehen, hört Dinge, die ihm nicht gefallen. (Arabien)
3. Wenn ich zuhöre, habe ich den Nutzen. Wenn ich spreche, haben ihn andere. (Arabien)
A Der Lauscher an der Wand hört seine eigne Schand'.
B Reden ist Silber, Schweigen ist Gold.
C Wer im Glashaus sitzt, werfe nicht mit Steinen.

4 Lasst euch von ausländischen Mitschülern Sprichwörter aus ihrer Heimat sagen. Versucht ihre Bedeutung zu erklären.

INFO

Sprichwörter
Sprichwörter enthalten anschauliche Bilder, die Lebenserfahrungen wiedergeben:
Neue Besen kehren gut.
Die wortwörtliche Bedeutung wird auf andere Situationen übertragen: Wie neue Besen gut kehren, so ist auch ein neuer Chef vielleicht nur am Anfang wirkungsvoll.
Im Unterschied zu Redensarten ist ein Sprichwort ein vollständiger Satz.
Zur Erklärung von Sprichwörtern gibt es Sprichwörterbücher. Auch im Internet findet man Erläuterungen unter:
www.redensarten-index.de.

Mit dem Wörterbuch arbeiten

Der Nachschlage-Parcours
zum Wiederholen

Nachschlagen ist die wichtigste Rechtschreibhilfe.
Im folgenden Parcours kannst du
beweisen, wie fit du bist.
Wenn du erst noch trainieren willst,
dann bearbeite die Seiten 190–191.

Du kannst dieses Hindernisspringen allein
oder im Wettbewerb durchführen.
Statt Pferd, Sattel und Zaumzeug brauchst du
Wörterbuch, Stift sowie Heft oder Block.
Für die Lösungen legst du die nebenstehende
Tabelle an. In der ersten Spalte stehen
die Ziffern der Aufgaben.
In die zweite Spalte trägst du
die Lösung ein.
Die dritte Spalte benützt du
zur Auswertung.
Jede richtig
gelöste
Aufgabe ergibt
einen Punkt.

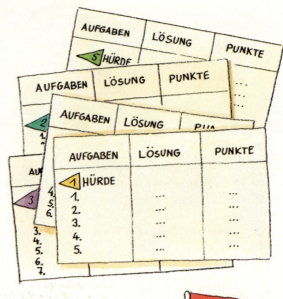

Hürde 1

Beherrschst du das Alphabet? Überprüfe bei jedem Paar, ob das erste Wort alphabetisch richtig vor dem zweiten steht. Notiere auf deinem Lösungsblatt *ja* oder *nein*.

1. Äffin – affig
2. Nachhilfe – nachmittags
3. Schmuggel – Schlaraffenland
4. Souveränität – Strom
5. Bistro – Bison

TIPP
Bei gleichem Anfangsbuchstaben musst du nach dem Folgebuchstaben ordnen.
Umlaute (*ä, äu, ö, ü*) werden behandelt, als seien es einfache Vokale.

Hürde 2

Auf welcher Wörterbuchseite stehen die folgenden Wörter? Trage die Seitenzahl auf dem Lösungsblatt ein.

1. Kakteen   5. Risiken
2. frisst   6. sprachst
3. stieß   7. Häuser
4. Aquarien   8. aß

TIPP
Nicht jedes Wort ist auch ein Stichwort:
• Bilde bei Verbformen den Infinitiv.
• Bilde bei Pluralformen von Nomen den Singular.

Mit dem Wörterbuch arbeiten

3 Findest du das zusammengesetzte Wort im Wörterbuch? Dann schreibe die Seitenzahl auf. Wenn nicht, dann gib die Seitenzahl für die beiden Einzelwörter an.

1. 2. Aggressionspotential
3. 4. Präzisionsmaschine
5. 6. Bühnendekoration
7. 8. Reflexionsprozess

TIPP Bei zusammengesetzten Wörtern schlage unter dem ersten Wort nach. Wenn du dort das zusammengesetzte Wort nicht findest, musst du es in Einzelwörter zerlegen und auch das zweite Wort nachschlagen.

4 Unter welchem Stichwort stehen die folgenden Wörter? Notiere die Seitenzahl.

1. Gefährdung
2. gründlich
3. Käufer

TIPP Überlege, welche Wörter noch zur gleichen Wortfamilie gehören. Das Wort, das alphabetisch zuerst kommt, ist das Stichwort.

5 Schlage im Wörterbuch nach und schreibe das gesuchte Wort auf dein Lösungsblatt.

1. Wie heißt der Artikel zu *Intention*?
2. Wie heißt die Befehlsform (der Imperativ) von *werfen*?
3. Wie lautet die Höchststufe (der Superlativ) von *gesund*?
4. Trenne das Wort *Hektar*.
5. Schreibe *Globus* im 2. Fall.
6. Wie heißt die 2. Person Singular von *kriechen* im Präteritum (1. Vergangenheit)? du …

Vergleicht eure Lösungen in Partnerarbeit und zählt die Punkte zusammen.

30–26 Punkte	Wörterbuchgenie!
25–21 Punkte	Große Klasse!
20–16 Punkte	Ganz gut so!
15–11 Punkte	Etwas mehr üben!
10– 6 Punkte	Viel üben!
5– 0 Punkte	Tag und Nacht üben!

Siegerehrung
Wer ist nun bei euch der Champion?

DEM SIEGER

7.3.3 Richtig schreiben/Wörter nachschlagen

Mit dem Wörterbuch arbeiten

Ein Wörterbuch bietet viele Informationen

1 Das Wörterbuch liefert dir vielfältige Informationen.
a) Schau dir den nebenstehenden Auszug aus einem Wörterbuch an.
b) Lege in deinem Heft die unten stehende Tabelle mit den Suchaufgaben an.
c) Führe die Suchaufgaben für folgende Wörter durch:
Klima, Instinkt, Magnet, Elektrizität, Natur.

Achtung: Nicht bei jedem Wort können alle Aufgaben durchgeführt werden.

Trennung Artikel 2. Fall Plural

Ge|fühl, das; -[e]s, -e; **ge|füh|lig** (gefühlvoll); **Ge|fühl|lig|keit**, die; -; **ge|fühl|los**; **Ge|fühl|lo|sig|keit**; **ge|fühls_arm**, **...be|tont**; **Ge|fühls|du|se|lei** *(ugs.)*; **ge|fühls_du|se|lig**, **...dus|lig**; **ge|fühls|echt**; **ge|fühls|mä|ßig**; **Ge|fühls_mensch**, **...re|gung**, **...sa|che**; **ge|fühl|voll** ——— Adjektiv

——— Zusammensetzung

1. Welche Trennungsmöglichkeiten gibt es?	Ge-fühl
2. Wie lautet der Artikel?	das
3. Wie heißt der 2. Fall Singular?	des Gefühles, des Gefühls
4. Wie heißt die Pluralform?	die Gefühle
5. Nenne ein Beispiel für eine Zusammensetzung.	Gefühlsmensch
6. Nenne ein verwandtes Adjektiv.	gefühllos

2 Bist du dir sicher, welche Artikel vor den folgenden Nomen stehen müssen? Wenn nicht, dann schlage nach.
Exempel, Modem, Fussel, Prospekt, Joghurt, Yoga, Fax, Resultat

3 a) Schreibe die Wörter unten mit allen Trennungsmöglichkeiten in dein Heft. Lies dazu den Tipp.
b) Überprüfe dann mit dem Wörterbuch.

Chirurg, Ufer, Westen, Ostern, Zucker, Weste, interessant, warum, einander

So trennst du richtig:
1. Getrennt wird nach Sprechsilben: *A-bend, Kas-ten, He-li-kop-ter.*
2. Enthält das Wort einen oder mehrere Konsonanten, dann kommt der letzte Konsonant auf die neue Zeile: *Na-se, imp-fen, Fens-ter, Mit-tag.*
3. Nicht getrennt werden *ch, ck, ph, sch* und *th: flu-chen, ba-cken, Stro-phe, Fi-sche.*
4. Nicht getrennt werden Wörter, die aus einer Sprechsilbe bestehen: *Fisch, Rauch.*

Mit dem Wörterbuch arbeiten

4 a) Bei manchen Verben ist es schwierig, die Zeitformen zu bilden. Dein Wörterbuch informiert dich auch in diesem Fall. Schau dir dazu den Wörterbuchauszug rechts an.
b) Mit dem Würfelspiel kannst du die Beugung der folgenden Verben üben.

ge|hen; du gehst; du gingst, er ging; du gingest; gegangen; geh[e]! (*südd., österr.* Ausdruck der Ablehnung, des Unwillens); vor sich gehen; baden gehen, schlafen gehen; sich gehen lassen; jemanden gehen lassen (*auch für* in Ruhe lassen); sie haben ihn gehen lassen, *seltener* gehen gelassen; ↑ R 39; *vgl. auch* gut II a; **Gehen**, das; -s (Sportart); (↑ R 28:) 20-km-Gehen

Spielregel:
– Das Spiel könnt ihr zu zweit oder in der Gruppe spielen.
– Wenn du an der Reihe bist, gibt dir jemand aus der Gruppe ein Verb vor.
– Du erwürfelst mit dem ersten Wurf die Personalform und mit dem zweiten Wurf die Zeitform.
– Während du aufschreibst, wird schon dem Nächsten ein weiteres Wort genannt.
– Überprüft nach jeder Runde die Lösungen. Schlagt im Zweifelsfall im Wörterbuch nach.

1. Wurf: Personalpronomen

2. Wurf: Zeitform

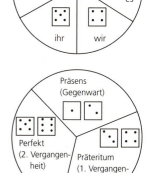

5 a) Sieh dir den nebenstehenden Auszug aus einem Wörterbuch an. Welche Informationen bekommst du bei schwierigen Adjektiven?
b) Wie werden diese Adjektive gesteigert?
stark, groß, krank, lang, hoch

alt; älter, älteste; alte Sprachen; die alten Bundesländer; alter Mann (*auch Bergmannsspr. für* abgebaute Teile der Grube); alten Stils (Zeitrechnung; *Abk.* a. St.). *Großschreibung:* (↑ R 47:) etwas Altes; der Alte (Greis), die Alte (Greisin); er ist immer der Alte (derselbe); wir bleiben die Alten (dieselben); es beim Alten lassen; Altes und Neues; eine Mischung aus Alt und Neu; aus Alt mach Neu; Alte und Junge; der Konflikt zwischen Alt und Jung (den Generationen); ein Fest für Alt und Jung (jedermann); die Alten (alte Leute, Völker); der Älteste (Kirchenälteste); die Ältesten (der Gemeinde); mein Ältester (ältester Sohn), *aber* er ist der älteste meiner Söhne. *Schreibung in Namen und namenähnlichen Verbindungen:* (↑ R 108:) der Ältere (*Abk.* d. Ä.; als Ergänzung bei Eigenn.); der Alte Fritz; Alter Herr (*Studentenspr. für* Vater *u. für* Altmitglied einer student. Verbindung; *Abk.* A. H.); das Alte Testament (*Abk.* A. T.); die Alte Welt (Europa, Asien u. Afrika im Gegensatz zu Amerika)

6 Müssen die in Großbuchstaben gesetzten Adjektive groß- oder kleingeschrieben werden? Schlage nach. Schreibe die Sätze in dein Heft.

1. Ich wünsche dir alles GUTE zum NEUEN Jahr.
2. Den Urlaub verbringen wir am ROTEN Meer.
3. Die Konflikte zwischen JUNG und ALT gab es schon immer.
4. Viele JUNGE und ALTE Zuschauer hatten Spaß an dem Zirkusprogramm.
5. Im GROßEN und GANZEN sind meine Eltern mit meinen Noten zufrieden.
6. Die BESTE Pizza gibt es am Marktplatz.
7. Das BESTE an der Fete war die Musik.

Rechtschreibstrategien

Welche Strategien gibt es?

1 a) Im Text rechts findet ihr Rechtschreibprobleme, die häufig auftreten.
Lest den Tipp und wendet die Rechtschreibstrategien an.
Gebt hinter der Lösung die angewandte Strategie an:
1. abenteuerlich = RS 1.
b) Vergleicht eure Lösungen.

> Das aben(1)euerliche Meer
> Fr(2)er stürzte das tü(3)ische
> Meer den Seefa(4)rer in große
> Furcht. Deshalb blie(5) er mit
> seinem Schi(6) die meiste Zeit
> in der N(7)he der Küste.
> Erst als man neve Instrumente
> zur Orient(8)rung erfan(9) und
> be(10)ere Schiffe konstru(11)rte,
> wurde die Fahrt auf dem
> o(12)enen Meer leichter.

TIPP

Rechtschreibstrategien
Strategien sind Überprüfungsmöglichkeiten, mit deren Hilfe du selbstständig herausbekommen kannst, wie Wörter geschrieben werden.

1. **Wörter in Silben sprechen und genau abhören**
   Sprich beim Schreiben schwierige Wörter leise in Silben. Du kannst dann die einzelnen Laute besser erkennen: *o-ri-en-tie-ren*.

2. **Wörter verlängern**
   Wenn du nicht sicher bist, ob ein Wort am Wortende mit *b* oder *p*, mit *d* oder *t*, mit *g* oder *k*, geschrieben wird, bilde eine Langform. In den meisten Fällen wird dann beim deutlichen Sprechen hörbar, wie das Wort geschrieben wird: *der Abend – die Abende, lieb – lieber, fliegt – fliegen*.

3. **Wörter ableiten**
   Wenn du nicht weißt, wie ein Wort geschrieben wird, denke nach, ob du ein anderes Wort aus der gleichen Wortfamilie kennst und sicher schreiben kannst.
   Wörter mit –h: *ich fuhr → fahren, die Fahrt*
   Wörter mit –ie: *spielenr → das Spiel*
   Wörter mit kurzgesprochenem Vokal: *der Kummer → kümmerlich, kümmern*

Wörter mit ä und äu:
Überlege, ob ein Wort der gleichen Wortfamilie mit *a* oder *au* geschrieben wird: *säubern – sauber / ängstlich – die Angst*.

4. **Prüfen, ob ein kurzer oder langer Vokal (Selbstlaut) vorliegt**
   Bei vielen Wörtern richtet sich danach die Schreibweise des folgenden Konsonanten (Mitlauts).
   Schreibung nach einem lang gesprochenen Vokal:
   – Viele Wörter mit einem lang gesprochenen Vokal werden geschrieben, wie man sie spricht: *die Hose, ich war, nämlich*.
   – Wörter mit –ie: *die, sie, wie, Liebe*
   – Wörter mit –h: *das Mehl, zäh-len*.
   Schreibung nach einem kurz gesprochenen Vokal:
   – Häufig folgen nach einem kurz gesprochenen Vokal zwei Konsonanten (Mitlaute): *der Most, die Welt*.
   – Wörter mit doppeltem Konsonanten (*bb, dd, ff, gg, ll, mm, nn, pp, rr, tt*): *erklim-men, hof-fen, rol-len, ken-nen, die Sup-pe*.
   – Wörter mit –ck (k verdoppelt) und –tz (z verdoppelt): *die Müt-ze, zu-cken*.

7.3.3 Rechtschreibstrategien verinnerlichen und selbstständig anwenden

Mitsprechwörter

Wörter sprechen, abhören, schreiben

1 a) Was stellen die Bilder dar? Sprecht darüber.

2 a) Schreibe die Wörter auf. Sprich während des Schreibens jedes Wort langsam in Silben: Welche Laute hörst du?
b) Vergleiche deine Schreibweise mit deinem Nachbarn.
c) Warum nennt man solche Wörter Mitsprechwörter? Lies dazu die Info.

Experiment	Aspekt
Abenteuer	Konsument
Temperatur	Materie
Optimismus	Distanz
Autorenlesung	Pronomen
Konsonant	Holunder
Humor	Religion
Tageslichtprojektor	Megafon

3 Lass dir von deinem Partner zehn Wörter diktieren. Sprich die Wörter beim Schreiben in Silben. Kontrolliere genau.

4 Löse das Silbenrätsel in deinem Heft.

1. Abstand, Entfernung
2. Mitlaut
3. Wärmegrad
4. Gesichtspunkt, Betrachtungsweise
5. federndes Sprungtuch für sportliche Übungen

As – Dis – Kon – lin – nant – pe – pekt – po – ra– so – tanz – Tem – Tram – tur

INFO

Mitsprechwörter:
1. Viele Wörter schreibst du, wie du sprichst. Wenn du unsicher bist, sprich das Wort deutlich aus. Einen Laut im Wort hörst du am besten, wenn du das Wort langsam in Silben sprichst: *Mi-kro-fon.*
2. **Vokale (Selbstlaute)** klingen selbst: *a, e, i, o, u.*
3. Bei **Konsonanten (Mitlauten)** klingen die Selbstlaute mit: *b, c, d, f, g, h, j, k, l, m, n, p, qu, r, s, t, v, w, x, y, z.*
4. Für bestimmte Laute schreibst du die Buchstabengruppen *au, ei, eu, ch, ng, sch: Baum, Schwein, Beule, lachen, Lunge.*

Wörter mit lang gesprochenem Vokal

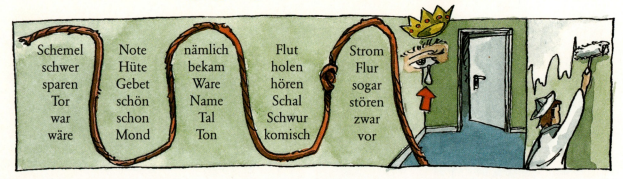

Schemel	Note	nämlich	Flut	Strom
schwer	Hüte	bekam	holen	Flur
sparen	Gebet	Ware	hören	sogar
Tor	schön	Name	Schal	stören
war	schon	Tal	Schwur	zwar
wäre	Mond	Ton	komisch	vor

1
a) Bei diesen Wörtern werden häufig Fehler gemacht. Erklärt die Gründe.
b) Wie schreibt man die Wörter, deren Bedeutungen ihr oben abgebildet seht?
c) Diktiert euch wechselseitig je sieben Wörter. Überprüft die Richtigkeit mit Hilfe der Wörterliste.
d) Versuche eine lustige Geschichte zu schreiben, in der möglichst viele Wörter aus der Liste vorkommen.

2 Löse das Kreuzworträtsel in deinem Heft.
Die gesuchten Wörter findest du in der Wörterliste.

1. großes fließendes Gewässer
2. anderes Wort für Eid
3. eine der fünf Sinnesleistungen
4. Kopfbedeckung
5. eine der Gezeiten
6. Angebot in einem Geschäft

Lösungswort:
Die Ferien gefallen dir davon sicher am besten.

3
a) Die Schreibweise der folgenden Wörter wird häufig verwechselt. Sprecht über die unterschiedlichen Bedeutungen der Wörter.

1. die Urzeit – die Uhrzeit   5. (ich) war – wahr
2. wagen – die Waage   6. malen – mahlen
3. der Wal – die Wahl   7. das Lid – das Lied
4. das (erste) Mal – das Mahl

b) Prägt euch die Bedeutung und die Schreibweise in einem Kettengespräch ein. Einer von euch beginnt: „Ich wähle das Wort Waage. Ich wiege mit der Waage".

4 Übt die Sätze im Partnerdiktat.

1. Die Vorwahlnummer von München ist 089.
2. Ist es wahr, das der FC Nürnberg gewonnen hat?
3. Sie mahlt sich ihr Korn selbst.
4. Letzte Ferien war ich in Griechenland.
5. Das nächste Mal klappt es bestimmt.
6. Wir sollten das Abenteuer wagen.
7. Das hat er sich schön ausgemalt.
8. In der Urzeit lebten viele Dinosaurier.
9. Als Mittagsmahl gab es Schweinsbraten.
10. Der Blauwal gehört zu den vom Aussterben bedrohten Tierarten.

Nachdenkwörter

Wörter mit ie

- Tier, Riege, Stiege, spazieren, schmierig
- viel, Siege, frieren, passieren, stolzieren
- Bier, Spiel, Papier, Klavier, schwierig
- fiel, liegen, kriegen, verlieren, strapazieren

1 Übertrage die Tabelle in dein Heft.
Ordne die Wörter mit *ie* aus der Liste richtig ein.

siegen	notieren	gierig	Liege	Zier	Ziel
liegen kriegen	?	?	?	?	?

2 Ergänze deine Liste durch weitere Reimwörter oder durch Wörter aus der Rechtschreibkartei.

3 Suche zu fünf Wörtern verwandte Wörter mit *ie* und schreibe sie auf.

4 Welche Wörter mit *ie* sind in der Wörterschlange versteckt? Achte beim Abschreiben auf die Groß- und Kleinschreibung.

MIETE VIELLEICHT DIES LIEFEN LIESS FIE LEN SCHLIESSLICH

5 Mit den Wörtern der Liste könnt ihr selbstständig üben. Anregungen findet ihr auf Seite 228.

6 Schreibe aus dem Wörterbuch zehn zusammengesetzte Wörter mit *wieder* heraus: wiederholen, wieder...

7 a) Schreibt die folgenden Sätze als Partnerdiktat (Anleitung: Seite 229).
b) Denkt euch weitere Reime aus, in denen Wörter mit *ie* vorkommen.

1. Wenn Fußballspieler schielen, dann können sie schlecht zielen.
2. So manche Mannschaft ist zufrieden, spielt sie nur unentschieden.
3. Wenn Ziegel von den Dächern fliegen, dann bleiben unten Scherben liegen.
4. Wenn Zwiebeln Fieber kriegen, dann riechen das die Fliegen.
5. Gehst du im Park spazieren, fürchte dich nicht vor wilden Tieren.

INFO

Nachdenkwörter mit ie
Viele Wörter kann man durch Nachdenken richtig schreiben. Beim lang gesprochenen i-Laut musst du daran denken, dass er *ie* geschrieben wird: *die, sie, wie, Liebe*.
Das gilt für alle Wörter der gleichen Wortfamilie: *das Spiel, spielen, spielerisch ...*
Ausnahmen dazu findest du auf Seite 216.

Wörter mit Doppelkonsonanten

Den Rissen und den Mauerdellen
rückt man zu Leib mit vollen Kellen
und presst den Putz prall in die Rillen,
rüttelt, tappt und hofft im Stillen,
dass nichts mehr falle von der Rolle
und alles künftig haften solle.
A. Holzmann

1 In diesem Gedicht findet ihr viele Wörter mit Konsonantenverdoppelung. Lest euch das Gedicht gegenseitig vor. Wie werden die Vokale vor den Doppelkonsonanten gesprochen?

2 a) Übertrage die Tabelle in dein Heft.
b) Schreibe die Wörter mit Doppelkonsonanten nach Wortarten getrennt auf. Ergänze bei den Verben auch den Infinitiv.
c) Kennzeichne den kurz gesprochenen Vokal mit einem Punkt.

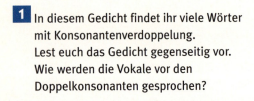

Nomen	Verb	Adjektiv
der Riss	presst – pressen	voll

3 Arbeitet in Gruppen. Welche Gruppe schreibt zu den Doppelkonsonanten in fünf Minuten die meisten Wörter auf?
ll: bellen, der Keller ...
ff: der Affe, der Pfeffer ...

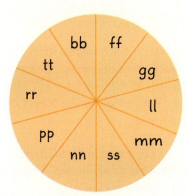

4 Versuche ein Abc zu schreiben, in das du von A bis Z Wörter mit einem Doppelkonsonanten einträgst.

A ffe
B esserwisser
C ello
D ...

5 Bilde Sätze, die möglichst viele Wörter mit Doppelkonsonanten enthalten, und schreibe sie auf. Es können auch lustige Sätze sein:
Der Affe schüttet schnell Pfeffer in die Tasse.

TIPP
Auf den Vokal achten
Nach kurz gesprochenem Vokal folgen oft zwei Konsonanten (*haften*) oder ein Doppelkonsonant (*die Rille, hoffen*). Durch deutliches Sprechen kannst du erkennen, ob der Vokal kurz gesprochen wird: *die Wahl, der Wall.*

Nachdenkwörter

Pfiff, nett, Pfeffer, satt, passieren, können, retten, Interesse, klettern, wollen, herrlich, bekommen, müssen, schnell, rennen, Brille, Unfall, nimmt, allgemein, Mutter, besser, allein, Wetter, fallen, Sommer, kaputt, Sonne, zusammen, bellen, lassen, Sonntag, Zettel

6 a) Lege dir eine Tabelle an und ordne die Wörter aus der Wörterliste ein.
b) Ergänze die Tabelle mit eigenen Wörtern.

ff	Pfiff
ll	wollen
tt	...
rr	...
ss	...
nn	...
mm	...

7 Mit den Wörtern der Tabelle könnt ihr zusammen üben. Anregungen findet ihr auf Seite 228.

8 Führt in der Klasse ein Wortlistendiktat durch (Anleitung: Seite 229).

9 Spielt in der Gruppe Bingo und verwendet dazu die folgenden Wörter.

lassen	kaputt	Wetter	Zettel
Unfall	nimmt	allein	satt
Pfeffer	müssen	nett	Kette

10 a) Schreibt die folgenden Sätze als Partnerdiktat (Anleitung: Seite 229).
1. Wollen wir zusammen ins Schwimmbad gehen?
2. Dieses herrliche Wetter sollte man ausnutzen.
3. Vergiss deine Taucherbrille und die Schwimmflossen bitte nicht.
4. Wir sollten rennen, sonst schaffen wir die U-Bahn nicht mehr.
5. Warum kommen hier eigentlich weder Busse noch Bahnen vorbei?
6. Leider haben wir übersehen, dass seit Sonntag die Haltestelle geschlossen und die Gleise gesperrt sind.

b) Bildet mithilfe der Wörter in eurer Tabelle selbst Sätze, die ihr euch gegenseitig diktiert.

11 So geht das Wortkammspiel:
Schreibe ein Wort mit einem Doppelkonsonanten auf ein Karopapier. Suche nun Wörter aus, die mit einem Buchstaben des Ausgangswortes beginnen und ebenfalls einen Doppelkonsonanten haben. Schreibe sie senkrecht darunter. Anschließend ziehst du eine Linie um deine Wörter: Fertig ist dein Wortkamm!

12 Achtung: Bei Nomen mit dem nachgestellten Baustein *nis* oder *in* müsst ihr aufpassen, wenn ihr den Plural bildet:
Zeugnis – Zeugnisse,
Lehrerin – Lehrerinnen.
Schreibe zu folgenden Wörtern den Singular und den Plural auf: Erkenntnis, Verhältnis, Hindernis, Geheimnis, Verzeichnis, Ergebnis; Schülerin, Helferin, Sängerin, Läuferin, Sportlerin, Ärztin.

Nachdenkwörter

Wörter mit **ck** und Wörter mit **tz**

der Hocker
die Glucke
pflücken
zucken

der Witz
sitzen
der Spatz
spitz

1 a) Welche Wörter verstecken sich hinter den Bildern?
b) Sprecht die Wörter deutlich aus und achtet auf den Vokal vor *ck* oder *tz*.
c) Lest die Info unten rechts.

Hecke	pflücken	schicken
schmücken	Trick	Sack
Schreck	Strick	Wecker
dreckig	Mücke	packen
Ecke	Jacke	Decke
Fackel	schmecken	stricken
Glück	Zucker	Brücke
Druck	Block	gucken
Blick	Stock	stecken
schlucken	lecker	dick
ersticken	backen	trocken
spucken	Glocke	schick

2 Lege dir folgende Tabelle an und schreibe die Wörter aus der Liste nach Wortarten getrennt auf.

Nomen	Verben	Adjektive
Hecke	schmücken	dreckig

3 Wähle aus der Liste drei Wörter aus. Welche weiteren Wörter aus der gleichen Wortfamilie findest du zu jedem der drei Wörter? Schreibe sie auf.

4 Übt die Wörter in den Listen mit einem Diktierkreisel (Anleitung: Seite 229).

5 a) In dem Wörtersuchspiel kannst du zwölf Wörter mit *ck* finden. Schreibe sie auf.

e	v	T	d	r	e	c	k	i	g	U	l	j	d	i	c	k	G
G	e	r	s	c	h	r	e	c	k	e	n	X	S	p	e	c	k
A	l	G	e	s	c	h	m	a	c	k	ä	Z	u	c	k	e	r
w	a	c	k	e	l	n	u	z	l	a	c	k	i	e	r	e	n
V	t	D	e	c	k	e	d	s	t	r	e	c	k	e	n	k	l
w	e	c	k	e	n	F	s	p	u	c	k	e	n	H	ü	x	t

b) Entwickle selbst ein Wörtersuchspiel mit *ck*-Wörtern. Gib es deiner Nachbarin oder deinem Nachbarn. Findet sie/er alle versteckten Wörter?

6 So werden Wörter mit *ck* getrennt:
die Glo-cke, schmü-cken.
Wähle zehn Wörter aus der Liste und schreibe sie mit Trennungsstrich auf.
Bei einsilbigen Wörtern bilde eine gebeugte Form:
vor Schre-cken, die Stö-cke.

7 Nimm dir einen Zeitungsartikel und markiere alle Wörter mit *ck*.

INFO

ck und tz
Nach kurzem Vokal werden auch die Konsonanten *k* und *z* verdoppelt. Statt *kk* schreibt man jedoch *ck*: *zucken, ducken*.
Statt *zz* schreibt man *tz*: *Schatz, Katze*.
Trenne so: *zu–cken, Kat–ze*.

Nachdenkwörter

plötzlich	schätzen	zuletzt	Blitz
Putz	letzte	Metzger	setzen
besitzen	Verletzung	Schutz	Schmutz
Hitze	Netz	Gesetz	schwitzen
benutzen	Klotz	Absatz	jetzt
spritzen	kitzeln	kratzen	verletzen
Platz	Satz	Sitz	Spatz
spitz	trotzdem	Patzer	Witz
Pfütze	Mütze	Stütze	Glatze

8 Ordne die Wörter jeder Spalte nach dem Alphabet und schreibe sie auf.
benutzen, besitzen, Hitze …

9 Wähle dir zehn Wörter aus der Liste aus. Suche dazu passende Reimwörter.
*Mütze – Pfütze,
besitzen – schwitzen …*

10 Zu welchen Wörtern kannst du Adjektive bilden?
*kitzeln – kitzelig,
das Gesetz – gesetzlich …*

11 a) Bilde drei Sätze, in denen du möglichst viele Wörter der Liste verwendest, z. B.:
Plötzlich schwitzte der Metzger auf seiner Glatze.
b) Verwendet diese Sätze in einem Partnerdiktat (Anleitung: Seite 229).

12 Zu welchen Wörtern in der Liste findet ihr noch ein weiteres Beispiel aus der gleichen Wortfamilie? Schreibt (zu zweit oder in der Gruppe) die Wörter aus der Liste und die verwandten Wörter auf getrennte Kärtchen. Ihr habt dann Spielkarten für Memory.

Gespensterauto
In München sprang um Mitternacht plötzlich ein verschlossener Sportwagen an. Er setzte sich in Bewegung, verkratzte mehrere Autos und krachte zuletzt mit einem dumpfen Knall an eine Hauswand. Die herbeigerufene Polizei musste den Wagen aufbrechen, um den Motor abzustellen. Erst jetzt konnte man feststellen, dass ein Marder mit seinen spitzen Zähnen einen Kurzschluss erzeugt hatte. Da der erste Gang eingelegt war, löste dies die ungewollte Spritztour aus. Ob sich der Marder verletzte, ist unbekannt. Die Polizei schätzt den Schaden auf 15 000 Euro.

13 Diktiert euch den Text als Partnerdiktat (Anleitung: Seite 229).

14 Einigt euch auf 16 Wörter mit *tz* (oder mit *ck*) und legt euch jeder eine Bingo-Karte an.
Spielt nach den bekannten Regeln Bingo.

7.3.3 Richtig schreiben/Regelhaftigkeiten kennen und anwenden

Wörter mit ss / Wörter mit ß

bisschen	reißen	außen	rußig	interessant
vergaß	Fluss	hassen	frisst	Russland
fließen	Nuss	musste	verlassen	gießen
grüßen	äußerlich	bissig	wässrig	größer
passen	Presse	gefressen	stoßen	flüssig
passiert	hässlich	gesessen	bloß	groß
fressen	vergesslich	Biss	Pass	Fuß
Floß	Maß	gießt	saß	Spaß
Hass	Riss	aß	Ruß	Kuss

1 Prüft im Kettengespräch die Aussprache der Vokale in den Wörtern der Liste und begründet damit die Schreibweise:
„Bei *bisschen* wird das *i* kurz gesprochen, deshalb wird *ss* geschrieben."
„Bei *vergaß* …

2 a) Wähle aus der Liste zehn Wörter mit *ss* und zehn Wörter mit *ß*. Schreibe sie in dein Heft.
b) Kennzeichne die lang gesprochenen Vokale mit einem Strich und die kurz gesprochenen Vokale mit einem Punkt: *groß – bisschen*.
c) Versuche anschließend zu jedem Wort ein Reimwort zu finden. Kennzeichne auch hier den kurz gesprochenen Vokal mit einem Punkt und den lang gesprochenen Vokal mit einem Strich.

3 Zu folgenden Nomen findest du in der Wörterliste ein Adjektiv aus der gleichen Wortfamilie.
a) Schreibe Nomen und Adjektive auf.
b) Vergleiche die Schreibweise und begründe sie.

Interesse   Größe   Wasser
Ruß   Biss   Fluss

4 Diktiert euch im Partnerdiktat (Anleitung: Seite 229) abwechselnd fünf Wörter aus der Wörterliste. Wer diktiert, achtet auf die richtige Aussprache. Wer schreibt, hört gut zu.

5 Benütze Wörter mit *ss* oder *ß* für ein Scrabble-Spiel. Schreibe ein möglichst langes Wort in die Mitte der Seite. Schreibe in Großbuchstaben; *ß* bleibt *ß*. Wer bringt die meisten Wörter unter?

	☆	☆	☆	☆	☆	☆	P	☆	☆		
☆	W	A	S	S	E	R	F	A	S	S	☆
☆	Ä	☆	☆	☆	☆	☆	☆	S	☆	☆	
☆	S	☆	☆	☆	☆	☆	W	S	☆		
☆	S	C	H	U	S	S	☆	☆			
☆	R	U	ß	☆	☆	☆					
☆	I	☆	☆								
☆	G	☆									

6 Bilde mit den Wörtern aus der Liste „verrückte" Sätze: *Auf dem Floß in dem Fluss aß ich eine Nuss.* Diktiert euch die Sätze gegenseitig.

TIPP

Sprech- und Hörprobe
1. Sprich das Wort und höre genau hin: Hörst du vor dem s-Laut einen kurz gesprochenen Vokal (*a, e, i, o, u*) oder einen kurz gesprochenen Umlaut (*ä, ö, ü*), dann wird das Wort häufig mit *ss* geschrieben: *Hass, bisschen*.
2. Hörst du vor dem s-Laut einen lang gesprochenen Vokal oder Doppellaut (*au, äu, ei, eu, ie*), dann wird das Wort häufig mit *ß* geschrieben: *Fuß, reißen*.

Nachdenkwörter

Grundform	essen	...	...	...	...
Präsens (3. Pers./Sing.)	er isst	...	sie gießt	...	...
Präteritum (3. Pers./Sing.)	sie aß	er schloss	...	...	es fraß
Perfekt	wir haben gegessen	...	...	...	...
Nomen	das Essen	...	...	der Riss	...

7 a) Erklärt die unterschiedliche Schreibweise des s-Lautes bei *essen*.
b) Übertragt die Tabelle in euer Heft und vervollständigt sie.

reißen schließen vergrößern fließen genießen beißen

8 Suche zu jedem Verb oben ein verwandtes Nomen und ein verwandtes Adjektiv. Schreibe die Wörter auf: *fließen – der Fluss – fließend*. Achte darauf, dass sich bei einigen Wörtern der s-Laut verändert.

9 Bilde aus den Wörtern der Aufgaben 7 und 8 lustige Sätze: *Ich saß am Fluss und aß ein Eis.*

Liebe Jana,

gestern habe ich etwas Unfa☆bares erlebt. Am Vormittag mu☆te ich noch einmal in den Supermarkt gehen, da ich zuvor verge☆en hatte, fürs Mittage☆en Mehl für Klö☆e zu besorgen. Das Einkaufen machte keinen Spa☆, denn es war dort viel los.
Endlich kam ich an die Ka☆e. Hinter mir stand eine ältere Frau, die nur ein Paket So☆enpulver kaufen wollte. Als sie mich fragte, ob ich sie vorla☆en würde, tat ich das bereitwillig. Doch das war ein gro☆er Fehler. Plötzlich wurde die Frau als millionste Kundin seit Bestehen des Supermarktes begrü☆t. Sie erhielt von der Geschäftsleitung einen Blumenstrau☆ und darf nun ein Jahr lang dort gratis einkaufen. Ich dagegen habe so gestaunt, dass ich fast verga☆ meinen Mund wieder zu schlie☆en. Ich hatte eine Riesenchance verpa☆t. Schade!

Viele Grü☆e, deine Tina

10 a) Schreibe aus dem Brief die unvollständigen Wörter in der richtigen Schreibweise auf.
b) Du kannst den Brief auch in den Computer eingeben und anschließend mit dem Rechtschreibprogramm überprüfen.

End-/end oder Ent-/ent-?

1
a) Seht euch die Vorsilben an. Welche Unterschiede in der Bedeutung erkennt ihr?
b) Welche Vorsilbe hat etwas mit *Ende* zu tun?
c) Welche Vorsilbe bedeutet so viel wie *weg, gegen*?
d) Vervollständige den Tipp unten in deinem Heft.
e) Vergleicht eure Lösungen.

2 Lege im Heft die Tabelle an.
Ergänze bei den Wörtern unten die richtige Vorsilbe. Trage sie in die entsprechende Spalte deiner Tabelle ein.
Achte auf die Groß- und Kleinschreibung.

End-/end-	Ent-/ent-
Endpunkt	entsteigen
...	...

-punkt
-lich
-gültig
-los
-steigen
-schuldigen
-schlüpfen
-kleiden
-ergebnis
-zeit

-verbraucher
-station
-lohnung
-leihen
-ziffer
-fernen
-lohnen
-leeren
-los
-ziffern

3
a) Schreibe die Sätze unten richtig auf.
b) Vergleicht eure Ergebnisse.
Schlagt in Zweifelsfällen im Wörterbuch nach.
c) Lass dir von einem Partner diese Sätze zu einem späteren Zeitpunkt diktieren.

1. Das Los mit der En☆ziffer 9 hat gewonnen.
2. Gestern habe ich mich en☆setzlich blamiert.
3. En☆weder lernst du en☆lich oder du musst die Klasse wiederholen.
4. Von Mario bin ich richtig en☆täuscht.
5. Im En☆effekt hat sie doch gesiegt.
6. Dieses Ergebnis ist nun en☆gültig.
7. En☆scheident ist doch immer der Wille durchzuhalten.
8. En☆nervt hat er aufgegeben.

TIPP
Wann schreibst du *End-/end-* oder *Ent-/ent-*?
Überprüfe, ob die Vorsilbe ...
(Setze den Satz fort, siehe Aufgabe 1.)
Ist das nicht der Fall, dann schreibe *Ent-/ent-*.

Kleingeschriebene, von *Ende* abgeleitete Wörter gibt es nur vier:
endlos, endgültig, endlich, enden.

Nachdenken: Groß- und Kleinschreibung

Nomen schreibt man groß

WENN DU NICHT MEHR ZUR SCHULE GEHST,
WENN DU FEST IM LEBEN STEHST,
WENN DICH HAUSAUFGABEN NICHT MEHR PLAGEN,
WENN DU MUSST ANWEISUNGEN VOM CHEF ERTRAGEN,
WENN DU BEIM SPORT NICHT MEHR SO TOLLE LEISTUNGEN BRINGST,
WENN DU NUR NOCH ÜBER DEN SPORTPLATZ HINKST,
WENN FREUNDE NICHT MEHR WILD DURCHEINANDER PLAPPERN,
WENN SCHLIEßLICH DEINE ZÄHNE KLAPPERN,
DANN MACH' DIR NICHTS WEITER DRAUS,
DENN SO SIEHT VIELLEICHT DEINE ZUKUNFT AUS.

1 In diesem Text verstecken sich Nomen.
Woran könnt ihr sie erkennen?
Lest dazu den Tipp.

2 a) Schreibe den folgenden Text in richtiger Groß- und Kleinschreibung auf.
b) Zeichne einen Pfeil vom Signalwort zum Nomen und/oder unterstreiche typische Nomenendungen.

Die nächsten Jahre werden einige Neuerungen mit sich bringen.

Wie ich mir die Zukunft vorstelle

DIE NÄCHSTEN JAHRE WERDEN EINIGE NEUERUNGEN MIT SICH BRINGEN. UNSERE SCHULEN GIBT ES BALD BESTIMMT NICHT MEHR. DIE SCHÜLERSCHAFT LERNT ZU HAUSE AM COMPUTER MITHILFE DER NEUESTEN LERNPROGRAMME. NATÜRLICH KÖNNEN WIR DANN AUCH AUF UNSERE SCHULBÜCHER VERZICHTEN, DENN ALLE TEXTE SIND AUF DEM BILDSCHIRM ABRUFBAR. DEN GANZEN TAG WERDE ICH VORM COMPUTER VERBRINGEN. DURCH NEUE KOMMUNIKATIONSENTWICKLUNGEN WERDE ICH INTERESSANTE FREUNDSCHAFTEN SCHLIEßEN. OB LEHRER DANN ARBEITSLOS WERDEN?

TIPP

1. Auf Signalwörter für Großschreibung achten
Nomen werden großgeschrieben. An vorausgehenden Signalwörtern kannst du sie erkennen:
1. *der, die, das, ein, eine* (Artikel): *der Baum, eine Katze, das Auto;*
2. *am* (= *an dem*), *beim, im, vom, zum, ins, zur* (Präposition mit verstecktem Artikel): *am Abend;*
3. *mein, dein, sein, unser, euer, ihr, jeder, dieser* (Pronomen): *meine Freundin, eure Klasse, diese CD.*

Achtung: Zwischen dem vorangestellten Signalwort und dem Nomen kann ein Adjektiv stehen:
der kahle Baum, am gestrigen Abend.

2. Die Wortendung prüfen
Viele Nomen enden auf *heit, keit, ung, nis, schaft, tum: Gesundheit, Verachtung.*

3. Artikelprobe durchführen
Nomen können auch ohne Signalwörter stehen. Überprüfe daher im Zweifelsfall, ob das Wort mit dem Artikel stehen kann.

Nachdenken: Groß- und Kleinschreibung

Wenn Verben als Nomen gebraucht werden

In 50 Jahren ist das Fliegen zum Mond keine Seltenheit mehr. Bei uns könnt ihr für 100 Euro schon jetzt buchen.
(Aber vergesst das Überweisen nicht!)

Willst du auch in Zukunft auf Falten und Runzeln verzichten und durch ein Lächeln deine Umgebung verzaubern? Dann melde dich. Wir stoppen dein Altern.
Institut „Forever young"

Gerätst du auch bei dem Gedanken, später auf einer einsamen Insel zu leben, ins Träumen? Dann melde dich unter YXZ 6382.

1 a) Ihr wisst, dass Verben kleingeschrieben werden. In den Anzeigen oben werden jedoch einige Verben als Nomen gebraucht und müssen deshalb großgeschrieben werden.
Sucht sie heraus.
b) Welche Signalwörter für Großschreibung stehen vor diesen Verben?

2 a) Schreibe die folgenden Anzeigen in richtiger Groß- und Kleinschreibung in dein Heft.
b) Unterstreiche alle Verben, die als Nomen gebraucht werden.

TRÄUMEN SIE SCHON LANGE VOM REISEN IN EINE ANDERE ZEIT? SIND SIE AUCH DER MEINUNG, DASS DAS WARTEN NUN EIN ENDE HABEN SOLL? DANN BUCHEN SIE BEREITS HEUTE FÜR MORGEN. DAS NACHFRAGEN KOSTET (FAST) NICHTS! TEL.: 065/63903

DAS SUCHEN UND VERSCHWENDEN VON ZEIT IST NICHTS FÜR MICH. DARUM FRAGE ICH (MÄNNLICH, 14 JAHRE) SCHON JETZT: WER KENNT MEINE ZUKÜNFTIGE FRAU?
KARSTEN AUS VATERSTETTEN

WELCHE ZUKUNFTSTRÄUME VERSETZEN DICH INS SCHWÄRMEN? WIR SORGEN DAFÜR, DASS DEINE TRÄUME WAHR WERDEN.
GLÜCKSSPIELE WUCHER IN NÜRNBERG

3 Bilde Sätze, in denen du Verben als Nomen gebrauchst. Du kannst dazu aus der Tabelle unten die Signalwörter mit den Verben kombinieren:

Hoffentlich habe ich auch in Zukunft noch Zeit zum Träumen.

Artikel	Artikel mit Präposition	Pronomen	Verben
	beim	mein	lachen
	am	dein	lernen
das	zum	sein	träumen
ein	im	ihr	schlafen
	ins	unser	schwärmen
	vom	euer	fliegen

TIPP

Signalwörter für Großschreibung
Auch Verben können als Nomen gebraucht werden. Man nennt solche Verben **nominalisierte Verben** (zu Nomen gewordene Verben).
Du erkennst nominalisierte Verben an folgenden Signalwörtern:
– das, ein,
– am, beim, im, vom, zum,
– mein, dein, sein, unser, euer.

Nachdenken: Groß- und Kleinschreibung

Wie ich mir meine Zukunft vorstelle:

Artikel/ Präposition mit Artikel	Adjektive	Verben	Satzbausteine
das	entspannt	faulenzen	werde ich meine Freude haben
	gemeinsam	lernen	wird mir nicht gefallen
beim	lange	einkaufen	werde ich lustig finden
am	früh	arbeiten	wird mir auf die Nerven gehen
zum	stundenlang	träumen	wird meine Lieblingsbeschäftigung sein
vom	angenehm	bummeln	werde ich mich richtig erholen
aus	zukünftig	aufstehen	wird mir am Wochenende besonders wichtig sein
aufs	ständig	diskutieren	werde ich verzichten
	häufig	ausschlafen	wird mir besonders gefallen

4 Auch vor Verben, die als Nomen gebraucht werden, können Adjektive stehen. Du musst also aufpassen, dass du das Signalwort nicht übersiehst.
Bilde mit dem Wortmaterial aus der Tabelle Sätze und schreibe sie auf.

Aufs frühe Aufstehen werde ich verzichten.

5
a) Gib den nebenstehenden Brief in richtiger Groß- und Kleinschreibung in den Computer ein.
b) Unterstreiche alle nominalisierten Verben.
c) Überprüfe den Text mit dem Rechtschreibprogramm. Lies dazu den Tipp auf Seite 225.

Liebe Frau Schulze,

nach langem ÜBERLEGEN möchte ich Ihnen mitteilen, dass ich keinen Aufsatz über meine Zukunft SCHREIBEN werde. Warum soll ich lange darüber ins GRÜBELN geraten, was in einigen Jahren sein wird, wenn ich noch nicht einmal weiß, wie ich den heutigen Tag ÜBERSTEHEN soll. Zum TREFFEN mit meinen Freunden habe ich überhaupt keine Lust. Uli gerät bei Monas Anblick wieder ins SCHWÄRMEN, Monas ewiges JAMMERN wegen Matthias nervt mich und Susi hat nicht einmal ein LÄCHELN für mich übrig. Sie SEHEN also, dass ich genügend mit der Gegenwart zu tun habe. Warum soll ich mich deshalb mit meinem zukünftigen LEBEN beschäftigen?

Ihr Lukas Bauer

PS: Sollten Sie mir nach dem LESEN meines Aufsatzes eine Sechs GEBEN wollen, so BEDENKEN Sie bitte, dass ich in 20 Jahren Ihr Vorgesetzter sein könnte!

Wenn **Adjektive** als Nomen gebraucht werden

Die Außerirdischen kommen!

Das ist das Letzte: Gestern Nacht wurde in Nürnberg ein Ufo gesichtet. So etwas Unglaubliches wurde bisher noch nicht beobachtet. Zunächst war am Himmel nur ein heller Punkt zu sehen. Im Allgemeinen handelt es sich bei solchen Beobachtungen um kleine Himmelskörper, doch dieses Mal war es etwas Besonderes. Gegen 24.00 Uhr wurde am Burggraben eine fliegende Untertasse gesichtet. Angeblich sollen grüne Wesen ausgestiegen sein. Die Kleinen sollen im Dunkeln die Burg besichtigt haben. Nach einer Stunde entflogen sie wieder ins Unbekannte. Alles Nähere erfahren Sie morgen in einer Sonderausgabe.

1 a) Lest den Text oben.
Was haltet ihr von dieser Meldung?
b) In dem Text befinden sich Adjektive, die als Nomen gebraucht werden und deshalb großgeschrieben werden. Sucht sie heraus.
c) Schreibt alle nominalisierten Adjektive mit ihren Signalwörtern heraus:
die Außerirdischen. Die Info hilft euch dabei.

2 Schreibe die folgenden Sätze in richtiger Groß- und Kleinschreibung in dein Heft. Achtung: In fünf Fällen wird das Adjektiv kleingeschrieben.
1. In Sciencefiction-Filmen geht es meistens um das GLEICHE.
2. Es wird von der Zukunft erzählt, in der sich etwas SONDERBARES abspielt.
3. Natürlich kommen auch FREMDE Wesen darin vor.
4. Meistens haben sie AUßERGEWÖHNLICHE Eigenschaften.
5. So wird vielleicht von einem FREMDEN erzählt, der eine SAGENHAFTE Intelligenz besitzt.
6. Oder es geht um eine Gestalt, die am LIEBSTEN wieder nach Hause möchte.
7. Oft mischt sich auch ein AUßERIRDISCHER unter die Gesellschaft und verbreitet viel BÖSES.
8. Ob es wohl auf anderen Planeten wirklich UNBEKANNTES Leben gibt?

3 Bilde mit den folgenden Adjektiven Sätze, in denen die Adjektive einmal klein- und einmal großgeschrieben werden müssen.
*Das schöne Erlebnis ging viel zu schnell zu Ende.
Das Schöne daran ist, dass ich es nie vergessen werde.*

INFO

Adjektive können als Nomen gebraucht werden
Adjektive, die als Nomen gebraucht werden, nennt man **nominalisierte Adjektive** (zu Nomen gewordene Adjektive):
das Beste, im Allgemeinen, wenig Gutes.
Du erkennst nominalisierte Adjektive oft an folgenden Signalwörtern:
– *der, die, das, ein, eine,*
– *beim, im, vom, zum, ins,*
– *etwas, viel, manches, wenig, nichts, alles.*

Achtung: Die Höchststufe des Adjektivs wird immer kleingeschrieben:
am besten, am schönsten, am schnellsten.

Nachdenken: Groß- und Kleinschreibung

im Allgemeinen   Folgendes   zum Besten geben
auf dem Laufenden bleiben   des Weiteren   alles Übrige
das Beste   im Voraus   im Großen und Ganzen
in Bezug auf   im Klaren sein   im Folgenden

4 Im Kasten findet ihr Formulierungen mit Adjektiven und anderen Wörtern, die immer großgeschrieben werden. Wählt fünf Formulierungen aus. Bildet dazu passende Sätze und schreibt sie auf.

5 Schreibe den folgenden Brief in richtiger Groß- und Kleinschreibung auf. Berücksichtige, dass die Anredewörter *Sie, Ihr, Ihnen* immer großgeschrieben werden.

LIEBE NACHBARN,

FOLGENDES MÖCHTE ICH IHNEN GERN MITTEILEN: AM KOMMENDEN SAMSTAG FEIERE ICH MEINEN VIERZEHNTEN GEBURTSTAG. DA DIES ETWAS BESONDERES IST, HABE ICH VIELE FREUNDE EINGELADEN. ICH BIN MIR DARÜBER IM KLAREN, DASS EINE SOLCHE FEIER IM ALLGEMEINEN MIT LÄRM VERBUNDEN IST. DAMIT SIE NICHT ERSCHRECKEN, MÖCHTE ICH SIE DES WEITEREN DARAUF HINWEISEN, DASS ALLE MEINE FREUNDE VERKLEIDET ERSCHEINEN. FÜR IHR VERSTÄNDNIS MÖCHTE ICH MICH BEREITS IM VORAUS BEDANKEN.

MIT FREUNDLICHEN GRÜSSEN
MARCEL SIMMEL

Geheimnisvolle Zeichen

Schon vor einigen Wochen hatte Bauer Bax auf seinen Feldern etwas Eigenartiges entdeckt: Bestimmte Kornflächen lagen flach und ergaben bei genauem Hinsehen runenhafte Zeichen. Obwohl Bauer Bax im Großen und Ganzen ein aufgeklärter Mann war, rief er nach kurzem Überlegen die Polizei an, denn er vermutete etwas Unfassbares: Die Zeichen könnten von Außerirdischen stammen, die auf diese Weise etwas Wichtiges mitteilen wollten. In Rundfunk und Fernsehen wurden die Menschen in den folgenden Wochen über dieses Geschehen auf dem Laufenden gehalten. Experten wurden befragt, aber sie konnten sich das Auftreten dieser Markierungen nicht erklären. Auf des Rätsels Lösung kam Bauer Bax jedoch selbst, als er eines Morgens früher zum Pflügen aufs Feld fuhr. Dort nämlich waren Jugendliche noch mit dem Niederwalzen weiterer Kornflächen beschäftigt. Sie hatten sich nur einen Spaß erlaubt.

6 a) Schreibt den Text als Partnerdiktat (Anleitung: S. 229).
b) Unterstreicht die nominalisierten Verben und Adjektive und die dazugehörenden Signalwörter.
c) Gebt die unterstrichenen Ausdrücke in den Computer ein und prüft mit dem Rechtschreibprogramm. Lest dazu den Tipp auf Seite 225.

Schreibung von Eigennamen

1. Heinrich von Pisa
2. Kap der Große
3. der Schiefe Turm von Amerika
4. das Rote Fernsehen
5. Vereinigte Staaten der Guten Hoffnung
6. Westfälischer Bundestag
7. Zweites Deutsches Kreuz
8. der Stille Wagen
9. der Große Ozean
10. Deutscher Friede
11. Friedrich der Achte

1 a) Hier sind elf Eigennamen durcheinander geraten. Ordnet die Teile richtig zu.
b) Schreibt die Eigennamen richtig auf. Beachtet die Groß- und Kleinschreibung. Lest hierzu den ersten Teil der Info.
c) Vergleicht eure Lösungen.

2 a) Suche weitere Eigennamen für Personen und Orte, die aus mehreren Wörtern bestehen. Schau im Atlas oder im Geschichtsbuch nach.
b) Schreibe Unsinnssätze auf, in denen du möglichst viele dieser Eigennamen verwendest: *Karl der Große war bester Fahrer der deutschen Telecom-Mannschaft.*

3 Schreibe den Text unten in richtiger Groß- und Kleinschreibung auf. Lies dazu den letzten Absatz in der Info.

INFO

Die Schreibung von Eigennamen
Eigennamen werden großgeschrieben. Das gilt auch für Adjektive, die zum Namen gehören:
Klein Erna, Heinrich der Achte, die Gaststätte „Goldener Anker".
Zu Eigennamen rechnet man:
– Fachbezeichnungen aus der Tier- und Pflanzenwelt (*die Schwarze Witwe*),
– geografische Bezeichnungen (*das Rote Meer*),
– historische Ereignisse (*die Französische Revolution*),
– besondere Kalendertage (*der Erste Mai*),
– Titel oder Ehrenbezeichnungen (*der Erste Bürgermeister, der Heilige Vater*),
– Namen von Institutionen und Organisationen (*der Deutsche Bundestag, die Vereinten Nationen*).

Allerdings schreibst du bei folgenden **festen Verbindungen mit Nomen** das Adjektiv klein:
das schwarze Brett, der italienische Salat, die erste Hilfe, die gelbe Karte, das neue Jahr, das große Los.

Toni im Glück

Als Toni grade eine Limonade bestellen wollte, fragte ihn der Zugbegleiter der DEUTSCHEN BAHN: „Möchten Sie einen ITALIENISCHEN SALAT dazu?"
5 Es war ein berauschendes Gefühl, so kurz nach dem HEILIGEN ABEND den OLYMPISCHEN SPIELEN entgegenzurollen. Ausgerechnet er hatte diesmal das GROßE LOS gezogen. Beim Gewinnspiel
10 des BAYERISCHEN RUNDFUNKS konnte er als einziger Anrufer auf die letzte Frage zum Thema „DREIßIGJÄHRIGER KRIEG" die richtige Antwort geben. Sie lautete „WESTFÄLISCHER FRIEDE".
15 Deshalb düste Toni jetzt kostenlos Richtung Dolomiten.
Würde er auch im NEUEN JAHR so viel Glück haben?

Zeitangaben

Das Wochenende eines Erwachsenen

Samstag:
– um 6.00 Uhr am Morgen aufstehen
– frühmorgens aufräumen
– vormittags Hilde (meiner Ehefrau) Frühstück ans Bett bringen
– für das Essen am Mittag einkaufen
– mittags kochen
– nachmittags Kuchen backen
– am späten Nachmittag abwaschen
– am Abend aufwischen
– samstagabends mich für Hilde hübsch machen
– am späten Abend Hilde ausführen
– kurz vor Mitternacht schlafen gehen

Sonntag:
– morgens ausschlafen (bis 8.00 Uhr)
– gegen Mittag Hilde wecken
– am Sonntagmittag essen gehen (ich bezahle von meinem Ersparten)
– nachmittags Ruderfahrt mit Hilde (ich rudere, da sie das nicht mag)
– zum Abend Freizeit (ich lese in meinem Zimmer und bereite Hildes Essen für morgen Mittag vor)
– spätabends einschlafen (nicht schnarchen)
– in der Nacht von meiner Arbeitsstelle (ohne Hilde) träumen

1 a) Wie wirst du wohl in zehn Jahren dein Wochenende verbringen? Was gefällt dir am oberen Beispiel? Was stellst du dir anders vor?
b) Lege dir folgende Tabelle an und ordne alle Zeitangaben ein.

großgeschriebene Zeitangaben	kleingeschriebene Zeitangaben
am Morgen	frühmorgens

c) Unterstreiche bei den großgeschriebenen Zeitangaben die Signalwörter. Lies dazu die Info. Achtung: Drei Zeitangaben haben keine Signalwörter.

2 Wie sieht dein Wochenende zurzeit aus? Schreibe die Sätze in dein Heft und ergänze die fehlenden Zeitangaben.
1. Ich bin ☆ immer sehr wortkarg.
2. Meistens treffe ich mich ☆ mit Freunden.
3. Zum Training gehe ich immer ☆.
4. Meine Hausaufgaben erledige ich meistens ☆.
5. In der Regel sehe ich ☆ fern.
6. ☆ ist es für mich am langweiligsten.
7. Am schönsten ist es für mich ☆, weil …

3 Beschreibe in einigen Sätzen, wie in der Zukunft dein Wochenende aussehen könnte. Verwende dabei möglichst viele Zeitangaben.

INFO

Die Schreibung von Zeitangaben
Zeitangaben werden großgeschrieben, wenn es sich dabei um Nomen handelt. Ihnen gehen oft folgende Signalwörter voraus:

1. **der, die, das, ein, eine:**
   der Abend, eines Morgens, der Montagmorgen

2. **am, vom, zum:**
   am Abend, zum Morgen, am Dienstagabend, vom Sonntagmittag

3. **vorgestern, gestern, heute, morgen, übermorgen:**
   heute Morgen, gestern Abend, morgen Mittag

Schreibweisen mit Mal/mal

einmal / von Mal zu Mal / jemals
keinmal / ein einziges Mal / diesmal
manchmal / dieses Mal / letztmals
manches Mal / erstmals / vielmals
sechsmal / zum x-ten Mal / einmalig
mehrmals / das erste Mal / wie viel Mal

1
a) Lege dir im Heft eine Tabelle wie unten an.
b) Trage die Beispiele oben in die entsprechenden Spalten ein.
c) Lies die Info. Unterstreiche bei einem großgeschriebenen *Mal* das Signalwort.

Zusammenschreibung	Getrenntschreibung
zweimal	viele Male

2 Schreibe die folgenden Sätze in richtiger Groß- und Kleinschreibung in dein Heft.

1. Ich bitte dich viel☆als um Entschuldigung.
2. Das letzte ☆al hat mir der Film besser gefallen.
3. Ein☆al ist kein☆al.
4. Dieses ☆al lass ich das noch gelten.
5. Du wirst in Englisch von ☆al zu ☆al besser:
6. Manches ☆al könnte ich aus der Haut fahren.
7. Es gibt immer ein erstes ☆al.
8. Das habe ich dir jetzt schon fünf☆al gesagt.

3 Bilde mit folgenden Verbindungen Sätze. Achte auf die Groß- und Kleinschreibung.

zum x-ten Mal, zweimal, das erste Mal, mehrmals, dieses Mal, diesmal, manches Mal, jemals, einmalig

Marina schafft es
Marina ist schon mehrere (1) zu spät zum Training gekommen. Dieses (2) war es schon eine Viertelstunde. Und wie jedes (3) versprach sie, dass es dies (4) das letzte (5) gewesen sei. Die Trainerin glaubte ihr natürlich nicht und hat sogar gewettet, dass sie es keine zwei (6) hintereinander schafft, pünktlich zu sein. Sie hat die Wette verloren: Marina ist seitdem wirklich kein einziges (7) mehr zu spät gekommen, schon fünf (8) hintereinander!

4 Getrennt oder zusammen? Vervollständige die Sätze.

INFO

Mal oder mal
1. Folgende Wörter mit *mal* werden immer klein und zusammengeschrieben:
diesmal, einmal, achtmal, keinmal, manchmal.
2. Wörter mit *s* am Wortende:
erstmals, vielmals, mehrmals, letztmals.
3. Verbindungen mit *Mal* werden immer groß geschrieben, wenn folgende Signalwörter vorangehen:
ein einziges Mal, das erste (zweite) Mal, dieses Mal, manches Mal, viele Male, von Mal zu Mal, zum x-ten Mal.

Doppelschreibungen

Wieso schreibst du imstande klein und zusammen? Du musst doch im Stande schreiben.

Echt?

Ich war nicht imstande alleine aufzustehen. Nur mithilfe meines Freundes gelang es mir, mich auf eine Bank zu setzen. Aufgrund der Tatsache, dass ich außerstande war weiterzulaufen, stand unser ganzes Vorhaben infrage. Bei diesem Gedanken war mir richtig schlecht zumute.

1
a) Wer hat Recht?
Schlagt im Wörterbuch nach.
b) Überprüft auch die anderen unterstrichenen Ausdrücke. Was stellt ihr fest?
c) Lest die Info.

2 Lege im Heft folgende Tabelle an und trage die beiden Schreibmöglichkeiten in die entsprechenden Spalten ein.

klein und zusammen	getrennt und das Nomen groß
imstande mithilfe ...	im Stande ...

anstelle
auf Grund
außerstande setzen
in Frage stellen
instand setzen
von Seiten
zugunsten
zugrunde gehen
zulasten
zu Leide tun

zu Mute sein
zunutze machen
zurande kommen
zu Rate ziehen
zuschulden kommen lassen
zu Stande kommen
zutage fördern
zu Wege bringen

3
a) Du findest rechts eine Sammlung von Ausdrücken mit Doppelschreibungen. Übertrage die vorliegende Schreibweise in die entsprechende Spalte deiner Tabelle. Ergänze anschließend die zweite Schreibmöglichkeit.
b) Bilde mit fünf Ausdrücken aus deiner Tabelle Sätze. Vielleicht gelingt dir eine kleine Geschichte. Entscheide dich für eine Schreibweise.

INFO

Doppelschreibungen
Bei bestimmten Ausdrücken mit Nomen sind Doppelschreibungen möglich.
Entweder werden diese Ausdrücke klein- und zusammengeschrieben oder sie werden getrennt geschrieben; das Nomen wird dann großgeschrieben:
mithilfe oder *mit Hilfe,*
zugunsten oder *zu Gunsten,*
infrage stellen oder *in Frage stellen.*

Nachdenken: Zusammenschreibung

Ausdrücke aus Nomen und Verb

Der Chiemgau – eine Region zum Erholen
Der Chiemgau ist ein idealer Ferienstandort: Hier können Sie im Sommer Rad fahren, Drachen fliegen und Kajak fahren. Im Winter erwartet Sie ein Schneeparadies, in dem Sie nach Herzenslust Ski laufen und Snowboard fahren können. Auf den präparierten Eisflächen können Sie Eisstock schießen oder Eishockey spielen.

1 a) Lest euch den Werbetext durch.
b) In dem Text befinden sich getrennt geschriebene Ausdrücke, die aus Nomen und Verb bestehen. Sucht sie heraus.
c) Übertragt die folgende Tabelle in euer Heft. Tragt die gefundenen Ausdrücke aus Nomen und Verben ein.

Nomen	Verb
Rad	☆

d) Welche weiteren Ausdrücke aus Nomen und Verb fallen euch zu *fahren* und *spielen* ein? Schreibt sie in eure Tabelle.

2 a) Welche Ausdrücke könnt ihr aus den folgenden beiden Wörterlisten bilden? Tragt auch sie in eure Sammlung ein.
b) Wendet diese Ausdrücke in Sätzen an.

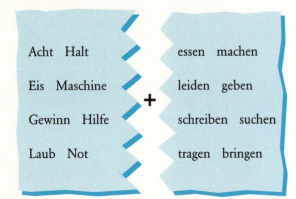

Acht Halt   essen   machen
Eis   Maschine + leiden   geben
Gewinn Hilfe   schreiben suchen
Laub Not   tragen   bringen

3 Vergleicht den folgenden Text mit dem Werbetext:

> Viele Gäste kommen zum Radfahren, zum Drachenfliegen, zum Kajakfahren oder zum Bergsteigen. Wem das Skifahren oder das Eislaufen mehr liegt, findet im Winter bei uns ideale Bedingungen.

a) Versucht eine Regel zu formulieren, wann Ausdrücke aus Nomen und Verb zusammengeschrieben werden.
b) Bildet Sätze, in denen die in eurer Tabelle gesammelten Ausdrücke zusammengeschrieben werden müssen.

INFO

Ausdrücke aus Nomen und Verb
Die meisten Ausdrücke, die aus einem Nomen und einem Verb bestehen, werden getrennt geschrieben: *Rad fahren, Maschine schreiben, Not leiden. Heute werde ich Rad fahren.*
Werden diese Ausdrücke aber als Nomen gebraucht, schreibt man sie zusammen. *Das Radfahren macht mir Spaß. Heute komme ich nicht mehr zum Radfahren.*

Achte auf die Signalwörter:
1. *der, die, das, ein, eine;*
2. *am, beim, im, vom, zum.*

Nachdenken: Zusammenschreibung

Ausdrücke aus Verb und Verb

> Sie sollten Bayern kennen lernen!
> Sie wollen spazieren gehen?
> Sie wollen sich verwöhnen lassen?
> Sie möchten in klaren Bergseen schwimmen gehen?
> Lassen Sie sich von der Bergwelt gefangen nehmen!
> Hier können Sie alle Sorgen fallen lassen.

1 a) Lest euch die oberen Sätze durch.
b) In den Sätzen befinden sich getrennt geschriebene Ausdrücke, die aus zwei Verben bestehen. Sucht sie heraus.
c) Übertragt die folgende Tabelle in euer Heft. Tragt die gefundenen Ausdrücke ein.

1. Verb	2. Verb
kennen	☆

d) Auch den Ausdruck *gefangen nehmen* könnt ihr in eure Tabelle eintragen, denn *gefangen* ist eine gebeugte Form des Verbs *fangen*.

2 Welche anderen Ausdrücke, die aus zwei Verben bestehen, kennt ihr? Schreibt sie in eure Tabelle.

3 Welche Ausdrücke lassen sich aus folgenden Verben bilden? Schreibt sie in eure Tabelle.

4 a) In den folgenden Sätzen werden Ausdrücke aus zwei Verben zusammen- und großgeschrieben. Versucht eine Regel zu formulieren.
Das Spazierengehen wird Ihnen in Bayern gefallen. Zum Kennenlernen der Umgebung sollten Sie sich viel Zeit nehmen.
b) Schreibt einige Sätze mit Ausdrücken aus zwei Verben auf, die groß- und zusammengeschrieben werden.

5 In den folgenden Sätzen musst du immer ein Verb ergänzen. Achte beim Aufschreiben darauf, dass du an einer Stelle den Ausdruck aus Verb und Verb groß- und zusammenschreiben musst.

Vergesslicher Einbrecher gefasst
In dem bayerischen Ferienort Bernried konnte die Polizei kurz nach einem Einbruch den Einbrecher schon gefangen ☆. Der junge Mann hatte nämlich am Tatort seine Jacke mit der Brieftasche hängen ☆. Er war so dreist – oder so dumm – die Jacke als verloren ☆ zu melden. Er hatte zu Protokoll gegeben, dass er die Jacke beim ☆ gehen auf einer Parkbank liegen ☆ habe. Da die Polizei noch nichts von dem Einbruch wusste, hatte sie den jungen Mann laufen ☆. Kurze Zeit später wurde der Mann festgenommen. Dieses Ereignis wird ihm wohl noch lange im Gedächtnis haften ☆.

INFO

Ausdrücke aus zwei Verben
Ausdrücke aus zwei Verben werden immer getrennt geschrieben:
kennen lernen, sitzen bleiben.
Werden diese Ausdrücke als Nomen gebraucht, werden sie groß- und zusammengeschrieben:
beim Kennenlernen, das Sitzenbleiben.

Nachdenken: Das oder dass?

Wann schreibt man **das**?

Das Schulfest, das letzte Woche stattgefunden hat, war ein voller Erfolg. Das Beste war der Auftritt unseres Klassenlehrers. Das Publikum, das aus dem Staunen nicht mehr herauskam, war von seinen Elvis-Parodien begeistert. Das kommt nicht alle Tage vor.

1 Am häufigsten tritt das Wörtchen *das* als Artikel vor Nomen auf: *das Tier, das Auto* ...
Schreibt den Text in euer Heft und unterstreicht die drei Beispiele für *das* als Artikel.

2 *Das* schreibt man auch, wenn es sich um ein Relativpronomen (siehe Seite 157) handelt
Als Relativpronomen bezieht sich *das* immer auf ein vorhergehendes Nomen. In diesem Fall lässt sich *das* durch *welches* ersetzen.
a) Nennt die beiden Beispiele im Text oben.
b) Auf welches Nomen bezieht sich das Relativpronomen jeweils?
c) Zeichnet in eurem aufgeschriebenen Text einen Pfeil vom Relativpronomen zum Nomen.
d) Führt in beiden Fällen die Ersatzprobe durch.

3 a) Ergänze die folgenden Sätze mithilfe der Angaben unten und schreibe sie auf.
b) Zeichne einen Pfeil vom Relativpronomen auf das Nomen, auf das es sich bezieht.
1. Unser Schulfest, (?), wurde ein voller Erfolg.
2. Am besten gefiel allen das Elvislied, (?).
3. Das Kostüm, (?), hatte er sich selbst angefertigt.
4. Nur das Haar unseres Lehrers, (?), ließ keine Ähnlichkeit mit Elvis erkennen.
5. Denn das Haarwuchsmittel, (?), hatte leider nichts genützt.

4 a) In den folgenden Sätzen ist *das* ein Demonstrativpronomen (siehe Seite 156). Du kannst es durch *dies* ersetzen. Probiere es einmal aus.
1. Das darf doch nicht wahr sein!
2. Morgen ist auch noch ein Tag, das ist jedenfalls meine Meinung.
3. Mir kommt das alles sehr komisch vor.
b) Auch im Ausgangstext kannst du das Wörtchen *das* durch *dies* ersetzen. An welcher Stelle?
c) Bilde selbst einfache Sätze, in denen das Wörtchen *das* durch *dies* ersetzt werden kann.

- das er schwarz gefärbt hatte
- das wir lange geplant hatten
- das er trug
- das unser Lehrer Herr Hasenfratz vortrug
- das Herr Hasenfratz in den letzten Wochen verwendet hatte

TIPP Ersatzprobe
Wenn du unsicher bist, ob du *das* oder *dass* schreiben musst, führe die Ersatzprobe durch:
Wenn du das Wörtchen durch *dies*, *dieses* oder *welches* ersetzen kannst, dann schreibst du *das*.

Nachdenken: Das oder dass?

Wann schreibt man dass?

Ich hoffe, dass wir nächstes Jahr wieder ein Schulfest haben. Dann kann unser Lehrer zeigen, dass er auch andere Stars imitieren kann.

1 Führt für das Wörtchen *dass* in den Satzbeispielen oben die Ersatzprobe mit *dies, dieses* oder *welches* durch. Was stellt ihr fest?

2 Das Wörtchen *dass* leitet einen Nebensatz ein, der meistens einen Gedanken fortsetzt. Vervollständige die folgenden Sätze durch Nebensätze mit *dass* und schreibe sie auf. Denke an das Komma vor dem *dass*.

1.	Der Lehrer glaubt,	**was?**
2.	Eigentlich wundere ich mich,	**worüber?**
3.	Ich freue mich,	**worauf?**
4.	Meine Eltern hoffen,	**worauf?**
5.	Ich habe ganz vergessen,	**was?**

3 Wie musst du in den folgenden Sätzen schreiben?

Wahr oder falsch?
1. Ist ☆ wahr, ☆ Elvis Presley auch heute noch als „König des Rock'n' Roll" bezeichnet wird?
2. Stimmt es, ☆ nach nahezu jedem Auftritt Fans auf die Bühne stürmten und ☆ sie sich die Kleider vom Leib rissen, weil Elvis auf die Wäsche ein Autogramm schreiben sollte?
3. Kannst du dir vorstellen, ☆ sich Elvis plötzlich mit einigen Freunden und 2 000 Teddybären freiwillig von der Öffentlichkeit zurückgezogen hat?
4. Ist davon auszugehen, ☆ sein ausschweifender Lebenswandel Elvis schließlich ruinierte?
5. Hältst du es für möglich, ☆ Elvis schließlich 150 kg wog?
6. Ist es richtig, ☆ Elvis 1977 auf der Bühne zusammenbrach und sein Leben, ☆ einst so erfolgreich verlaufen war, vier Monate später mit einem Schlaganfall beendet wurde?

(Falsch: Elvis wog schließlich 130 kg.)

4 Stellt selbst ca. 20 Sätze mit *das* und mit *dass* zusammen. Schreibt jeden Satz auf die Vorderseite eines DIN-A7-Kärtchens. Auf die Rückseite schreibt ihr die Lösung. Mit diesen Kärtchen könnt ihr in Partnerarbeit üben.

> das oder dass?
> Ich glaube, ☆ Elvis auch in fünfzig Jahren noch bekannt ist.

> Ich glaube, dass Elvis auch in fünfzig Jahren noch bekannt ist.

INFO

Wann steht *dass*?
Das Wörtchen *dass* ist eine Konjunktion, die einen Nebensatz einleitet:
Ich hoffe, dass du morgen kommst.

Die Konjunktion *dass* kann **nicht** durch *welches, dies* oder *dieses* ersetzt werden.

Häufig steht *dass* nach folgenden Verben:

sagen	hören
behaupten	sehen
mitteilen	merken
wissen	fühlen
schreiben	hoffen
finden	wünschen
sich freuen	glauben
sich wundern	befürchten

Merkwörter

Lang gesprochenes (i) als *i*

Bus- und Taxiunternehmen werden tierfreundlicher
Nun kann jedes Tier (ob Biber, Tiger oder Krokodil) transportiert werden. Alles nur eine Sache der Routine!

Widerspruch zwecklos!
In Zukunft soll auf den Verzehr von Margarine oder Pralinen eine Fettsteuer erhoben werden. Wer allerdings nachweislich viel Vitamine durch Mandarinen, Apfelsinen, Zitronen oder Rosinen aufnimmt, erhält einen Steuernachlass.

Beduine entdeckte in Wüste Goldmine
Durch seinen Reichtum kann er seine Schafe und Ziegen nun maschinell melken. Zudem hat der Millionär inzwischen in der Sahara eine Kantine eröffnet.

Kein guter Stil!
Ab Juli steigen die Preise an den Tankstellen erneut. Statt Benzin tanken Bürger deshalb Terpentin oder Olivenöl.

1 a) Sucht aus den Texten alle Wörter heraus, bei denen das lang gesprochene *i* nur „i" geschrieben wird.
b) Legt in eurem Heft die folgende Tabelle an und ordnet die „i-Wörter" richtig ein.

Wörter auf -in / -ine	andere i-Wörter
Margarine	Widerspruch

c) Ergänzt die Tabelle durch weitere Beispiele. Schlagt im Wörterbuch nach, wenn ihr unsicher seid.

2 In dem folgenden Gitter sind zehn Wörter mit lang gesprochenem *i* versteckt. Schreibt die Wörter auf.

K	U	S	K	M	O	F	S	M	M	A	R	I	N	E
V	V	L	O	K	O	M	O	T	I	V	E	G	O	K
B	I	B	E	L	F	L	I	I	M	Z	W	K	J	Z
H	O	B	S	M	A	S	C	H	I	N	E	K	U	O
N	L	L	K	J	B	W	G	M	K	I	N	O	N	M
R	I	L	U	J	R	Z	M	E	E	G	W	W	I	K
K	N	R	N	Z	I	R	U	I	N	E	O	G	E	W
E	E	K	O	Z	K	O	K	M	J	G	S	M	J	O
A	Z	C	B	L	W	I	D	A	C	F	B	X	Q	E

3 Der Wortbaustein *wider* bedeutet immer „gegen" oder „entgegen".
Suche in deinem Wörterbuch zehn Wörter mit *Wider-/wider-* heraus, die du oft falsch schreibst. Schreibe sie auf.

4 Manchmal kommt es auf die Bedeutung an, wie ein Wort geschrieben wird. Schreibe zu jedem Wort einen kleinen Satz, aus dem die Bedeutung deutlich wird.

| Stil | Lid | Mine |

INFO

Merkwörter mit *i*
Einige Wörter wurden aus anderen Sprachen übernommen und werden daher anders geschrieben als sie gesprochen werden: *Fabrik, Maschine*.
Die Schreibweise dieser Wörter musst du dir merken. Manchmal entscheidet die Bedeutung darüber, wie ein Wort geschrieben wird: *widersprechen* (gegen etwas sprechen), *wiederholen* (etwas erneut machen).

Merkwörter

Wörter mit *h* nach langem Vokal

fröhlich	kehren	Bahnhof	Sahne	wohnen
fahren	befehlen	fehlen	ihm, ihn, ihr	wahrscheinlich
lohnen	Zahl	zahlen	stehlen	Stuhl
Weihnachten	mehr	Vieh	empfehlen	jährlich
prahlen	Wahrheit	Wahl	Zähne	fahren
Lehrerin	allmählich	Gefühl	Fehler	nehmen
wahr	Ohr	nehmen	sehr	zehn
gefährlich	Fahne	Zahnweh	Verkehr	Lohn

1 a) Lege in deinem Heft die folgende Tabelle an.

Nomen	Verben	andere Wörter
B<u>ah</u>nhof	f<u>ah</u>ren	<u>ih</u>m

b) Trage die Wörter aus der Fahne oben ein.
c) Unterstreiche den langgesprochenen Vokal und das nachfolgende *h*.

2 Kennst du weitere Wörter, die du in deine Tabelle eintragen kannst?

3 Wie viele dieser Wörter kannst du in einem einzigen sinnvollen Satz unterbringen? Der Klassensieger darf seinen Satz der Klasse diktieren.

4 Bilde zu den folgenden Wörtern Wortfamilien: *fahren, wahr, fröhlich, wohnen*.
Benütze dabei auch dein Wörterbuch.

5 Wähle fünf Verben der Wörterliste aus, die sich mit folgenden Wortbausteinen zusammensetzen lassen, und schreibe sie auf: *abfahren, befahren …*

ab	an	ver	fort	
be	auf	vor	unter	**+** Verb
über	aus	durch	um	

6 a) Übertrage das Stufenrätsel in dein Heft und fülle es mit Wörtern aus der Liste aus.
b) Erstelle selbst ein Stufenrätsel.

INFO

Merkwörter mit h
Nach lang gesprochenem Vokal schreibt man meistens, wie man spricht:
der Löwe, der Schal, die Schule.
Bei einer Reihe von Wörtern wird der lang gesprochene Vokal jedoch durch ein *h* gekennzeichnet: *der Feh-ler, wäh-len.*
Beim Trennen steht das *h* beim Vokal.
Wenn du unsicher bist, überlege, ob du ein anderes Wort aus der gleichen Wortfamilie kennst: *der Fehler, fehlerhaft, fehlen.*

7.3.3 Wörter mit rechtschriftlichen Besonderheiten

Fachbegriffe und Fremdwörter üben

In dieser Einheit findet ihr Aufgaben in Form von Stationen vor. Diese Stationen und die dazugehörigen Lösungskarten gibt es als Kopiervorlagen im Lehrer- und Materialband (Copy 28). Ihr könnt sie an verschiedenen Stellen in der Klasse auslegen und danach in beliebiger Reihenfolge allein oder zu zweit bearbeiten. Das Wortmaterial für die Stationen liefert euch der folgende Text.

ACHTUNG TEENAGER!

Viele Jugendliche interessieren sich kaum für die Tageszeitung, die ihre Eltern abonniert haben. Vielleicht ändert sich das in nächster Zeit, denn manche Verlage geben wöchentlich Magazine heraus, in denen sich Redakteure speziell mit Themen befassen, die für Teenager aktuell sind und sie faszinieren. Damit will man die junge Generation motivieren, sich neben dem täglichen Konsum von Fernsehfilmen auch einmal mit Presseerzeugnissen auseinander zu setzen.

Leider hat ja die Leselust durch das vielfältige Medienangebot erheblich gelitten. Viele Pädagogen sehen darin eine Ursache für die mangelnde Konzentration und die orthographischen Unsicherheiten bei vielen Schülerinnen und Schülern.

Dass die neuen Jugendzeitschriften der Tageszeitungen kostenlos sind, ist ein bestechendes Argument dafür, dieses innovative Verlagsangebot zu nutzen.

Station 1 — Wörter in Alltagstexten auffinden

Schreibe alle Fremdwörter und Fachbegriffe, die Nomen sind, aus dem Text heraus.
Verwende keinen Begriff doppelt.

Station 2 — Wörter in verschiedenen Formen aufschreiben

Verwende folgende Fremdwörter und Fachbegriffe in sinnvollen Sätzen.
Schlage gegebenenfalls die Bedeutung im Wörterbuch nach.

Argument – Konzentration – interessieren – Themen – motivieren – Redakteur

Station 3 — Mit Wörtern spielen

Welche Fremdwörter und Fachbegriffe aus dem Text kannst du mit folgenden Silben bilden? Schreibe sie auf.

ak – da – dak – ell – ell – ger – gen – go – gra – na – men – or – Pä – phisch – Re – spe – Tee – teur – The – tho – tu – zi

Station 4 — Wörter selbstständig nachschlagen

Schlage im Wörterbuch nach und ergänze:

Nomen	Verb	Adjektiv
Argument	☆	☆
☆	interessieren	☆
☆	☆	thematisch
Konzentration	☆	☆
☆	aktualisieren	☆
Spezialität	☆	☆

Merkwörter

Station 5 — Wortfamilien zusammenstellen

Bilde jeweils eine Wortfamilie mit mindestens fünf Beispielen zu den folgenden Wörtern. Das Wörterbuch hilft dir!

Medien   Konzentration   Konsum

Station 6 — Wörter und Wortbausteine zusammensetzen

Bei Fremdwörtern findest du häufig folgende Wortbausteine:
Kon-/kon-, Inter-/inter-, Re-/re-;
-ieren, -eur, -ell, -ion, -ment
Trage die Wörter aus dem Text in die richtige Spalte ein und markiere den Wortbaustein.

Großschreibung	Kleinschreibung
☆ ☆ ☆	☆ ☆ ☆

Station 7 — Wörter und Texte diktieren

Verschiebe die Lücken so, dass aus der Buchstabenfolge sinnvolle Fremdwörter und Fachbegriffe entstehen. Schreibe sie auf.

Tee nagerin nova tivspe ziellmo tivier enabon nierenorth ogra phisch

Station 8 — Selbst Übungen für die Klasse entwickeln

Bearbeitet diese Station zu zweit.

1. Denkt euch eine Aufgabe für die Station 9 aus.
2. Schreibt die Aufgabe auf einen Zettel.
3. Legt das Blatt zur Station 9.
4. Die Lösung schreibt ihr auf eine Karte und legt sie zur Kontrollstation.

Station 9 — Selbst erdachte Aufgaben lösen

Löse eine der Aufgaben, die sich deine Mitschülerinnen oder Mitschüler ausgedacht haben.

Station 10 — Wörter und Texte diktieren

Bearbeitet diese Station in Partnerarbeit.

Wähle drei Sätze des Textes aus, die du deinem Partner oder deiner Partnerin diktierst. Kontrolliere anschließend die aufgeschriebenen Sätze. Lass dir nun drei Sätze diktieren.

Station 11 — Wörter gliedern/sprechen/hören

Schlage folgende Fremdwörter und Fachbegriffe im Wörterbuch nach. Schreibe sie auf ein Blatt und übertrage die Trennungsstriche und die Zeichen für richtige Betonung. Lies anschließend die Wörter deiner Nachbarin/deinem Nachbarn in richtiger Aussprache vor.

Konzentration   Generation   faszinieren
innovativ   aktuell   Magazin

Station 12 — Rätsel entschlüsseln und Reime finden

Welche Fremdwörter gehören in die Kästchen?
1. Beweisgrund
2. Zeitschriften
3. Erzieher
4. Aufmerksamkeit
5. Jugendlicher
6. Verbrauch

Lösungswort: zusammenfassende Bezeichnung für Film, Funk, Fernsehen, Presse.

7.3.3 Fachbegriffe und Fremdwörter gezielt und langfristig üben

Zeichen setzen

Kommasetzung in Satzreihen

Alles über Elefanten
1. Ein Elefant kann vier Meter groß werden. Sein Gewicht beträgt dann bis zu 4 000 kg.
2. Den Rüssel benützt der Elefant nicht nur zum Riechen. Er gebraucht ihn auch zum Trinken.
3. Mit dem Rüssel kann der Elefant kleinste Strohhälmchen auflesen. Er vermag damit auch große Baumstämme zu tragen.
4. Elefanten sind ständig auf der Wanderschaft. Sie schlafen nur vier Stunden am Tag.
5. Eine Elefantenherde ist eine große Familie. Alle Tiere sind miteinander verwandt.
6. Den Elefantenbabys geht es besonders gut. Sie werden von den Elefantenmüttern liebevoll umsorgt.

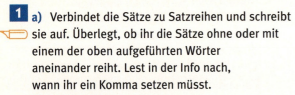

und – aber – deshalb – daher – sondern – trotzdem – denn – dennoch

1 a) Verbindet die Sätze zu Satzreihen und schreibt sie auf. Überlegt, ob ihr die Sätze ohne oder mit einem der oben aufgeführten Wörter aneinander reiht. Lest in der Info nach, wann ihr ein Komma setzen müsst.
b) Vergleicht eure Lösungen.
c) Tauscht eure Hefte aus und überprüft, ob die Kommas richtig gesetzt wurden.

2 a) Schreibe die folgenden Sätze ab.
b) Unterstreiche den ersten Hauptsatz rot und den zweiten Hauptsatz blau. Setze an der richtigen Stelle das Komma, sofern es notwendig ist.
c) Verfahre in gleicher Weise mit den anderen Sätzen.

1. Die meisten Tiere suchen ständig Nahrung denn nur so können sie überleben.
2. Nur wenige jagen einzeln sie müssen dann ihre Beute auch nicht teilen.
3. Andere Tiere haben allein keine Chance daher jagen sie gemeinsam.
4. Bei den südafrikanischen Erdmännchen sucht ein Teil der Gruppe nach Nahrung und die anderen Artgenossen passen als Wächter auf.
5. Viele Tiere beanspruchen ein bestimmtes Gebiet für sich daher kennzeichnen sie diese Region durch Laute oder Duftmarken.
6. Auch Hunde orientieren sich an Duftmarken deshalb schnüffeln sie an fast jedem Baum.

INFO

Die Kommasetzung in Satzreihen
Hauptsätze können zu einer Satzreihe verbunden werden. Zwischen zwei Hauptsätzen steht ein Komma: *Heute bleibe ich zu Hause, ich bin krank.* Dies gilt auch, wenn die Hauptsätze durch „kleine Wörter" wie *aber, daher, denn, dennoch, deshalb, sondern, trotzdem* verbunden werden: *Heute bleibe ich zu Hause, denn ich bin krank.*
Vor *und/oder* muss kein Komma stehen: *Ich bin krank und ich bleibe heute zu Hause.*

Kommasetzung in Satzgefügen

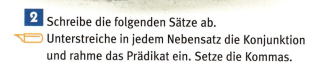

Hast du das gewusst?
1. Schiffe können im warmen Wasser schneller fahren als im kalten weil im warmen Wasser die Reibung geringer ist.
2. Wenn die chinesischen Kaiser badeten benutzten sie Riesenmuscheln.
3. Obwohl der Brontosaurus schwerer als acht Elefanten war hatte er nur ein Gehirn von der Größe eines Apfels.
4. Die Cheopspyramide ist so groß dass sie die Kathedralen von Florenz, London, Mailand und Rom in sich aufnehmen könnte.
5. Da die Zahl 10 000 in China die Zahl des Himmelsherrn ist hat der Kaiserpalast in Peking nur 9 999 Zimmer.
6. Die Bulgarier schütteln den Kopf wenn sie „Ja" meinen.

1 a) In welchen Satzgefügen ist der Nebensatz vorangestellt? Nennt die beiden Prädikate, zwischen denen das Komma stehen muss.
b) In welchen Satzgefügen ist der Nebensatz nachgestellt?
c) Schreibe die Sätze ab und setze die fehlenden Kommas ein.

2 Schreibe die folgenden Sätze ab.
Unterstreiche in jedem Nebensatz die Konjunktion und rahme das Prädikat ein. Setze die Kommas.

Unfassbar!
1. Als ich gestern die Zeitung aufschlug las ich etwas Unglaubliches.
2. Ein russischer Zirkuselefant soll so intelligent sein dass er sogar sprechen kann.
3. Vermutlich ist das Tier so sprachbegabt weil es seit frühester Jugend bei Menschen lebte.
4. Sicherlich wäre seine Entwicklung anders verlaufen wenn er sich ausschließlich unter Tieren aufgehalten hätte.
5. Als das Tier wieder einmal aufgetreten war soll es plötzlich angefangen haben russisch zu sprechen.
6. Obwohl der begabte Dickhäuter zwanzig Sätze murmeln kann versteht ihn doch nur der Dompteur.

INFO

Die Kommasetzung im Satzgefüge
Satzgefüge bestehen aus einem Hauptsatz und einem Nebensatz (siehe Seite 174). Hauptsatz und Nebensatz werden durch Komma getrennt.
Ich glaube nicht, dass ein Elefant sprechen kann.

So erkennst du einen Nebensatz:
1. Ein Nebensatz beginnt meistens mit einer Konjunktion *(als, da, dass, obwohl, weil, nachdem ...)*.
2. Im Nebensatz steht das Prädikat immer am Ende.
3. Der Nebensatz ergibt allein keinen Sinn.

Achte auf die Kommastellen!
1. **Vorangestellter Nebensatz:**
   Dass ein Elefant sprechen kann, glaube ich nicht.
2. **Nachgestellter Nebensatz:**
   Ich glaube nicht, *dass ein Elefant sprechen kann.*
3. **Eingeschobener Nebensatz:**
   Die Behauptung, *dass ein Elefant sprechen kann*, ist falsch.

Zeichen setzen

Petra wartet
1. Ich muss mich mit den Hausaufgaben beeilen.   weil
   Ich will heute mit Petra noch ins Freizeitheim gehen.
2. Gestern hat mich Petra angerufen.   obwohl
   Wir hatten uns eigentlich etwas gezankt.
3. Sie hat mich informiert.   dass
   Heute findet im Freizeitheim eine Disko statt.
4. Ich knoble an einer Rechenaufgabe.   während
   Meine Gedanken sind ganz woanders.
5. Ich will den Bus um 17.15 Uhr erreichen.   wenn
   Dann muss ich jetzt Schluss machen.
6. Ich bin noch nicht ganz fertig.   da
   Ich muss den Rest der Hausaufgaben heute Abend machen.

Polizei verhaftet Känguru
HAMBURG Die Polizei musste zu einem besonderen Einsatz ausrücken nachdem von einem Autofahrer ein Känguru auf der Straße gesehen worden war. Die Polizeibeamten des Einsatzwagens fanden bald das Tier das sich hinter einer Hecke versteckt hatte. Die Beamten die noch Verstärkung angefordert hatten konnten das Känguru wieder einfangen. Der Polizeisprecher betonte dass das Tier keinen Widerstand geleistet habe. Das Känguru dessen Halter zunächst nicht zu ermitteln war wurde in den Zoo gebracht. Am nächsten Morgen konnte der Besitzer der inzwischen eine Vermisstenanzeige aufgegeben hatte das Känguru wieder in sein Freigehege zurückbringen. Der Ausbrecher soll sofort wieder zu der Stelle des Zauns gesprungen sein an der ihm am Tag zuvor die Flucht geglückt war.

3 a) Formuliert aus je zwei Sätzen ein Satzgefüge. Verwendet die angegebenen Konjunktionen. Schreibt die Satzgefüge in euer Heft.
b) Vergleicht eure Sätze. Wo steht das Komma, wenn der Nebensatz vorangestellt wird? Wo steht das Komma, wenn der Nebensatz nachgestellt wird?
c) Formuliert ein Satzgefüge so um, dass der Nebensatz in den Hauptsatz eingeschoben ist. Beim dritten Satz ist das nicht möglich.

4 a) Schreibe den Text ab.
b) Bei fünf Sätzen handelt es sich um Satzgefüge mit einem Relativsatz. Lies hierzu die Info.
c) Unterstreiche das Relativpronomen und umrahme das Prädikat.
d) Setze die Kommas.

5 Entwickelt selbst Satzgefüge. Schreibt in Gruppen die Sätze ohne Komma auf die Vorderseite von DIN-A7-Kärtchen. Auf die Rückseite schreibt ihr den Satz mit richtiger Kommasetzung. Mit diesen Karten könnt ihr in Partnerarbeit üben.

INFO

Kommasetzung bei Relativsätzen
Nebensätze können auch durch Relativpronomen *(der, die, das, welcher, welche, welches)* eingeleitet werden.
Man nennt diese Nebensätze **Relativsätze** (siehe Seite 177). Hauptsatz und Relativsatz werden durch Komma abgetrennt:
Die Polizisten suchten ein Tier, das ausgebrochen war.
Sie fanden das Tier, das ausgebrochen war, in einer Hecke.

Zeichensetzung bei der wörtlichen Rede

Die Schnecke und der Schnellzug

Eine Schnecke, die an einem Bahndamm wohnte, ärgerte sich alle Tage über einen Schnellzug, der vorbeisauste und sie durch sein lautes Benehmen in ihrem behaglichen Geschäft störte.
Das will ich ihm austreiben! sagte die Schnecke zu sich selbst. Sie stellte sich zwischen den Gleisen auf und streckte drohend ihre Fühler aus, als sie den Zug in der Ferne auftauchen sah.
Zu allem entschlossen sagte sie Niederstoßen werd' ich ihn!
Der Zug kam heran und brauste über die Feindin hinweg. Die Schnecke drehte sich um und sah dem Davoneilenden nach. Er hält nicht stand, sagte sie verächtlich, er reißt aus, er ist ein Feigling.
Nach Paul Keller

> **INFO**
>
> **Zeichensetzung bei der wörtlichen Rede**
>
> **1. Vorangestellter Begleitsatz**
> *Die Schnecke tobte: „Mir reicht es!"*
> _____: „_____!"
>   Begleitsatz   wörtliche Rede
> Beachte den Doppelpunkt.
>
> **2. Nachgestellter Begleitsatz**
> *„Ich will mich nicht ärgern", sagte sie.*
> *„Soll ich mich ärgern?", fragte sie sich.*
> „_____?", _____.
> wörtliche Rede   Begleitsatz
> Vor dem Begleitsatz steht immer ein Komma. Die wörtliche Rede endet mit einem Fragezeichen oder einem Ausrufezeichen, nicht aber mit einem Punkt.
>
> **3. Eingeschobener Begleitsatz**
> *„Ich werde", keuchte die Schnecke,*
> „_____", _____,
> wörtl. Rede   Begleitsatz
> *„ihn schon noch erwischen."*
> „_____."
>   wörtliche Rede
> Vor und nach dem Begleitsatz steht ein Komma. Das Satzschlusszeichen steht immer **vor** den letzten Anführungsstrichen.

1 In dieser Fabel wurden die Satzzeichen der wörtlichen Rede nicht berücksichtigt.
  a) An welchen Stellen im Text tritt wörtliche Rede auf?
  b) Schreibt die drei wörtliche Reden mit ihren Begleitsätzen in euer Heft. Unterstreicht den Begleitsatz und unterstrichelt die wörtliche Rede.
  c) Untersucht, ob der Begleitsatz der wörtlichen Rede vorausgeht, ob er ihr nachfolgt oder in sie eingeschoben ist.
  d) Lest die Info. Welche Satzzeichen fehlen? Seht euch dazu die Beispiele genau an.
  e) Setzt die fehlenden Satzzeichen ein.

2 a) Schreibt die nebenstehenden Witze in euer Heft. Ergänzt die fehlenden Satzzeichen.
  b) Sucht selbst Witze und diktiert sie euren Nachbarn, ohne die Satzzeichen anzugeben.

1. Ist es wirklich wahr, dass sich der Wal von Sardinen ernährt fragt Fritz den Lehrer. Natürlich, mein Junge antwortet der. Da meint Fritz lachend Und wie kriegt er die Büchsen auf

2. Was haben Sie da unter meinen Aufsatz geschrieben fragt Anton den Lehrer. Deutlicher schreiben gibt dieser zur Antwort.

Wörter trennen

Aufpassen am Zeilenende

cke / Com / fe /
fen / gel / Gi / I /
Karp / küs / Mü /
nis / raf / pu /
sen / ter / tung /
Zei / Zeug

1 a) Setzt aus den Silben acht Wörter zusammen. Richtig zusammengesetzt ergeben sie Wörter, die in den Bildern wiedergegeben sind.
b) Schreibt die gefundenen Lösungswörter mit den Trennungsstrichen auf und ordnet sie den Trennungsregeln aus der Info zu:
U- fer = 2.

2 Schreibe die folgenden Wörter mit Trennungsstrichen auf.

Asphalt	drinnen	Küsschen
Uroma	Schimmel	erarbeiten
darum	Flocken	Umleitung
Sanduhr	Schreiner	bitten
Waffe	Garten	Sache
Seestern	Flecken	Straße
Ufer	Zimmermann	Päckchen
Elefant	Opa	Uhu
locken	Paket	Maurer
heraus	Flüsse	Kasten

3 Suche zu jeder Regel in der Info fünf Wörter und schreibe sie mit Trennungsstrichen auf.

4 Schlage die Fremdwörter im Wörterbuch nach. Schreibe sie mit Silbentrennungsstrichen auf.

aggressiv, Äquadukt, diskutieren, Explosion, interessieren, Multiplikation, problematisch, Produkt, Professionalität, Provokation, Rhythmus, Sympathie, Tabulator

5 Ein Computer kann sehr viel. Beim Trennen von Wörtern aber hat er manchmal Schwierigkeiten. Die Wörter unten sind so getrennt, dass es beim Lesen zu Missverständnissen kommt. Mache es besser!

1. Welten- de
2. Stiefel- tern
3. Spiegelei- er
4. Torf- laute
5. Federe- tui
6. Halm- en
7. Zwergel- stern
8. Schnelles- sen
9. Schülerin- terview
10. Fange- meinde

INFO

Regeln der Wortrennung

1. Zusammengesetzte Wörter werden nach Wortbausteinen getrennt:
   Pro- gramm, voll- auf, ver- daut, Laub- frosch.
2. Einfache Wörter werden nach Sprechsilben getrennt. Enthält das Wort einen Konsonanten, steht er immer in der nachfolgenden Silbe.
   Wa- gen, A- bend, sau- er, Eu- le.
3. Bei mehreren Konsonanten kommt der letzte zur zweiten Silbe:
   Kas- perl, mamp- fen, Pfos- ten knusp- rig.
4. Achtung: ch, ck, sch, ph und th gelten als ein Konsonant: *Dra- che, Dru- cker, wa- schen, Stro- phe, Ma- the- ma- tik.*
5. Trenne keine einsilbigen Wörter:
   Schwamm, Stall, warm, kann.

Rechtschreibprüfung am Computer

Aufpassen bei der Rechtschreibprüfung

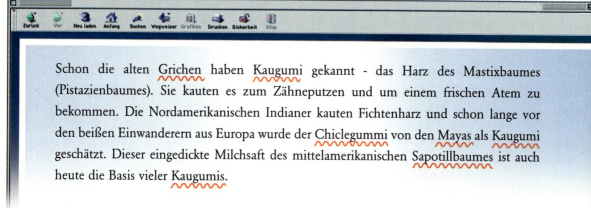

1 a) Warum sind in dem Text einige Wörter von der Rechtschreibprüfung markiert worden?
b) Erklärt, warum nicht alle unterstrichenen Wörter Fehler sind. Lest dazu auch die Info.
c) Wie überprüft ihr Fachbegriffe, die die Rechtschreibprüfung nicht kennt und daher auch keine Änderungsvorschläge anbietet?

2 a) Bei welchem Fehlerwort im Text oben lohnt es sich, bei der Rechtschreibkorrektur das Feld *Autokorrektur* anzuklicken? Lest dazu die Info.
b) Überlegt, an welchen Stellen im Text jeweils die Wahl *Hinzufügen, Ignorieren* sinnvoll ist.

3 Drei Fehler hat die Rechtschreibprüfung nicht erkannt. Lest den Tipp und sucht die Fehler.

4 Gebt den Text „Kaugummi" in den Computer ein und überarbeitet ihn.

5 Überprüft, ob folgende Wörter der Rechtschreibprüfung eures Computers bekannt sind. Bei welchen Wörtern ist es sinnvoll, sie in das Wörterbuch der Rechtschreibprüfung hinzuzufügen?

> Chat, Handy, Mail, Browser, SMS, Smiley, Skateboard, Inlineskates, Webcam, Kickboard

INFO

Rechtschreibprüfung mit dem Computer
Begriffe, die dem Wörterbuch eines Computerprogrammes unbekannt sind, werden mit einer roten Wellenlinie unterstrichen. Ein Klick auf das gekennzeichnete Wort mit der rechten Maustaste zeigt dir ein Menü mit folgenden Wahlmöglichkeiten:
- *Hinzufügen:* Dem Wörterbuch der Rechtschreibprüfung wird ein unbekanntes Wort zugefügt.
- *Ignorieren:* Das Wort bleibt unverändert.
- *Autokorrektur:* Der Fehler und die Verbesserung werden gespeichert. Wird der gleiche Fehler nochmals gemacht, korrigiert ihn das Programm automatisch.

TIPP

Den Text selbst überprüfen
Der Computer erkennt folgende Fehler nicht:
1. Verwechslungen:
   Er *viel* (richtig: *fiel*) vom Baum.
2. Sonderfälle der Großschreibung:
   das *lachen* (richtig: *das Lachen*)
3. Grammatische Fehler:
   vor einen Jahr (richtig: *vor einem Jahr*)
4. Satzzeichenfehler
5. Fehlende Wörter

Daher: Immer den Text selbst kontrollieren.

Mein Wortschatz

Sammle deine **Fehlerwörter**

Lärm macht krank!
Die Menschen ins Besonderen in der Großstadt sind Lärm gewohnt. Sie nehmen das hupen der Autos, den Lärm von Flugzeugen oder von laufenden Maschienen kaum mehr bewusst war. Trotzdem belasten uns diese Gereusche. Lärm macht nervös und auf die Dauer sogar krank. Die Konzentration läst nach, der Schlaf ist weniger tief und in extremen Fellen kann sogar Schwerhörigkeit eintreten. Gegen viele Lärmquellen, die uns stöhren, können wir uns nicht wehren. Aber gerade junge Menschen setzen sich oft freiwillig zusätzlichem Krach aus. Nicht wenige strapatzieren ihr Gehör bis zur Schmerzgrenze, wenn sie sich auf Rockkonzerten in der Nähe der Lautsprecher auf halten.

---

insbesondere ✓✓

das Hupen

○ die Maschinen ✓
vgl. Apfelsinen

wahr
→ die Wahrheit
○ → wahrlich

~~das Geräusch ✓✓✓~~
~~→ rauschen~~

1
a) Könnt ihr die Fehler korrigieren?
b) Sprecht darüber, bei welchen Fehlern welche Rechtschreibstrategien zutreffen (siehe Seite 192).

2
a) Eigene Fehlerwörter solltest du zum Üben sammeln. Lies dazu in der Info die ersten beiden Hinweise und sieh dir das Beispiel oben an.
b) Wir würdest du die übrigen Fehlerwörter aufschreiben?
c) Lege selbst einen Ordner für Fehlerwörter an.
d) Übe mit den Fehlerwörtern. Lies den Tipp.

TIPP

Mit Fehlerwörtern üben
Es ist wichtig, dass du immer wieder selbstständig mit den Wörtern aus deinem Ordner übst. Anregungen dazu findest du auf Seite 228.
Nach jedem Üben machst du am Ende der Zeile einen Haken. Haben Wörter drei Haken, dann lass sie dir von deinem Partner diktieren. Schreibst du diese Wörter jetzt ohne Fehler, kannst du sie in deinem Ordner durchstreichen.

INFO

Ordner „Mein Wortschatz"
1. Lege dir einen DIN-A5-Ringordner an. Du kannst ihn beliebig erweitern und auch in die nächsten Schuljahre mitnehmen.
2. Im ersten Teil „Fehlerwörter" sammelst du Wörter, die du falsch geschrieben hast. Kennzeichne bei diesen Wörtern die rechtschreibschwierige Stelle und ergänze Rechtschreibhilfen (z.B. kurzen Vokal mit einem Punkt, langen Vokal mit einem Strich kennzeichnen, Beispiele aus der Wortfamilie ergänzen, Pfeil vom Artikel zum Anfangsbuchstaben eines Nomens usw.)
3. Der zweite Teil nennt sich „Wörter nach Themen". In ihm schreibst du zu einem Thema Fach- und Fremdwörter und deren Bedeutung auf. Unterstreiche auch hier die rechtschreibschwierigen Stellen im Wort. Lies dazu die nächste Seite.

Mein Wortschatz

Wörter nach Themen aufschreiben

Die Verbrennung
Die Verbrennung ist eine chemische Reaktion, bei der Wärme oder Licht oder gar beides entsteht. Sie wird Oxidation genannt.
Die neu entstandenen Stoffe, die Verbrennungsprodukte, heißen Reaktionsprodukte, weil sie aus einer chemischen Reaktion entstanden sind. Der Oxidationsprozess kann unterschiedlich verlaufen: Entstehen Licht und Wärme, handelt es sich um eine normale Oxidation. Ist die Verbrennung schnell und heftig, spricht man von einer Explosion.
Langsame Verbrennungen unterhalb der Entzündungstemperatur heißen „stille Oxidationen". Experimente mit Stahlwolle und Wasser illustrieren diesen Vorgang, aus dem z. B. Rost resultiert. Menschen, Tiere und Pflanzen nützen die stille Oxidation. Sie verwenden Kohlenstoff als Energie- und Wärmequelle, und verbrennen ihn zusammen mit dem Sauerstoff der Luft zu Kohlendioxid.

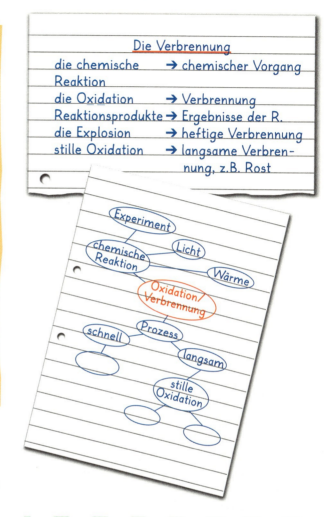

1 Wo begegnen euch solche Texte?

2 Lege in deinem Ordner im Teil „Wörter nach Themen" eine Seite zu dem Thema „Verbrennung" an. Lies den Tipp unten links.

TIPP
So legst du Wörter nach Themen an:
1. Schreibe alle Wörter untereinander, die du nicht kennst.
2. Kläre die Bedeutung aus dem Zusammenhang oder durch Nachschlagen in einem Wörterbuch.
3. Unterstreiche rechtschreibschwierige Stellen: *Oxidation*.
4. Stelle auf einer weiteren Seite mithilfe eines **Wortnetzes** dar, in welchem Zusammenhang diese Wörter stehen. Lies den Tipp rechts.

TIPP
Webe ein Wortnetz:
1. Schreibe das zentrale Wort in einen Kreis in die Mitte des Blattes.
2. Ordne außen herum weitere Begriffe aus dem Text an. Achte darauf, dass zusammengehörige Begriffe auch räumlich beieinander stehen.
3. Verbinde zusammengehörige Begriffe durch Striche.
4. Erweitere das Wortnetz durch Linien nach außen.
5. Du kannst die Kreise auch durch Farben voneinander abheben.

Aufgaben für Rechtschreibübungen

Selbstständig mit Fehlerwörtern üben

Fehlerwörter solltest du in einer Kartei oder in einem Ordner („Mein Wortschatz") sammeln und mit ihnen regelmäßig üben. Dazu findest du hier Vorschläge.

Wenn du alleine üben willst

1. Suche zehn Nomen aus deiner Sammlung und schreibe sie mit Trennungsstrichen auf: *Kar- tof- fel*.

2. Schreibe fünf Verben in der 2. Person in allen Vergangenheitsformen auf: *laufen – du liefst – du bist gelaufen – du warst gelaufen*.

3. Bilde zu fünf Adjektiven Nomen der gleichen Wortfamilie: *eigensinnig – der Eigensinn*.

4. Suche zehn Wörter mit Konsonantenverdopplung (*ff, ll, mm, ss, …*) und schreibe sie nach Wortarten getrennt auf (Nomen, Verben, Adjektive). Kennzeichne den kurz gesprochenen Vokal mit einem Punkt: *Schlüsselfrage*.

5. Suche zehn Wörter mit Dehnungskennzeichen (*ie, h, ß*) und schreibe sie heraus. Unterstreiche den lang gesprochenen Vokal: *Zahnweh*.

Wenn du mit anderen zusammen üben willst

1. Schreibe für deinen Partner zehn Wörter heraus. Er schreibt sie als Lückenwörter, als Purzelwörter oder als Strichwörter auf. Du findest die Wörter heraus und schreibst sie auf.

Lückenwort	Purzelwort	Strichwort
↓	↓	↓
Fu ba sp l	(f S t o w r e a)	∣∣∣∣∣∣
Fußballspiel	Software	Prozess

2. Du sammelst mit anderen 16 Übungswörter. Diese schreibt jeder von euch in unterschiedlicher Abfolge auf einen Spielplan mit 4 mal 4 Feldern. Anschließend spielt ihr **Bingo**.

3. Lass dir aus deiner Wörtersammlung von einem Partner zehn Wörter in einem **Wörtersuchspiel** verstecken. Dazu legt ihr auf Karopapier ein Feld von 10 mal 10 Feldern an, in das die Wörter senkrecht und waagrecht hineingeschrieben werden. Die freien Felder werden mit beliebigen Buchstaben gefüllt.

4. Das Spiel **Schiffe versenken** kennt ihr bestimmt. Man spielt es zu zweit. Anstatt Schiffe müsst ihr zehn Wörter aus eurer Fehlerwortsammlung herausfinden.

5. Sammelt „beliebte" Fehlerwörter. Schreibt auf die Vorderseite von kleinen A8-Kärtchen das Fehlerwort und macht an der rechtschreibschwierigen Stelle ein Fragezeichen. Auf der Rückseite steht die Lösung. Mit diesen Kärtchen könnt ihr das **Spiel des Wissens** spielen: Wer die meisten Wörter richtig aufschreibt, gewinnt.

Er ?iel ins Wasser.   Er fiel ins Wasser.

Diktate einmal anders

Für alle folgenden Vorschläge gilt:
- Mit diesen Diktaten übt ihr richtig zu schreiben. Sie werden daher auch nicht benotet.
- Die Diktate sollen kurz sein (höchstens 80 Wörter). Beispiele für kurze Diktattexte zum Üben findet ihr auch auf Seite 230.
- Führt die Diktate im Rahmen von Übungsphasen (oder Freiarbeit) durch.

Dosendiktat

In einer Dose befinden sich verschiedene Streifen. Auf jedem Streifen steht ein Satz.
- Hole alle Streifen aus der Dose.
- Nimm einen Streifen.
- Lies ihn genau durch.
- Drehe ihn um und schreibe den Satz auswendig in dein Heft.
- Vergleiche deinen geschriebenen Satz mit dem Satzstreifen.
- Verbessere falsch geschriebene Wörter.
- Lege den Satzstreifen in die Dose zurück.
- Übe auf diese Weise mit mehreren Satzstreifen.

Partnerdiktat

- Je zwei arbeiten zusammen.
- Beide lesen den Text gründlich durch.
- Einigt euch, wer den ersten Satz diktiert.
- Diktiert werden zusammengehörende Wortgruppen von 3–4 Wörtern.
- Wer schreibt, spricht diese Wörter leise nach.
- Jetzt wird die Wortgruppe aufgeschrieben.
- Jeder niedergeschriebene Satz wird sofort kontrolliert.
- Anschließend tauscht ihr die Rollen: Wer geschrieben hat, diktiert dem anderen den zweiten Satz.

Diktierkreisel

Auf dem Tageslichtprojektor liegt eine Folie mit einer Wörterliste.
- Ihr arbeitet zu dritt. Zwei sitzen mit dem Rücken zur Projektionswand. Der oder die Dritte schaut zu den Wörtern und diktiert.
- Wer diktiert, achtet darauf, dass nicht falsch geschrieben wird.
- Nach fünf Wörtern wird gewechselt.

Wörterlistendiktat

- An verschiedenen Stellen im Buch findet ihr Wörterlisten (z.B. Seite 194).
- Einer von euch diktiert Wörter aus einer Liste entweder der ganzen Klasse oder einer Gruppe oder seinem Partner.
- Wer diktiert, spricht langsam und deutlich.
- Nach dem Diktat vergleicht ihr die geschriebenen Wörter mit den Wörtern in der Liste.

Laufdiktat

An unterschiedlichen Stellen im Klassenzimmer liegt der gleiche kurze Diktattext aus.
- Du gehst zu dem Text, merkst dir einen Satz (oder auch nur einen Teil davon), kehrst zurück und schreibst ihn auf.
- Schreibe im Sitzen.
- Papier und Stift bleiben an deinem Platz.
- Du kannst so oft zwischen Textvorlage und Schreibplatz hin- und herlaufen wie nötig.
- Vergleiche am Schluss deinen aufgeschriebenen Text mit dem Diktattext.

Achtung: Nicht rennen, denn es kommt nicht auf die Zeit an!

Kurze Übungsdiktate

Verwendet diese Sätze für Partnerdiktate. Nach fünf Sätzen wird gewechselt.

1. Monika ist erkältet, deshalb ist ihre Stimme rau und sie muss sich häufig schnäuzen.
2. Wie viele Stunden bist du Sonntag Rad gefahren?
3. Durch deinen Tipp bin ich dahinter gekommen, wie ich die Aufgabe lösen kann.
4. Am Samstagabend beschloss ich, mit meiner Freundin spazieren zu gehen.
5. Überschwängliche Freude herrschte nach dem dreimaligen Sieg der Klasse beim Fußballturnier.

6. Was du heute kannst besorgen, das verschiebe nicht auf morgen.
7. Gut Ding will Weile haben.
8. Man soll den Morgen nicht vor dem Abend loben.
9. Kommt Zeit, kommt Rat.
10. Viele Köche verderben den Brei.

11. Gestern Abend haben meine Eltern mal wieder ihr Theaterabonnement genützt.
12. Klar, dass unsere Reaktion positiv ausfiel.
13. Jetzt musste nur noch ein tolles Programm im Fernseher gefunden werden.
14. Schnell organisierte ich uns noch eine Pizza, da wir allmählich großen Appetit bekamen.
15. Doch dann stellten wir ziemlich bald fest, dass unser alter Fernsehapparat defekt war.

16. Den Kommentar in der letzten Schülerzeitung fand ich faszinierend.
17. Das Ergebnis des Spiels zwischen uns und der Parallelklasse war akzeptabel.
18. Wir waren nämlich sehr motiviert, unser Punktedefizit auszugleichen.
19. Die Diskussionsbeiträge waren meiner Meinung nach nicht immer realistisch.
20. Viele von euch haben die Chance, ein gutes Abschlussexamen zu machen.

21. Die Physikprobe zum Thema Widerstand fiel gut aus.
22. Das Kurzreferat über das Wetter war sehr interessant.
23. Die industrielle Revolution begann mit der Erfindung vielfältiger Maschinen.
24. Beim freien Schreiben kann man seine Spontanität, Kreativität und Fantasie entfalten.
25. Motiviert interviewt eine Schülergruppe ältere Passanten in der Fußgängerzone.

26. „Ist es wahr, dass wir morgen später Schule haben?"
27. Meistens war ich am Morgen die Letzte und hetzte beinah atemlos ins Klassenzimmer.
28. Endlich habe ich wieder einmal etwas Gutes geleistet.
29. Bei der gestrigen Debatte hätte ich gerne widersprochen.
30. Am Abend erzähle ich meiner kleinen Schwester oft eine fantastische Geschichte.

31. Auf einmal kommen mir abends die besten Ideen.
32. Am besten finde ich in der Schule Mathematik und Physik/Chemie/Biologie.
33. Das Beste sind die vielen physikalischen und chemischen Versuche.
34. Die Lehrerin erklärt uns die Multiplikation von Brüchen viele Male.
35. Der Schüler fiel vom Reck und verletzte sich ziemlich schwer.

Grundwissen Literatur

Ein Pfeil (→) vor einem Wort verweist auf ein weiteres Stichwort.

Ballade: In der Ballade mischen sich die drei Formen der Dichtung: Der Form nach ist die Ballade ein Gedicht mit Reimen und Strophen und ist daher der → *Lyrik* zuzuordnen; wie in der → *Epik* (erzählende Dichtung) wird eine Handlung dargestellt; an die Dramatik erinnern die häufig verwendeten Dialoge, wie man sie in szenischen Texten findet.
S. 98–103

Bericht (Aufsatz): In einem Bericht wird über ein Ereignis informiert. In sachlicher Sprache werden die W-Fragen beantwortet: Was geschah? Wann? Wo? Wie? Warum? Wer war beteiligt? Ein Bericht sollte übersichtlich und klar gegliedert sein. Er steht im Präteritum.

Beschreibung: In einer Beschreibung werden die wichtigsten Merkmale eines Gegenstandes, eines Vorgangs, eines Weges, einer Landschaft oder auch eines Textes dargestellt. In der Regel erfolgt die Beschreibung im Präsens. Sie muss sachlich genau und folgerichtig informieren.

Epik: Unter diesem Begriff fasst man alle Arten der erzählenden Dichtung zusammen. Es gibt viele epische Kleinformen (→ *Erzählung*, → *Fabel*, → *Kurzgeschichte*, → *Märchen*, → *Sage*). Zu den umfangreichen epischen Texten gehört der Roman.

Erzählung: In einer Erzählung wird ein Erlebnis oder eine ausgedachte Handlung wiedergegeben. Die erzählte Handlung führt über mehrere Schritte zum Höhepunkt und zur überraschenden Wende (→ *Pointe*). In der Literatur versteht man unter Erzählung alle kurzen erzählenden Texte, die nicht eindeutig einer anderen Kurzform (→ *Fabel*, → *Märchen*, → *Sage*) zugeordnet werden können.

Fabel: Mit Fabel bezeichnet man eine zumeist kurze Erzählung, in der Tiere oder Pflanzen wie Menschen denken, fühlen, reden und handeln. Häufig stehen sich zwei Tiere mit gegensätzlichen Eigenschaften gegenüber. Meistens wird nach einer kurzen Einführung die Handlung durch die Rede und Gegenrede fortgeführt und endet mit einem überraschenden Schluss (→ *Pointe*).

Am Beispiel der erzählten Geschichte wird eine Lehre gezogen oder Kritik an bestimmten Verhaltensweisen geäußert. Häufig steht die Lehre (die Moral) am Schluss, manchmal auch am Anfang der Fabel.

Gebrauchstexte: Tagtäglich werden Texte verfasst, um etwas zu regeln, mitzuteilen oder darzustellen. Solche Texte können Anleitungen, Informationstexte, Gesetze, Zeitungsnachrichten, Anzeigen oder Schulbücher sein.
Beispiele: S. 39

Gedicht: → *Lyrik*.

Jugendliteratur: Unter Jugendliteratur versteht man Texte, die für Kinder und Jugendliche zur Information, zur Unterhaltung, aber auch in erzieherischer Absicht geschrieben werden (Märchen, Sagen, Erzählungen, Romane, Sachbücher, Gedichtsammlungen). In Jugendbüchern für Dreizehn- bis Sechszehnjährige überwiegen Themen, die sich mit Problemen von Jugendlichen beschäftigen.

Kreuzreim: → *Lyrik*.

Kurzgeschichte: Mit diesem Begriff werden Erzählungen mit folgenden Merkmalen bezeichnet:
1. Die Handlung setzt unvermittelt ein und endet offen.
2. Im Vordergrund steht eine alltägliche Begebenheit.
3. Kernstück einer Kurzgeschichte ist die unerwartete Wendung, die für das weitere Leben der Hauptperson(en) oft entscheidend ist.
4. Gegenstände und Orte können eine symbolische Bedeutung (Sinnbilder) annehmen.
5. Häufig findet man in Kurzgeschichten kurze, aneinandergereihte Hauptsätze (auch unvollständige Sätze) und Alltagssprache.
6. In der Regel umfassen Kurzgeschichten nicht mehr als ein bis zwei Seiten.

Nicht immer treten in einer Kurzgeschichte alle genannten Merkmale auf.
Beispiel: S. 95–96

Grundwissen Literatur

Lyrik: Lyrik bezeichnet Dichtung in Versform (Gedichte). Früher wurden die Verse zur Lyra, einem alten Saiteninstrument, gesungen. Deshalb sagt man auch heute noch einfach: Lyrik ist liedartige Dichtung. Im Gedicht drückt der Dichter seine Gefühle, seine Stimmungen, aber auch seine Erlebnisse und Gedanken aus. Durch **Reime** erhalten Gedichte eine bestimmte Klangwirkung. Durch den Gleichklang der Reimwörter (z. B. *kaum – Baum; Himmelsseide — Getreide*) werden oft zwei oder mehr Verszeilen miteinander verbunden. Drei Reimformen werden oft verwendet:

Paarreim
a Sonne
a Wonne
b Eis
b heiß

Kreuzreim
a Sonne
b Eis
a Wonne
b heiß

umschließender Reim
a Sonne
b Eis
b heiß
a Wonne

Daneben gibt es noch weitere Reimformen.
Es gibt auch Gedichte ohne Reime.
Viele Gedichte sind in **Strophen** gegliedert. Mindestens zwei Verszeilen werden in einer Strophe zusammengefasst. Oft beginnt mit einer neuen Strophe ein neuer Gedanke.

Märchen: Märchen erzählen Geschichten, die es in Wirklichkeit nicht gibt. Oft handeln sie von Zauberern, Hexen, Feen und sprechenden Tieren. In einer räumlich und zeitlich nicht festgelegten Welt steht die Hauptfigur vor großen Gefahren und kaum lösbaren Aufgaben. Die Zahlen 3, 6, 7, 12 spielen eine besondere Rolle. Auch formelhafte Sprüche sind typisch für Märchen. Am Ende siegt das Gute und das Böse wird überwunden. Märchen sind über die ganze Welt verbreitet. Sie wurden nicht nur Kindern, sondern auch Erwachsenen zur Unterhaltung erzählt. In Deutschland haben die Brüder Grimm die Märchen, die man sich im Volk erzählte, gesammelt und aufgeschrieben; deswegen bezeichnet man die „Kinder- und Hausmärchen" der Brüder Grimm als **Volksmärchen**.
Beispiel: S. 90

Paarreim: → *Lyrik*.

Pointe: Man spricht bei erzählenden Texten von einer Pointe, wenn die erzählte Handlung eine überraschende Wendung nimmt oder zu einem witzigen Schluss führt. Typisch ist die Pointe für die → *Fabel*.

Reim: → *Lyrik*.

Reimform: → *Lyrik*.

Sage: Schon in früheren Zeiten haben Menschen nach Erklärungen für erstaunliche Ereignisse und auffällige örtliche Gegebenheiten und Gegenstände gesucht. Diese Erklärungsversuche sind uns heute in Form von Sagen überliefert. Im Unterschied zum → *Märchen* knüpfen Sagen daher häufig an wirkliche Begebenheiten oder an bestimmte örtliche Besonderheiten an. Lange Zeit wurden sie mündlich weiter erzählt und dabei auch immer wieder verändert.
Aus der Frühgeschichte der Völker stammen die teilweise umfangreichen **Helden- und Göttersagen**, z. B. die Nibelungensage.
Bei den meist jüngeren **Volkssagen** unterscheidet man:
1. **Natursagen:** Sie versuchen bestimmte auffällige Naturerscheinungen (z. B. einen gespaltenen Felsen) zu erklären.
2. **Geschichtliche Sagen:** Sie berichten über historische Ereignisse und Taten bekannter Persönlichkeiten.
3. **Erlebnissagen:** Sie haben Begegnungen mit Riesen, Zwergen, Geistern und Dämonen (Teufel) zum Inhalt.

Sachtext: Ein Sachtext informiert über Tatsachen, Vorgänge und Sachverhalte. Er kann z. B. über die Tier- und Pflanzenwelt informieren oder über bedeutsame Ereignisse. Sachtexte findet man in Zeitungen und Zeitschriften. Stehen mehrere Sachtexte zu einem Thema in einem Buch (z. B. über Pferde), so bezeichnet man es als Sachbuch.
Beispiele: S. 86–89

Strophe: → *Lyrik*.

Umschließender Reim: → *Lyrik*.

Grundwissen Grammatik

Adjektiv: Wortart, mit der man Eigenschaften von Lebewesen, Dingen und Tätigkeiten genau beschreiben kann: *groß, langsam, eckig.*
Die meisten Adjektive können gesteigert werden:
Grundstufe (Positiv): *groß*
Höherstufe (Komparativ): *größer*
Höchststufe (Superlativ): *am größten*
S. 152

Adverbiale (adverbiale Bestimmung): Satzglied, das über die näheren Umstände eines Geschehens Auskunft gibt.
Temporaladverbiale (adverbiale Bestimmung der Zeit), Frage: Wann? Wie lange? Seit wann?
Wegen des Regens gehe ich jetzt schnell nach Hause.
Lokaladverbiale (adverbiale Bestimmung des Ortes), Frage: Wo? Wohin?
Wegen des Regens gehe ich jetzt schnell nach Hause.
Modaladverbiale (adverbiale Bestimmung der Art und Weise), Frage: Wie? Auf welche Art und Weise?
Wegen des Regens gehe ich jetzt schnell nach Hause.
Kausaladverbiale (adverbiale Bestimmung des Grundes), Frage: Warum? Wieso? Weshalb?
Wegen des Regens gehe ich jetzt schnell nach Hause.
S. 170–172

Akkusativ: → *Fall.*

Akkusativobjekt: → *Objekt.*

Aktiv: Steht in einem Satz das Verb im Aktiv, so wird das Geschehen aus der Sicht des Handelnden gesehen. Man betont, wer etwas tut.
Der Detektiv überlistete den Dieb.
→ *Passiv.*

Artikel (Begleiter): Wortart, die das Geschlecht (→ *Genus*) eines Nomens angibt.
Bestimmter Artikel: *der, die, das.*
Unbestimmter Artikel: *ein, eine, ein.*
S. 152

Aufforderungssatz: → *Satzart.*

Ausrufesatz: → *Satzart.*

Aussagesatz: → *Satzart.*

Befehlssatz: → *Satzart.*

Begleitsatz: Hauptsatz, der die → *wörtliche Rede* begleitet. Der Begleitsatz kann vor, nach oder zwischen der wörtlichen Rede stehen.
Vorangestellter Begleitsatz:
Pia erklärt: „Leider bin ich krank."
Nachgestellter Begleitsatz:
„Leider bin ich krank", erklärt Pia.
Eingeschobener Begleitsatz:
„Leider", erklärt Pia, „bin ich krank."
S. 223

Dativ: → *Fall.*

Dativobjekt: → *Objekt.*

Demonstrativpronomen: → *Pronomen.*

Fall (Beugungsform des Nomens):
– **Nominativ** (1. Fall), Frage: Wer oder was?
  der Tisch
– **Genitiv** (2. Fall); Frage: Wessen?
  des Tisches
– **Dativ** (3. Fall), Frage: Wem?
  dem Tisch
– **Akkusativ** (4. Fall), Frage: Wen oder was?
  den Tisch
S. 152

Fragesatz: → *Satzart.*

Futur: → *Zeitform.*

Genitiv: → *Fall.*

Genus (grammatisches Geschlecht des Nomens):
– **maskulinum** (männlich) *der Hund*
– **femininum** (weiblich) *die Katze*
– **neutrum** (sächlich) *das Tier*

Hauptsatz: Satz, der allein stehen kann. Er besteht mindestens aus einem Subjekt und einem Prädikat. Im Aussagesatz befindet sich das Prädikat stets an zweiter Satzgliedstelle. *Ich gehe in die Schule.*
S. 173

Grundwissen Grammatik

Infinitiv (Grundform des Verbs): *spielen, lernen*.

Konjunktion (Bindewort): Wortart, die einzelne Wörter, Wortgruppen oder Sätze miteinander verbindet: *und, oder, aber, denn, doch, weil, nachdem, als, dass, obwohl ...*
S. 173–174

Kononsonant (Mitlaut): *b, d, f, g, ...*

Kurzwort: Unter Kurzwörter versteht man die Kürzung von längeren Wörtern: *Foto (grafie)*.
S. 182

Lokaladverbiale: → *Adverbiale*.

Modaladverbiale: → *Adverbiale*.

Nebensatz: Satz, der nicht allein stehen kann, sondern immer von einem → *Hauptsatz* abhängig ist. Er beginnt meistens mit einer Konjunktion und endet mit einer gebeugten Verbform.
Ich gehe in die Schule, obwohl ich krank bin.
S. 174

Nomen (Substantiv, Hauptwort): Wortart, mit der Lebewesen (Menschen, Tiere, Pflanzen) und Gegenstände sowie Gedachtes und Gefühle bezeichnet werden: *Mädchen, Haus, Ferien, Spaß, Angst*.
S. 152

Nominativ: → *Kasus*.

Objekt: Dieses Satzglied ergänzt das Prädikat.
– **Genitivobjekt** (Ergänzung im 2. Fall),
  Frage: Wessen?
  Sie belehrte ihn eines Besseren.
– **Dativobjekt** (Ergänzung im 3. Fall),
  Frage: Wem?
  Die Kinder bringen dem kranken Freund die Hausaufgaben.
– **Akkusativobjekt** (Ergänzung im 4. Fall),
  Frage: Wen oder was?
  Die Kinder bringen dem kranken Freund die Hausaufgaben.
S. 168

Partizip: Es gibt zwei Partizipformen:
1. Partizip Präsens:
singend, überzeugend, lächelnd
Das Partizip Präsens wird mit dem Wortstamm und der Endung *(e)nd* gebildet: *die singenden Kinder*.
Das Partizip Präsens bezieht sich auf eine gerade vollziehende Handlung oder auf ein Geschehen.
2. Partizip Perfekt:
gesungen, überzeugt
Das Partizip Perfekt wird von der Perfektform des Verbs gebildet: *das gesungene Lied*.
Das Partizip Perfekt bezieht sich auf eine abgeschlossene Handlung.
Partizipien können wie Adjektive gebraucht werden.
– *Er hat eine überzeugende Idee.*
– *Er verteidigt überzeugend seinen Vorschlag.*
– *Sein Vorschlag ist überzeugend.*
Das Partizip Präsens kann als Adjektiv auch gesteigert werden: *überzeugend, überzeugender, am überzeugendsten*.
S. 165

Passiv: Steht in einem Satz das Verb im Passiv, so wird das Geschehen aus der Sicht des Betroffenen gesehen. Man betont, was geschieht.
Der Dieb wurde vom Detektiv überlistet.
→ *Aktiv*.
S. 162

Perfekt: → *Zeitform*.

Personalform: Form des Verbs, die angibt, wie viele Personen zu einer bestimmten Zeit etwas tun:
du schreibst, sie haben gerufen.

Personalpronomen: → *Pronomen*.

Plural (Mehrzahl): *die Lampen*.

Plusquamperfekt: → *Zeitform*.

Possessivpronomen: → *Pronomen*.

Grundwissen Grammatik

Prädikat (Satzaussage): Satzglied, das mit Verben gebildet wird. Es beschreibt, was jemand tut oder was geschieht; Frage: Was tut (tun) ...? Was geschieht?
Die Kinder bringen dem kranken Freund die Hausaufgaben.
S. 167

Präposition: Verhältniswort *an, auf, aus, bei, durch, im, in, mit, nach, ohne, über ...*
S. 152

Präsens: → *Zeitform.*

Präteritum: → *Zeitform.*

Pronomen (Fürwort): Das Pronomen kann Stellvertreter oder Begleiter eines Nomens sein.
Das **Demonstrativpronomen** (hinweisendes Fürwort) deutet auf Personen oder Sachen hin:
der, die, das, derjenige, diejenige, dieser, dieses, derselbe, dieselbe ...
Das **Personalpronomen** (persönliches Fürwort) steht stellvertretend für Personen oder Sachen:
ich, du, er, sie, es, wir, ihr, sie.
Das **Possessivpronomen** (besitzanzeigendes Fürwort) gibt an, wem etwas gehört:
mein, dein, sein, unser, euer, ihr.
Das **Relativpronomen** bezieht sich auf ein vorangegangenes Nomen, das näher beschrieben wird:
der, die, das, welcher, welche, welches ...
Ich trage eine Kette, die Lisa gehört.
S. 156–157

Relativsatz: auch → *Attributsatz* genannt.

Satzarten: Bei den Satzarten sind zu unterscheiden:
Aufforderungs- oder Befehlssatz, bei dem eine Person aufgefordert wird etwas Bestimmtes zu tun:
Komm einmal her! Sei ruhig!
Ausrufesatz, bei dem Wünsche oder Gefühle ausgerufen werden:
Hätten wir doch schulfrei! Das war super!
Aussagesatz, in dem eine einfache Aussage getroffen wird:
Ich spiele heute Basketball.
Fragesatz, der eine Frage enthält:
Wie spät ist es?

Satzgefüge: Verbindung von → *Hauptsatz* und → *Nebensatz*:
*Ich bleibe zu Hause, weil ich krank bin.
Obwohl es mir noch nicht besser geht, gehe ich wieder zur Schule.*
S. 174–176

Satzglied: Ein Satz besteht aus Satzgliedern. Es kann aus einem oder mehreren Wörtern bestehen, die sich nur zusammen umstellen lassen.
→ *Adverbiale;* → *Objekt;* → *Prädikat;*
→ *Subjekt;* → *Umstellprobe.*
S. 166–172

Satzreihe: Aneinander gereihte → *Hauptsätze* bilden eine Satzreihe: *Ich fahre Schlitten, du fährst Ski und Ulli bleibt zu Hause.*
S. 173

Silbe: Wörter bestehen aus einer oder mehreren Silben (Sprechtakteinheiten);
einsilbige Wörter: *Haus, bunt, laut*
mehrsilbige Wörter: *E-sel, Kro-ko-dil, hüp-fen*
Sprechsilben sind wichtig bei der Worttrennung.
S. 224

Singular (Einzahl): *der Bauer, die Katze, das Pferd.*

Subjekt (Satzgegenstand): Satzglied im Nominativ, Frage: Wer oder was?
Die Kinder bringen dem kranken Freund die Hausaufgaben.
S. 167

Temporaladverbiale: → *Adverbiale.*

Umlaut: *ä, ö, ü.*

Umstellprobe: Mit dieser Verschiebeprobe kann man Satzglieder ermitteln. Die Wörter, die bei mehrfachem Umstellen eines Satzes zusammenbleiben, bilden ein Satzglied.

Verb (Zeitwort): Wortart, die bezeichnet, was eine Person tut: *spielen, lernen, schlafen.*
S. 152

Vokal (Selbstlaut): *a, e, i, o, u.*

Wortart: Wörter lassen sich bestimmten Wortarten zuordnen, z. B. Nomen, Verb, Adjektiv, Artikel, Pronomen.

Wortfamilie: Wörter, die einen gemeinsamen → *Wortstamm* haben, bilden eine Wortfamilie. Verwandte Wörter werden gleich oder ähnlich geschrieben: *fahren, Fähre, fuhr, fährst.*

Wortfeld: Wörter der gleichen Wortart, die eine ähnliche Bedeutung haben, bilden ein Wortfeld; z. B. das Wortfeld *gehen: rennen, laufen, humpeln, stolzieren, schreiten ...*

Wörtliche Rede: In einem Text wird das Gesprochene in Anführungszeichen gesetzt und vom → *Begleitsatz* durch Doppelpunkt bzw. Komma abgetrennt:
„Kommst du morgen?", fragte sie.
Sie fragte: „Kommst du morgen?"
S.223

Wortstamm: Der Wortstamm ist der wichtigste Baustein eines Wortes. Alle Wörter einer → *Wortfamilie* haben einen gemeinsamen Wortstamm: *Wohnung, wohnen, bewohnbar.*

Zeitform: Mit dem Verb kann man verschiedene Zeitformen bilden.
Präsens (Gegenwart): Diese Zeitform beschreibt eine gegenwärtige oder allgemeingültige Tätigkeit: *Ich laufe. Wasser gefriert.*
S. 158
Perfekt (2. Vergangenheit): Es beschreibt eine abgeschlossene Tätigkeit. Diese Zeitform wird häufig beim mündlichen Erzählen verwendet: *Er hat gedacht. Sie ist gelaufen.*
S. 159
Präteritum (1. Vergangenheit): Es beschreibt eine Tätigkeit, die vergangen ist. Diese Zeitform wird häufig beim schriftlichen Erzählen verwendet: *Gestern ging ich in den Zoo.*
S. 160

Plusquamperfekt (3. Vergangenheit): Diese Zeitform beschreibt Tätigkeiten, die sich noch vor einem bestimmten Zeitpunkt in der Vergangenheit ereignet haben: *Nachdem ich mich umgezogen hatte, fuhr ich in die Stadt.*
S. 160
Futur : Diese Zeitform wird verwendet, wenn man über etwas spricht oder schreibt, was in der Zukunft stattfinden soll: *Morgen werde ich ins Kino gehen.*
S. 161

Stichwortverzeichnis

Die unterstrichenen Stichwörter verweisen auf Inhalte, die im Lehrplan unter dem Vermerk *Schwerpunkte zum Sichern und Vertiefen* gesondert ausgewiesen sind.

Abkürzung S. 182
Adjektiv S. 152
Adressatenbezug S. 142–143
Adverbiale S. 170–171
Aktiv S. 162–164
Aktives Zuhören S. 65
Anliegen vorbringen S. 138–141
Arbeitsplan S. 36
Arbeitsrückschau S. 37
Arbeitstechniken bei der Textarbeit S. 42–44, S. 46, S. 86–89, S. 90–94, S. 95–97, S. 130–133, S. 134–135, S. 136–137
Artikel S. 152

Ballade S. 98–103
Begriffe nachschlagen S. 45
Bestimmungswort S. 178
Brief S. 140

Cluster S. 75, S. 144
Computer S. 124
– Informationen aus dem Internet gewinnen S. 12, S. 34–35
– Rechtschreibprüfung S. 225
– Screenshot S. 35
– Texte mit ClipArts gestalten S. 124
– Texte schreiben S. 16, S. 31–33

Demonstrativpronomen S. 156
Doppelkreis S. 8, S. 64
Doppelschreibung S. 211

Entscheidungsfrage S. 25
Ergänzungsfrage S. 25
Erkundung S. 17, S. 21–27
Erzählen S. 9, S. 12, S. 20, S. 70, S. 74, S. 116, S. 120–121, S. 122–123
Erzählplan S. 116
Erzählschritte S. 91, S. 134
Erzählung S. 90–94, S. 137
Expertengruppe S. 50

Fachbegriff S. 218
Fehlerwort S. 226, S. 228
Fragebogen S. 17
Fragen stellen S. 24–25
Fragen zum Text beantworten S. 132, S. 136
Freies Schreiben S. 8–10, S. 144–147
Fremdwort S. 183, S. 218
Futur S. 161

Galerie S. 54
Gedicht S. 8, S. 10, S. 13, S. 134
Gesprächsleitung übernehmen S. 60
Gesprächsregeln S. 10, S. 55–60
Gesprächssituationen bewältigen S. 61–63
Gestik S. 48
Getrennt-und Zusammenschreibung S. 212–213
Groß-und Kleinschreibung S. 203–211
Grundwort S. 178
Gruppensprecher S. 50

Informationen beschaffen → Strategien: Informationen beschaffen
Informationen präsentieren S. 47–49, S. 54, S. 72–73, S. 106–108
Inhalt zusammenfassen S. 134
Interviewkarussell S. 27

Jugendbuch S. 11–12, S. 104–107
Jugendzeitschriften S. 109–113

Kausaladverbiale S. 171
Kleingedrucktes S. 18–19
Kommasetzung S. 220–223
Konflikte besprechen S. 14–16
Konfliktlösungstreppe S. 14
Konjunktion S. 153
Körpersprache S. 47
Kreativ mit Texten umgehen S. 9, S. 10, S. 12, S. 122–123
Kultur-Kalender S. 114–115
Kurzgeschichte S. 95–97
Kurzwort S. 182

Lesetraining S. 80–83
Lexikon S. 38
Literarische Texte erschließen S. 136–137
Lokaladverbiale S. 170

Stichwortverzeichnis

Märchen S. 122–123
Merkwort S. 216, 219
Mimik S. 48
Mindmap S. 114
Mitsprechwort S. 193–194
Modaladverbiale S. 171
Momentaufnahme S. 108

Nachdenkwort S. 195-199, 202
Nomen S. 152

Objekt S. 168

Partizip Perfekt
Partizip Präsens S. 165
Passiv S. 162–164
Perfekt S. 159
Plakat gestalten S. 53
Plusquamperfekt S. 160
Portfolio S. 120
Prädikat S. 167, S. 169
Präposition S. 153
Präsens S. 158
Präteritum S. 160
Projekt: Computer S. 28–37
Pronomen S. 152

Rechtschreibstrategie und Sprachwissen zur Rechtschreibung S. 178–179, S. 180–181, S. 188–191, S. 192, S. 193, S. 195, S. 196, S. 198, S. 200, S. 202, S. 203–213, S. 214–215
Redensart S. 186
Referat S. 66–73
Relativpronomen S. 157
Relativsatz S. 177
Rollenspiel S. 10, S. 63, S. 79
Rollen sprechen und darstellen S. 76–79

Sachtexte lesen und verstehen S. 86–89, S. 130-133
Sachtexte auswerten S. 42–44, S. 67–71, S. 138
Sachtexte erschließen S. 42, S. 130–133
Satzgefüge S. 174, S. 221
Satzglieder S. 16–172
Satzreihe S. 173, S. 220
Schaubilder verstehen S. 46
Schreiben an bestimmten Orten S. 146

Schreibkonferenz S. 118
Sketsch S. 76–79
Sprachliche Bilder S. 184–185
Sprachliche Mittel S. 94, S. 132, S. 136
Sprachwissen zur Gestaltung eigener Texte S. 119 S. 128, S. 148–151, S. 165, S. 169, S. 170–172, S. 174–175, S. 177, S. 178–179
Sprechen, Zuhören, auf das Gesagte eingehen S. 7–10, S. 13, S. 14–16, S. 17, S. 28–31, S. 37, S. 46, S. 54, S. 55–60, S. 64–65, S. 104
Sprichwort S. 187
Stammgruppe S. 50
Stichwortzettel S. 26, S. 71, S. 126
Strategien: Informationen beschaffen S. 12, S. 21–27. S. 29, S. 34–35, S. 38–41, S. 66, S. 105, S. 106, S. 115
Strategien: Informationen sichten und auswerten S. 26–27, S. 39–41, S. 42–44, S. 46, S. 50–53, S. 67–71, S. 126–129
Subjekt S. 167

Telefonieren S. 22–23
Temporaladverbiale S. 170
Texte überarbeiten S. 118–119, S. 128, S. 148–151
Texte vorlesen S. 13, S. 101, S. 103, S. 107

Übersicht erstellen S. 129
Übungszirkel S. 218
Unterrichtsergebnisse zusammenfassen S. 126–129

Verb S. 152
Verbformen S. 158–165
Vergleich S. 184
Vorgänge beschreiben S. 124–125
Vorlesen S. 13, S. 84–85, S. 101, S. 107

W-Fragen S. 130
Wortarten S. 151–157
Wörter ableiten S. 180
Wörterbuch S. 188–191
Wörtliche Rede S. 223
Wortnetz S. 117, S. 227
Worttrennung S. 190, S. 224
Wortzusammensetzung S. 178, S. 185

Zeitwächter S. 50

Quellenverzeichnis

Texte

10	Chistine von dem Knesebeck, *Ob ich ihr sag, dass ich sie mag ...*; aus: Hans Joachim Gelberg (Hrsg.) Oder die Entdeckung der Welt, 10. Jahrbuch der Kinderliteratur © Beltz Verlag, Weinheim und Basel, Programm Beltz & Gelberg, Weinheim 1997, S. 111
11/12	Texte A bis D aus: Christian Bieniek, *Svenja hat's erwischt;* © Arena Verlag, Würzburg 1994
13	Ernst Jandl, *my own song;* aus: Klaus Siblewski (Hrsg.) Poetische Werke, Bd. 8, S. 223 © Luchterhand Literaturverlag GmbH, München 1997
38/39	*Rauchen, Nikotin* und *Tabak;* aus: Kompaktlexikon in 3 Bänden, Harenberg Kommunikation Verlags- und Medien GmbH & Co. KG, Dortmund 1996, S. 2487
46	Mädchenhobbys, Jungenhobbys/Freizeit der Jugend Globus Kartendienst, Hamburg
68	Text A: www.inline-online.de/speedline/inline-abc.htm 2000 Text B: www.focus.de/F/FT/FTB/FTBB/ ftbb.htm 2000
76	Sigismund von Radecki, *Sprechen Sie noch?;* aus: Das Abc des Lachens, Rowohlt Verlag, Reinbeck 1953
81	*Einige Regenwaldtiere ...;* aus: Was ist was – Der Regenwald, Band 90, Seite 32, © Tessloft Verlag, Nürnberg 1990 (Text verändert)
81	*Eine Frau alarmierte ...;* aus: Südwestpresse 28.08.2003 (Text verändert) *Das größte Nagetier der Erde ...;* aus: Neue Ulmer Zeitung 19.09.2003 (Text verändert)
82	*Mit dem Streifenwagen zur Freundin;* aus: Südwestpresse 29.08.2003 *Der Frosch und das Rind;* aus: Heinz-Lothar Worm (Hrsg.) Fabeln, Kopiervorlagen, Verlag Margot Herbert, Reutlingen o. J. *Pferd muss ins Gefängnis;* aus: Südwestpresse 28.08.2003 (Text verändert)
84	Franz Mon, *Lachst du?;* aus: Lesebuch, Luchterhand Verlag Neuwied 1967
86	*Die Spinnenangst hat ihre Wurzeln in Afrika;* aus: Südwestpresse 16.10.2003 (Text verändert)
88	Ingo von Felden, *Abenteuerurlaub im Weltraum;* aus: Treff Jugendbuch, © Velber Verlag, Seelze 1999
90	*Der Fisch mit dem goldenen Bart (Altin sakalli ballik),* übertragen von Domna Steininger; aus; Michael Ulrich/Pamela Oberhuemer (Hrsg.), Es war einmal, es war keinmal ... Ein multikulturelles Lese- und Arbeitsbuch, © Beltz Verlag, Weinheim und Basel 1985
92	Margarete Klare, *Der Rollstuhl;* aus: Hans Joachim Gelberg (Hrsg.), Oder die Entdeckung der Welt, Zehntes Jahrbuch der Kinderliteratur, © BeltzVerlag, Weinheim und Basel, Weinheim 1997
95	Gerold Effert, *Guanahani;* aus: Gerold Effert, Sonnenvogel, Marburger Bogendrucke Nr. 120, o. O. 1995
98/99	Theodor Fontane, *John Maynard;* aus: E. Groß/ K. Schreinert (Hrsg.) Theodor Fontane, Sämtliche Werke, Band 20, © Nymphenburger in der F. A. Herbig Verlagsbuchhandlung, München 1962
100	Johann Wolfgang Goethe, *Erlkönig;* aus: E. Trunz (Hrsg.) Goethes Werke, Hamburger Ausgabe in 14 Bänden, Band 1, Christian Wegner Verlag, Hamburg 1948/60
102/103	Reinhard Mey, *Ankomme Freitag den 13;* aus: Reinhard Mey, Alle Lieder, Toutes les chansons, Maikäfer-Musik Verlagsgesellschaft, Lehrte 2000
104	Klappentext aus: Ulf Stark, *Paul und Paula;* © Carlsen Verlag GmbH, Hamburg 2000 Klappentext aus: Marion Schweizer (Hrsg.) Jenny Robson, *Da musst du durch, Lurch;* aus: Elefanten Press, Berlin 1996 © C. Bertelsmann Jugendbuch Verlag, München 2001
106/107	Jan de Zanger, *Dann eben mit Gewalt;* übers. von Siegfried Mrotzek © Beltz Verlag, Weinheim und Basel, Programm Beltz & Gelberg, Weinheim 1995, S. 92 und S. 128 f.; erstmals erschienen 1987 im Anrich Verlag
112/113	Inge Czygan, *Atemlos heben ab;* aus: BRAVO Nr. 18, 26. 04. 2000, Heinrich Bauer Spezialzeitschriften-Verlag KG, München, S. 10/11
126/127	Texte A, B, C aus: Geschichte heute 7, Schroedel Verlag, Hannover/Verlag Ferdinand Schöningh, Paderborn 1992, S. 55–57
131	*Das Risiko hat Andrea schon immer geliebt;* aus: Augsburger Allgemeine Zeitung 23. 05.2000
134/135	Erich Kästner, *Die Sache mit den Klößen;* aus: Erich Kästner, Das verhexte Telefon, © Atrium Verlag, Zürich 1983
137	Frederik Hetmann, *Geräusch der Grille – Geräusch des Geldes;* aus: Hans Joachim Gelberg (Hrsg.) Geh und spiel mit dem Riesen, Erstes Jahrbuch der Kinderliteratur © Beltz Verlag, Weinheim und Basel, Programm Beltz & Gelberg, Weinheim 1971, S. 286
138	Lisa Kopp, Ingolstadt, *Ängstliches Auftreten ermutigt die Täter;* aus: Donaukurier 14.07. 2000
182	*MfG* von der Gruppe Die Fantastischen Vier
184	*Dieser Feind hier;* aus: Günter Weißenborn, Zwei Männer, in: Wolfgang Weyrauch (Hrsg.), Tausend Gramm, Rowohlt Verlag, Reinbek o. J.
190/191	Stichwörter *Gefühl, gehen, alt;* aus: Duden Bd. 1, Die deutsche Rechtschreibung, Dudenverlag, © Bibliographisches Institut & F. A. Brockhaus AG, Mannheim 1996
196	A. Holzmann, *Den Rissen und den Mauerdellen ...;* (Originalbeitrag)
223	*Die Schnecke und der Schnellzug;* nach Paul Keller, aus: Stille Straßen, Allgemeine Verlagsanstalt, Berlin/München/Wien o. J.